철학이 이토록
도움이 될 줄이야

KOUKOU RINRI NO KOTEN DE MANABU TETSUGAKU TREININGU
BOOK 1 - NINGEN WO RIKAI SURU, BOOK 2 - SHAKAI WO KANGAERU
Ed. by Kiyotaka Naoe
Copyright ⓒ 2016 by Kiyotaka Naoe
Originally published 2016 by Iwanami Shoten, Publishers, Tokyo.
This is Korean edition published 2019
by BACDOCI, Seoul
by arrangement with Iwanami Shoten, Publishers, Tokyo.

일러두기
- 이 책에 나온 고전은 모두 원문을 기준으로 옮긴이가 번역한 것입니다. 따라서 국내에 번역되어 나온 책의 문장과 다를 수 있습니다. 관련 도서명은 참고문헌에서 확인할 수 있습니다.
- 집필자들의 이름은 각 글의 말미에 밝혀 적었으며, 382쪽 〈집필진 안내〉에서 다시 확인할 수 있습니다.

나오에 기요타카 엮음
이윤경 옮김

철학이 이토록
도움이 될 줄이야

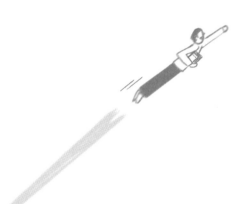

지금보다 더 나은 당신의 내일을 위한 철학 입문서

블랙피쉬
Black Fish

스스로 세상을 바라보는 눈을 가지려면

느닷없는 질문이지만, 여러분은 생각하기를 좋아하는가? 스스로 생각해서 물음을 내놓고 해결책을 찾는 것은 중요한 과정이며 한편으로 즐겁다. 하지만 혼자서 생각하다가는 중간에 막히기 마련이다. 운동을 잘하려면 연습이 필수이듯 철학에도 훈련이 필요하다. 이 책은 철학 '훈련'을 목적으로 엮은 글이다. 청소년부터 성인까지 인문교양에 관심 있는 사람이라면 누구라도 흥미를 느낄 만한 소재가 가득하다.

철학 훈련을 시작하려면 고전을 가까이하라고들 한다. 좋은 고전을 되풀이해서 읽으면 사물을 보는 시각을 돌아보고 깊이 생각할 기회를 얻을수 있다는 뜻이다. 하지만 고전을 아주 어렵게 느끼는 사람도 많다. 고전은 그 시대의 특정한 사람들을 대상으로 쓰인 글이기 때문이다. 익숙하지않은 용어와 문장이 가득하고, 예비지식 없이는 이해하기 어려운 논제가등장하기도 한다. 우리가 겪는 문제에 대한 해답을 바로 제시해주지 못하는 책도 있다.

하지만 많은 사람이 알고 오랫동안 꾸준히 읽힌 고전에는 시대와 지역을 초월해 우리 마음에 와닿는 뭔가가 있다. 언뜻 난해해 보이는 구절 속에도 우리가 겪는 것과 비슷한 문제가 담겨 있다. 따라서 고전의 세계를오가는 통로만 제대로 만든다면 자질구레한 백 가지 설명과 주석보다 훨씬 큰 효과를 볼 수 있다.

이 책은 문제의 발견에서 시작해 고전이 각 문제에 관해 어떤 이야기를 전하는지 살펴보는 순서로 진행된다. 고전을 활용해 실제로 사유해보는 것이 목표다. 물론 옛사람의 말을 절대 진리로 숭상하라는 뜻이 아니다. 고전을 마구잡이로 읽으라는 말도 아니다. 고전을 제대로 읽고 '이해함으로써' 자기 생각을 개척하고 해결하기 어려운 문제를 바라보는 '힘'을 키우라는 의미다.

가까운 일상에서 출발해 우리를 고전의 세계로 이끄는 이 책과 함께 고전에 푹 빠지는 사람이 나오기를 기대한다. 만화나 소설처럼 술술 읽히지 않을 수도 있다. 두세 번 읽고 나서야 심오한 의미를 깨닫는 경우도 있을 것이다. 그러나 되풀이해서 읽고 조금씩 눈이 뜨이는 과정이 있어야 단련하는 보람도 찾을 수 있지 않을까.

삶의 모든 순간에 질문을 던지다

그런데 문제를 발견하려면 어떻게 해야 할까? 사실 문제가 될 만한 화두는 일상 어디에나 존재하며, 문제의식은 우리가 평소 당연하다고 여기는 일에 '정말 그럴까' 하고 의문을 품는 데서 출발한다.

〈매트릭스〉라는 영화를 들어본 적이 있는가? 1999년 개봉작으로 시대를 앞선 영상으로도 유명하다. 대형 소프트웨어 기업에 근무하는 주인공은 어느 날 불가사의한 메시지를 받는다. 그리고 '당신이 사는 이 세계는 컴퓨터로 만들어진 가상현실'이라는 말을 듣는다. 건물은 물론 도시 전체가 거대한 컴퓨터가 만든 환상이며, 현실에서 인류는 뇌에서 발생한 전기를 얻기 위해 기르는 '가축'이었던 것이다. 인류는 태어나서 죽을 때까지 캡슐 안에서 영양분을 공급받으며 주입된 환상 속에서 산다. 주인공은 지금처럼 평화롭게 가상현실에서 살지, 아니면 끔찍한 현실 세계에서 깨어날지 선택의 기로에 선다.

우리도 인터넷상의 정보가 진짜인지, 거리에서 말을 걸어오는 사람이 수상한 사람은 아닌지 의심하곤 한다. 원자력 발전소가 안전하다는 말은 '신화'에 불과하다는 사실을 절감하기도 했다. 만약 지금 사는 세계가 진짜가 아니라는 말을 들으면 우리는 어떻게 반응할까? '그럴 리 없다, 지금 내 두 눈으로 똑똑히 볼 수 있고 만질 수도 있는데 무슨 말이냐.' 이렇게 말할지도 모른다. 그런데 '물론 그렇게 믿고 있겠지. 하지만 머리 뒤를 만져봐, 안테나가 나와 있을걸.' 이런 말이 돌아오면 어떻게 대답해야 할까.

현실과 가상의 구별은 다양한 분야에서 실제로 등장하는 문제다. 하지만 현실과 꿈의 차이가 무엇인가에 대한 물음은 예전부터 있어왔다. 중국의 《장자》에는 〈나비의 꿈〉* 이라는 이야기가 등장하고, 서양에는 플라톤의 〈동굴의 비유〉** 라는 유명한 이야기가 있다. 데카르트도 현실이라고 여기는 이 세계가 사실은 꿈이 아닐까 의문을 품었다. 모든 물음에 대해 깊이 파고들 생각은 없다. 다만 서양에서는 이런 의문이 '정말 확실한 것인가'에 대한 탐구로 이어졌다는 말을 하고 싶다. 결코 한가한 사람의 술주정이나 어리석은 행동이 아니다.

---

* 꿈속에서 한 마리의 나비가 되어 자유롭게 날아다니던 장자가, 꿈에서 깨어난 뒤 자신이 나비가 된 꿈을 꾼 것인지, 나비가 자신이 되는 꿈을 꾸고 있는 것인지 의문을 품게 되었다는 이야기. '무위자연' '일체제동' 등의 장자의 사상이 잘 드러나 있다.

** 플라톤의 저서 《국가》에 나온 이야기로, 소크라테스가 글라우콘에게 철학자의 역할을 말해주기 위해 사용한 비유이다. 동굴에 갇힌 죄수들은 자신들이 보는 그림자가 실재하는 것이라고 믿는다. 어느 날 동굴 밖으로 나간 한 죄수가 다시 돌아와 자신이 본 참된 세상을 알려주지만, 자신이 살고 있던 세상에 익숙했던 다른 사람들은 그 죄수가 자신들을 현혹시킨다며 결국 죽이고 만다.

'길 없는 길'을 가는 방법

현실과 꿈은 어떻게 다른가, 이는 극히 소박한 물음이다. 물음 자체는 소박하지만 수긍할 만한 답을 내놓기는 쉽지 않다. 생물학을 전공했는데도 "올챙이는 왜 개구리야?"라는 아이의 질문에 대답하기 어려운 것과 비슷하다. 생물학과 마찬가지로 철학에서도 소박한 물음에서 생각을 펼치기 위해 다양한 것을 검토하고 단계별로 탐구한다. 단, 철학은 생물학과 달리 실험과 관찰에 의존할 수 없다. 이른바 '길 없는 길'을 가는 셈인데, 그럴 때 장자나 플라톤, 데카르트 같은 인물이 쓴 단어와 도구, 그리고 답을 도출한 과정이 길잡이가 된다. 고전에 드러난 생각은 우리가 뭔가를 탐구하고 깊이 생각하는 데 중요한 실마리가 된다.

이렇듯 일상에서 물음을 찾았다 해도 계속 생각하다 보면 평소 생각과 다른 것들이 눈에 띄기 시작한다. 막연하게만 생각한 것이나 단편적으로만 알던 것들에 새로운 시각, 다른 시각이 있다는 사실을 깨닫게 될 수도 있다. 뭔가를 배우는 즐거움을 맛보는 과정이다.

통찰력을 가지고 조리 있게 생각하는 힘을 기르는 것이 목표라는 점에서, 이 책을 철학 훈련장이라고 볼 수도 있겠다. 고전을 트레이너로 삼아 열심히 여러분의 생각을 트레이닝해보면 어떨까.

나오에 기요타카

들어가며

이제부터 여러분은 철학하는 삶을 위한 다양한 생각 연습을 할 수 있다.
이 책에 등장하는 가상의 인물들과 함께 순차적으로 혹은 원하는 주제부
터 선별하여 동서고금의 고전을 만나보자.
각 항목의 짜임새는 다음과 같다.

1 먼저 인물들이 다양한 화제로 이야기를 나
   누며 여러분에게 문제를 던진다.

   (대화문으로 시작하는 글의 도입부에는 그 글이

   해당되는 분야와 관련 키워드를 표시해두었다.

   이를 바탕으로 내용을 짐작할 수 있을 것이다.

   난이도를 나타내는 ★도 2~3개로 표기되어 있

   다.)

2 본격적인 내용에 들어가기에 앞서 여러분
   에게 생각해볼 만한 질문을 던진다.

3 다음으로 고전의 한 구절을 인용해 앞에서
   던진 문제에 대해 설명해놓았으니 함께 읽
   고 생각해보자. 여기가 철학 훈련에서 가장
   중요한 대목이다. 조금 어렵더라도 책을 덮어버리지는 말기를. 집중해서 읽다 보
   면 길은 반드시 열린다.

[문제 도입]
대화문

↓

생각해볼 만한 질문

↓

[고전 읽기]
고전 한 구절과 그에 대한 설명

↓

[알아두면 쓸모 있는 철학 포인트]
[나만의 철학 세우기]

↓

[오늘의 철학자]

4 본문 뒤에 '알아두면 쓸모 있는 철학 포인트'가 나온다. 요점을 정리하는 데 도움이 될 것이다. 마지막으로 다시 한번 '나만의 철학 세우기'가 등장한다. 핵심을 다시 짚어보고 생각을 발전시키기 위한 대목이다. 이 부분을 먼저 읽고 고전의 내용을 파악해보는 것도 괜찮은 방법이다.

5 글의 말미에 있는 [오늘의 철학자]는 각 분야에서 활약하는 전문가들이 덧붙인 원저 저자에 대한 설명이다. 핵심을 짚고 가려운 곳을 긁어주는 알찬 구성과 함께 생각 훈련을 해보자.

여기까지 마치면 훈련 한 세트가 끝난다. 어디서부터 시작하는지는 중요하지 않으니 자유롭게 활용해보자. 여러분은 읽는 만큼 새로운 것을 얻고 생각의 근육을 단단히 할 수 있을 것이다. 다소 어려운 내용도 있으니 도전해보자.

곳곳에 마련한 칼럼 코너에는 관련 화제를 다룬 글도 있고 문제를 생각하거나 고전을 읽을 때 유용한 전문가들의 조언도 있다. 이 책을 활용해 고전을 읽고 생각을 펼치는 방법을 구체적으로 안내한 칼럼도 있으니 참고하자.

차
례

들어가며 4
이 책 사용 설명서 8

PART 1 **철학, 이토록 나에게
도움이 될 줄이야**
나를 돕는 철학 질문 13

사랑은 자연스러운 감정일까? 14
친구를 만든다는 건 무슨 뜻일까? 23
양치기 소년을 믿지 않은 건 잘한 일일까? 33
왜 다이어트는 실패할까? 50
인간의 '죄'란 무엇일까? 60
진짜 내 자신은 어디에 있을까? 69
타인에게 도움이 되지 않는 삶, 가치 없는 삶일까? 78
난임, 불임이 늘어나는데, 대리모 출산은 안 될까? 94
인터넷 정보, 어디까지 믿어야 할까? 115
불확실한 세상에 확실한 것이 존재할까? 124
내 말과 당신의 말이 같다고, 그 뜻도 같을까? 133
다양한 의견 속에서 '정답'을 찾는 게 가능할까? 142
대놓고 성(性)을 화제로 삼아도 될까? 152

칼럼 '생각'하는 이유는 무엇인가 42
칼럼 사람을 좋아한다는 것은 무엇인가 45
칼럼 적당히 살아도 괜찮지 않을까? 88
칼럼 나이 듦이란 무엇인가 104
칼럼 인간은 누구나 '악인'이 될 가능성이 있다 108
칼럼 글쓰기란 무엇인가 111

PART 2 **철학, 이토록 사회에
도움이 될 줄이야**
세상을 돕는 철학 질문 15

아무리 괴로워도 살아갈 의미를 찾을 수 있을까? 164
굳이 폭설 지역에 사는 이유는 뭘까? 174
미나마타병의 고통이란 어떤 것일까? 185
과연 영원한 평화라는 건 있을까? 194
부정부패를 저지른 사람에게 똑같이 앙갚음해도 될까? 203
신을 믿는 이들에게 정의란 무엇일까? 212
어떤 사고방식이든 존중해야 할까? 220
나는 타인의 잘못을 어디까지 용서할 수 있을까? 230
다수의 행복을 위해서 소수의 희생자가 생겨도 괜찮을까? 238
가난한 사람을 어디까지 도와야 할까? 248
'자유경쟁'이란 어떤 경쟁일까? 276
세상은 내 노력과 무관하게 흘러갈까? 285
자유란 정말 중요한 것일까? 295
믿음은 부자유한 것일까? 309
우리의 삶은 모두 유전으로 결정될까? 327

칼럼 고대 그리스부터 정의에 대해 생각하다 260
칼럼 버티는 삶에 대하여 267
칼럼 철학의 '고전' 읽기란 304
칼럼 각양각색의 자유를 만나보자 319
칼럼 에리히 프롬 《자유로부터의 도피》 323

철학 훈련을 위한 특별부록 337
참고문헌 366
집필진 안내 382

PART 1

철학, 이토록 나에게
도움이 될 줄이야

나를 돕는 철학 질문 13

자기 나름대로 물음을 내놓고 해답을 찾는 일은 즐겁고도 중요한 과정이지만, 혼자서만 생각하다가는 중간에 막히기 십상이다. 운동을 잘하려면 연습이 필요하듯, 철학을 하는 데에도 훈련이 필요하다.

PART 1의 목표는 '인간을 이해하는 것'이다. 고전을 활용해 직접 사유해보고, 이로써 해결하기 어려운 문제를 바라보는 '힘'을 키우자. 내 삶에 도움이 되는 철학을 만나볼 수 있을 것이다.

사랑은 자연스러운
감정일까?

플라톤 《향연》, 아리스토텔레스 《니코마코스 윤리학》,
《성경》, 앙드레 콩트-스퐁빌 《미덕이란 무엇인가》
청년 심리 / 현대 사상 ★ 사랑, 박애

원수도 사랑할 수 있을까?

준호   오늘 아침 뉴스 봤어? 또 전쟁이 일어날지도 모른대.

유나   봤어. 전쟁이 여기저기서 끊임없이 일어나네.

준호   뭐, 어떻게 보면 우리하곤 상관없는 일이지.

유나   우리나라도 주변 국가들과 사이가 그리 원만하진 못한 것 같지?

준호   생각해보니 그렇네.

유나   얼마 전에 일어난 시위 같은 거 말이야. 가끔 보면 엄청 큰 소리로
        같은 국민들한테 '우리나라에서 떠나라!' 이러더라고. 너무 무서
        웠어.

준호   '저 사람은 내 적이다'라는 식으로 생각하면 다들 흥분하니까. 그
        러고 보면 '원수를 사랑하라' 같은 말도 있지만, 현실에서는 불가

능한 것 같아.

유나   그거 예수가 한 말인가? 확실히 윤리나 도덕은 이상론 같지 않아?

준호   맞아. 어떤 상대건 사랑하라니, 평범한 사람한텐 도저히 무리야.

유나   그럼 왜 그런 말을 했을까?

준호   그 사람한테 물어보지 그래(웃음). 아마 사람이 자연스럽게 사랑할 수 있는 대상은 가족이나 친구밖에 없을 거야. 물론 지진 같은 재난이 닥쳐서 모든 사람을 차별 없이 도울 때도 있지만.

유나   하지만 가족을 사랑하는 건 꼭 당연한 걸까?

준호   응?

유나   요새 아동 학대 사건이 많이 일어나잖아.

준호   그거 오늘 아침 뉴스에도 나오더라.

유나   그러니까. 전에 들은 《백설공주》의 원작 내용 기억나?

준호   기억나. 독이 든 사과를 먹이려고 한 사람이 계모가 아니라 진짜 엄마였다는 이야기 말이지?

유나   응, 맞아. 사람들이 인간의 무의식 속에 사악한 부분이 있다는 사실을 받아들이기 힘들어하니까 '옛날에 이런 나쁜 사람이 있었다'는 식으로 이야기를 만들었다고 했어.

준호   그래서 '나는 괜찮다'고 생각할 수 있게?

유나   맞아. 그 말이 맞는다면 자기가 낳은 아이는 사랑하는 게 당연하다는 말이 틀린 걸 수도 있겠네. 그렇다고 학대가 나쁘지 않다거나 어쩔 수 없는 일이라는 뜻은 아니지만.

준호   으음. 아무리 그래도 '자기 자식한테 너무 잔인하다'는 생각이 들지 않아? 일반적인 예는 아닌 것 같은데…….

유나   그렇긴 한데 난 그냥 사랑하는 게 당연하다는 말을 들으면 사실은

철학, 이토록 나에게 도움이 될 줄이야

당연한 게 아니라 당연하다고 생각할 뿐이다. 이런 생각이 들어서.

준호 　그건 그래. 고정관념이 뭔지 본인은 모르는 법이니까…….

💡 우리는 살면서 어떤 사람을 사랑했고, 사랑하게 될까? 원수도 사랑할 수 있을까? 또 '사랑'은 사람에게, 그리고 사람과 사람의 관계에 어떤 변화를 가져올까?

철학자들은 사랑을 뭐라고 말했을까?

사람에게는 호불호가 있다. 이를테면 음식이나 공부가 그렇다. 그래도 '남기면 안 된다'는 말을 들으면 잘 못 먹는 음식도 어떻게든 먹고, '해야 한다'는 말을 들으면 숙제 정도는 한다. 하지만 사람이 대상일 경우는 좀 어렵다. 좋아하는 사람과는 함께 하고 싶어도 싫어하는 사람과 함께 있는 것은 달갑지 않다. '모든 사람과 사이좋게 지내라'는 말을 들으면 당장은 '알았다'고 대답하지만 대개는 그때뿐이다. 그렇게 생각하면 안 되는 것을 알면서도 어쩔 수 없는 일이 아닌가 싶기도 하다. 심지어 '모든 사람을 사랑하라'니, 불가능하다는 생각밖에 들지 않는다.

'자신을 사랑하는 것처럼 이웃을 사랑하라' 혹은 '원수를 사랑하라'는, 예수의 가르침 중 특히나 중요한 내용이다. 예수는 불가능하다는 사실을 알면서도 종교를 위해 일부러 그런 말을 했을까? 그럴지도 모른다. 하지만 다르게 볼 수도 있다. 결론은 잠시 미뤄두자.

기독교가 탄생하기 전 고대 그리스에서는 철학이 융성했다. 철학이 시작된 시대라 불렸고 당연히 '사랑'도 고찰의 대상이었다. 예컨대 플라톤은 《향연》에서 '자신이 갖고 있지 않은 것, 그 자신이 아닌 것, 자신에게 결여된 것이야말로 욕망과 사랑의 대상이 될 수 있다'라고 했다. 사람은 자신에게 없는 것을 원한다. 사람은 이렇듯 '갖고 싶다'는 감정을 일으키는 대상을 '사랑'한다. 플라톤은 그렇게 생각했다.

같은 고대 그리스지만 아리스토텔레스의 생각은 달랐다. 사랑 하나에도 무엇을 어떻게 사랑하는가에 따라 탁월한 사랑과 그렇지 않은 사랑이 있다고 여겼다. 아무리 당사자가 '서로 사랑한다' 말한들 이익과 쾌락으로 맺어진 관계라면 그들이 실제로 '사랑'하는 대상은 상대가 아닌 자신의 이익과 쾌락에 지나지 않는다.

그렇다면 탁월한 사랑이란 무엇인가? 아리스토텔레스의 《니코마코스 윤리학》에 따르면 '선한 사람들, 즉 사람으로서 탁월성을 지닌 사람들이 서로 품는 사랑이다'. 왜냐하면 그런 이들은 '상대방에게 선인 것을 그 사람을 위해 바라기' 때문이다. 자신이 '원하는' 감정만 보인다면 진정한 사랑이라고 하기는 어렵다. 서로의 '좋은 점'을 키우는 사귐이야말로 진정한 사랑이다.

이렇듯 플라톤과 아리스토텔레스의 생각은 상당히 달랐다. 같은 사랑이라도 플라톤의 사랑은 '연애', 아리스토텔레스의 사랑은 친구 간의 정, 즉 '우정'으로 보면 어느 정도 이해가 잘 된다. 결국 이 두 사람은 사랑에 대해 다른 의견을 냈다기보다는 사랑의 다른 측면을 이야기했다고 볼 수도 있다. 그렇다면 예수 역시 사랑의 또 다른 측면에 대해 이야기했다고 봐도 무방하지 않을까?

'이웃을 사랑하라'에서 '이웃'이란 누구일까?

이런 관점에서 계속 접근해보자. '이웃을 사랑하라'는 연애도 우정도 아닌 '박애'에 가깝다. 그런데 이렇게 말해도 잘 와닿지 않는다. 그 원인 중 하나는 '이웃'이 누구인지 잘 모르기 때문이다. 누구인지도 모르는 사람을 '사랑하라'니 난감한 것이다.

옛사람들도 난감하긴 마찬가지였던 모양이다. 《성경》에도 예수에게 '이웃이란 대체 어떤 사람들입니까?' 하고 물은 사람의 이야기가 나온다. 옛사람도 의문을 품은 것이다. 그런데 예수는 '이웃이란 ○○를 말한다'고 대답하지 않고 예를 든다. 이야기는 이렇다.

먼 옛날, 한 유대인이 강도에게 습격당해 크게 다쳤다. 길거리에 쓰러져 꿈적도 못 하는 그를 제일 먼저 발견한 사람은 같은 유대인이었다. 하지만 그는 말려들기 싫어서 못 본 척하고 그곳을 떠났다. 두 번째로 발견한 사람도 유대인이었지만 마찬가지 이유로 못 본 척했다. 세 번째로 지나간 사람은 유대인의 적인 사마리아인이었다. 그는 쓰러져 있는 유대인을 보고 불쌍히 여겨 상처를 돌봐주고 여관으로 옮긴다. 그러고는 여관 주인에게 '여행에서 돌아올 때까지 이 사람을 돌봐달라'고 부탁하며 돈을 건네고 떠났다.

이 이야기를 마친 후 예수는 질문한 사람에게 물었다. "이 세 사람 중 이웃이 된 것은 누구인가?" 질문한 사람은 대답했다. "세 번째 사람입니다." 그러자 예수는 그 사람에게 "그럼 너도 그와 같이 하라"고 대답했다.

여기서 흥미로운 점은 질문에 대한 답을 예수가 받아넘겼다는 데 있다. '이웃은 누구인가?' 하고 물은 사람에게 '누가 이웃이 되었을까?'라며 되물은 것이다. 조금 뻔뻔스러워 보일 수도 있지만 우선 생각해보자. 그가 받아넘긴 의도는 무엇일까?

고정관념에 얽매인 사랑

'이웃이란 누구인가?' 이 질문으로 정말 묻고 싶었던 것은 무엇일까? 은연중에 이렇게 기대했을 것이다. '이웃을 사랑하라고 하니 그렇게 해보겠습니다. 그런데 많은 주변 사람 중에 내가 이웃으로 사랑해야 할 사람과 그렇지 않은 사람을 구별할 방법을 가르쳐주십시오.'

아리스토텔레스라면 '선한 사람인지 여부'라고 대답할 듯하지만, 예수는 그런 기대를 보기 좋게 저버린다. 답하는 대신 질문을 던졌기 때문이다. 하지만 예수 입장에서는 그런 기대야말로 예상 밖이었을 터다. 그에게 '이웃'이란 '되는 것'이며 '되는' 주체는 '주위 사람'이 아니라 '나'이기 때문이다. 그렇기에 예수는 '누가 이웃이 되었을까?' 하고 되묻고 '너도 그(사마리아인)처럼 하라'고 대답한 것이다.

그렇다면 예수가 받아넘긴 데에는 다음과 같이 물을 의도가 있었다고 볼 수 있다. 사랑해야 할 사람과 그렇지 않은 사람을 구별한 다음에 사랑하는 것이 탁월한 사랑일까? 그런 구별이 당연한 듯 보이지만 사실은 우리가 선입관이나 편견, 관습 같은 것에 얽매여 있는 것은 아닐까?

사랑이라고 해서 다 자연스러운 것은 아니다?

이 물음에는 플라톤과 아리스토텔레스가 생각한 사랑에 대한 비판이 담겨 있다. 단, 그들의 견해 자체를 부정하지는 않는다. 앞서 이 세 사람이 각자 사랑의 다른 측면에 초점을 맞춘 것은 아닐까 지적했다.

실제로 이유를 알지 못한 채 어떤 사람에게 강한 끌림을 느끼기도 한다. 그런 설렘에는 플라톤의 사랑 이야기가 들어맞는다. 가까운 친구가 기뻐하거나 슬퍼할 때 나 또한 같은 마음이 든다면, 그런 정에는 아리스토텔레스의 사랑 이야기가 더 설득력 있다. 한편 세상에는 곤궁에 처한 사람이 있다면 그게 누가 됐든 도와주려는 사람들이 있다. 그런 마음을 품을 수도 있다는 사실을 예수의 사랑 이야기가 가르쳐준다.

여기까지 와서 생각해봐도 '이웃 사랑'과 '박애'는 여전히 어렵게 느껴진다. 인간의 자연스러운 감정이라고 하기에는 실천하기가 너무 힘들기 때문이다. 꼭 자연스럽지만은 않다는 점에서 연애와 우정도 마찬가지다. 아리스토텔레스는 무엇을 어떻게 '사랑'하는가에 따라 사랑의 좋고 나쁨을 구별했지만, '무엇을 어떻게'에 관해서는 아직 생각해볼 점이 많다. 마지막으로 한 걸음만 더 나아가보자.

사랑하는 법도 배워야 할까?

사랑을 두고 프랑스의 철학자 앙드레 콩트-스퐁빌은 이렇게 말한다.

> 사람들을 사랑해야 하는 이유는 그들이 사랑해야 할 사람이라서가 아니다. 그들이 (우리에게 있어) 사랑해야 할 사람이라는 것은 우리가 그들을 사랑하고 있을 때에만 해당되는 이야기다.
>
> 앙드레 콩트-스퐁빌, 《미덕이란 무엇인가》

'사랑해야 할 사람'이 앞서 존재하지는 않는다. 그럴 경우 순서가 뒤바뀌고 만다. '사랑하는 것'이 먼저다. 그렇게 해서 상대방은 사랑해야 할 사람이 된다. 이런 변화를 일으키는 힘이야말로 사랑의 신비다. 그러므로 '내'가 먼저 사랑을 시작하지 않는 한 아무리 기다려도 '그들'은 사랑해야 할 사람이 되지 않는다. '그들'을 사랑해야 할 사람으로 만들 수 있는 존재는 '나'밖에 없다. 그렇기에 '나'는 사랑할 줄 알아야 한다.

이런 관점에서 보면 어린아이는 사랑해야 할 대상이니까 사랑해야 한다는 말도 순서가 잘못됐다. 즉 '내'가 어린아이를 사랑하게 되었기 때문에, 그 어린아이는 사랑해야 할 대상이 '된다'. 이게 맞는 순서다. 따라서 '사랑'도 저절로 할 수 있게 되는 것이 아니다. '무엇을 어떻게' 하면 좋을지부터 배워야 한다. 친자식인데도 사랑하는 게 쉽지 않을 수 있다. 그런 경우에는 아이를 '사랑'하는 법을 배워야 '부모가 된다'.

또한 미워해야 할 사람 혹은 대상을 미워해야 할 뭔가로 만드는 것 역시 사실 '나'이며 나를 옭아매는 선입관과 편견과 관습일 수도 있다는 생각에 이를 수 있다. 물론 남을 구분 없이 대하기란 쉽지 않다. 하지만 아예 불가능한 것도 아니다. 사람들이, 그리고 이 세상이 금방 변할지 아닐지는 모르겠지만, 그래도 우리는 '사랑'을 배워야 한다. 배움이 나와 내 주변 사람들에게 조금이나마 바람직한 변화를 가져온다는 점에서, 사랑을 둘러싼 '무엇을 어떻게'에 관해 계속 생각하는 것도 의미 있지 않을까. 꼭 서양 철학에만 이러한 생각의 열쇠가 있는 것은 아니다. 서양이든 동양이든, 인간은 다른 사람과 함께 살아가기 위해 사랑을 생각할 수밖에 없다. 동서고금의 다채로운 사색이 우리 곁에 남게 된 까닭이기도 하다.

✪ 알아두면 쓸모 있는 철학 포인트

'사랑'에 대한 철학자들의 관점
1) 플라톤의 사랑은? 애인과의 연애
2) 아리스토텔레스의 사랑은? 친구와의 우정
3) 예수의 사랑은? 이웃 사랑, 박애

'선한 사마리아인'의 예화

	이웃 자격 시험	'이웃'이 될 수 있는 사람
질문자	한다	이웃 자격 시험에 통과한 사람
예수	안 한다	'내'가 주체

'사랑'이 자연스러운 감정이라 단언할 수는 없다?
→ '누구를 어떻게' 사랑할지에 대한 '구분'은 '나(우리)'의 선입관, 편견, 관습과 무관할까?

'사랑'은 '변화'를 가져온다
'내(우리)'가 '그들'을 먼저 사랑하면
⇒ '그들' → '사랑해야 할 사람'이 된다.
　　이때 비로소 '내(우리)'가 → 그들의 '이웃'이 된다.

어떻게 하면 '변화'를 가져올 수 있을까?
⇒ 어떻게 하면 '사랑'할 수 있을까?

✪ 나만의 철학 세우기

- 연인과의 사랑, 친구와의 우정, 그리고 박애는 한 사람의 마음속에서 어떤 식으로 맞물려 있을까?
- 사랑처럼 언뜻 '자연스러운 감정'으로 보이지만, 알고 보면 배워야 하는 것에는 또 무엇이 있을까?

(다나카 도모히코)

친구를 만든다는 건 무슨 뜻일까?

몽테뉴 《수상록》, 알랭 《행복론》, 생텍쥐페리 《어린왕자》

청년 심리 / 현대 사상 ★ 우정, 외로움

여전히 고민거리인 친구 관계에 대하여

선생님　축제가 벌써 다음 달로 다가왔네. 전시회는 어떤 식으로 할 생각이
　　　　죠?

준호　　'미디어 환경의 변화'로 하면 어떨까 이야기하고 있습니다. 노년
　　　　세대와 젊은 세대가 갈등을 겪는 이유가 뭘까 고민해봤는데 인터
　　　　넷이나 스마트폰처럼 어릴 때 겪은 미디어 환경이 달라서가 아닌
　　　　가 싶어서요.

선생님　그거 괜찮은데.

유나　　하지만 젊은 세대의 고민 자체는 달라지지 않았다고 봅니다.

선생님　음, 아무래도 그렇겠지.

유나　　비록 처한 환경은 다르지만, 예나 지금이나 젊은 세대가 하는 고민

선생님	은 비슷하다는 것을 알리는 전시를 하고 싶습니다.
선생님	재미있겠어요. 구체적으로 뭘 할지 생각해봤나요?
준호	매년 청소년과 대학생들에게 응모작을 받아 그중에서 입선작을 발표하는 〈현대 학생 시조 100선〉이라는 게 있는데요. 최근 발표작을 중심으로 젊은 세대의 심정이 잘 표현된 시조를 골라서 해설을 붙이면 재미있을 것 같습니다.
선생님	흐음. 예를 들면?
준호	'대화는 않고 친구와 가족 모두 오직 카카오톡뿐. 머잖아 여보세요는 죽은말 되겠구나.' 요즘 세대가 쓴 시래요.
선생님	오, 전화 통화를 안 하게 되었다는 뜻이구나.
유나	그렇다고 인간관계가 얕아진다는 뜻은 아닙니다. 이런 시조도 있어요. '웃음 나누는 내 친구들보다도 진정한 나를 더 잘 알고 있는 건 트위터.'
선생님	맞는 말이에요. 관계 맺는 수단이 예전과 많이 달라졌지. SNS만 봐도 그렇고.
유나	하지만 고민 자체는 달라지지 않았습니다. 주로 친구 관계나 진로 때문에 고민하거든요. 이건 1988년 1회 때 입선작인데, 요즘도 비슷한 듯해요. '만약 친구를 사귀고 싶거든 가벼워져라. 절대로 고민을 털어놓지 마라.'
선생님	그때도 지금도 친구 관계가 고민거리네.
준호	2회에는 이런 시조도 있어요. '나쓰메 소세키 작품 《마음》을 읽고 홀로 눈물짓다가 문득 벗에게 돌리는 전화 다이얼.'
선생님	하하, 그 친구 《마음》에 등장한 선생님처럼 친구를 배신한 적이 있나 보네. 어쨌거나 자기 심정을 노래했겠지.

유나 　친구를 배신하는 것도 여전하네요. '힘내, 하며 격려해준 친구가 허무하게도 순식간에 연적이 되고 말았네.' 저 지금 딱 이런 상태거든요. 친구한테 사랑 고민을 털어놓는 게 아니었는데…….

💡 살면서 늘 고민되는 친구 문제. 이런 고민에서 자유로워질 수는 없을까? 인생에서 친구란 꼭 필요한 존재일까?

마음의 친구에게 상처받기도

친구 관계는 복잡하다. 얼굴만 아는 사이를 친구라고 하는 사람이 있는가 하면, 깊이 신뢰할 만한 사람만 친구로 여기는 사람도 있다.

우선 친구 관계를 세로축과 가로축으로 정리해보자. 세로축은 친밀도와 관계의 깊이를 나타낸다. 위쪽은 표면적이고 얕은 관계인 친구, 밑으로 갈수록 서로 깊이 이해하는 친구다. 전자는 '표면적 친구' 후자는 '마음의 친구'라고 부르기로 하자. 가로축은 친구와 맺은 관계의 질을 나타

낸다. 그 친구와의 사귐이 나에게 손해라면 '해가 되는 친구', 반대로 사
귀어서 도움이 된다면 '득이 되는 친구'다.

친구들은 모두 이 표의 어딘가에 위치한다. 단, 그 위치는 고정되지 않
는다. 서로 깊이 이해하는 사이라고 믿던 친구에게 상처받는 것은 흔한
일이다. 그다지 친하지 않던 친구와 어떤 사건을 계기로 서로 신뢰하는
관계가 되기도 한다. 친구 관계는 움직이게 마련이다.

기회와 이익을 따져 친구를 맺는다?

철학 고전에는 친구 관계의 변화무쌍함을 표현한 문장이 많다. 프랑스
의 철학자 몽테뉴의 말이다.

> 요컨대 우리가 흔히 친구나 우정이라 부르는 것은 어떤 기회나 이익으로
> 맺어진 지우 관계이거나 친교에 불과하며, 우리의 마음 또한 단지 그것으
> 로 이어진 데 지나지 않는다.
>
> 몽테뉴, 《수상록》

몽테뉴는 친구와 새로운 관계를 맺게 되는 요인을 기회 또는 이익이라
고 했다. 그러고 보면 우리는 진급이나 전근, 이사와 같은 기회가 왔을 때
자신에게 이익이 되도록(함께 있으면 편안하다든가 이야기가 통한다는 점도
넓은 의미에서는 이익으로 볼 수 있다) 친구를 사귄다. 마음이 달라지면 이
익도 달라지고 친구 관계도 달라진다. 이 밖에도 몽테뉴가 친구 관계를
두고 한 말이 있다. '주의와 경계를 거듭하며 고삐를 조이고 나아가야 한

다.' '언젠가는 미워해야 한다는 생각으로 사랑하라. 언젠가는 사랑해야 한다는 생각으로 미워하라.'

솔직한 심정을 털어놨다가 친구에게 배신당한 사건을 계기로 유나가 배운 점일지도 모른다. 하지만 친구 관계란 개개인의 태도와 마음으로만 달라지는 것은 아니다. 집단의 힘 때문에 변하기도 하고 틀어지기도 한다.

집단에는 상황별로 어떻게 행동할지를 정한 규범이 존재한다. '분위기를 파악해라' 할 때의 '분위기'가 그것이다. 특히 외부와의 교류가 거의 없는 집단에서는 분위기 파악을 강요당하기 마련이다. 이를 거스르면 구성원에게 따돌림을 당하거나 무시당하게 된다. 이 분위기에 따르도록 강요하는 힘을 '동조 압력'이라 부르겠다.

우리는 무의식중에 동조 압력의 영향을 받는다. 이를테면 우연히 같은 반이 된 것을 '계기'로 알게 된 학생끼리, 따돌림당하지 않을 '이익'을 위해 친구 관계를 맺을 때가 있다. 동조 압력 때문에 이른바 친구인 척 연기해야 하는 셈이다. '친구가 내린 후 홀로 전철에 남아 안도의 한숨 연기는 이제 그만.'(현대 학생 시조 100선에서 발췌)

우리는 한결같은 우정을 갈망한다

그럼에도 우리는 단순한 계기나 이익만으로 맺어진 관계가 아닌, 한결같은 우정을 갈망한다. 몽테뉴 또한 세상을 떠난 친구를 떠올리며 이렇게 적었다.

내가 말하는 우정이란 두 사람의 마음이 혼연일체가 되어 어디가 이음매인지도 모를 정도의 것이다. 만약 누군가가 그를 사랑하게 된 이유를 묻는다면, '그 사람이라서, 그리고 그게 나라서'라고 대답할 수밖에 없다.

몽테뉴, 위의 책

몽테뉴는 진정한 우정으로 맺어진 유대를 두고 '혼연일체가 되어' '어디가 이음매인지 모를 정도'라는 비유를 들어 이야기한다. 친구는 나에게 타인이지만, 이런 우정 속에서는 나와 일심동체가 된다는 말이다. 확실히 이런 우정 관계야말로 한결같은 진정한 친구 관계일지도 모른다. 하지만 일심동체의 관계가 늘 바람직한 것일까?

홀로서기에 방해되는 일심동체의 우정

제대로 자립한 상태에서 서로를 존중하고 있는 것이 아니라면, 일심동체의 관계는 '당신 없이는 살 수 없다'는 의존이나 지배 관계로 빠지고 만다. 그리고 이는 종종 '사랑'이라는 말로 종용된다. 부모 자식의 사랑, 나라 사랑(애국심) 등이 그렇다.

이런 사랑은 가족과 국가처럼 공동체 창설과 유지가 목표인 인간관계에서 종종 언급된다. 하지만 친구 관계에서 언급될 일은 별로 없다. 우정이란 공동체 구성원 간의 관계가 아니라 일대일 관계이기 때문이다. 우정은 이른바 홀로서기 연습이며, 일심동체의 우정은 홀로서기에 방해된다. 홀로서기를 두고 생각해보면 평소 우리가 나쁘게 보는 배신과 외로움에도 긍정적인 의미가 있다는 사실을 깨달을 수 있다.

우정에도 외로움은 반드시 필요하다

배신이란 서로 신뢰하는 관계에서는 용서할 수 없는 일일지도 모르지만, 일심동체의 지배 관계에 빠지지 않기 위한 유익한 행동이 될 수도 있다. 예컨대 그다지 친하지 않은 친구들에게 "영원한 친구가 되자"라는 말을 듣고 무슨 대답을 해야 할지 망설이다가, "물론이지" 같은 말로 그 상황을 넘긴 경험은 없는가? 우리는 악의는 없을지언정 늘 친구를 배신할 가능성에 노출되어 있다.

왜 이런 일이 생기는 걸까? 아무리 친한 친구 사이라고 해도 그 관계 속에 외로움이 숨어 있다고 할 만큼 우리는 외롭기 때문이다. 외로움을 모르는 우정은 위험한 우정이다. 그런 우정은 일심동체를 요구한다. 과도하게 상대방에게 동화되거나, 상대방에게 내 의견에 동조하기를 요구한다. 친구와의 사이에서 건강한 관계가 구축되려면 내가 나 자신이어야 하며, 내가 계속 나 자신이기 위해서도 외로움은 반드시 필요하다.

기쁨이 전염되는 곳에 우정이 있다

그렇다면 도대체 친구는 어떻게 만들까? 사실상 친구를 '만드는' 것은 불가능하지 않을까 싶다. 우정은 몽테뉴가 말했듯이 '그 사람이라서, 나라서' 가능한 두 사람의 만남에서 탄생하기 때문이다. 만남은 나 혼자 '만드는 것'이 아니라 나에게 '주어지는 것'이다. 이 사실을 받아들이려면 무엇보다 만남에 마음을 열어야 한다. 프랑스의 철학자 알랭은 만남에 마음을 연 사람의 기쁨을 이렇게 적었다.

우정에는 찬란한 기쁨이 있다. 기쁨의 전염성을 깨달으면 금방 이해가 된다. 나의 존재로 친구가 조금이라도 진정한 기쁨을 얻으면 이번에는 그 기쁨을 본 내가 기쁨을 느낀다. 이렇듯 서로에게 준 기쁨이 나에게 돌아오는 것이다.

알랭,《행복론》

예컨대 원하는 대로 미래를 이뤄가는 나를 보고 친구가 자기 일처럼 기뻐한다면, 그 친구의 기쁨으로 나의 기쁨은 배가된다. 기쁨이 전염되는 곳에 우정이 있다. 그 사람이 혹시 기쁜 척한 게 아닐까 의심하는 사람도 있을 수 있다. 친구의 행복에 질투나 시기를 느끼기 쉬운 인간의 성향을 생각하면 가능성 자체를 부정할 수는 없다.

하지만 알랭은 '행복해서 웃는 게 아니다. 오히려 나는 웃으니까 행복하다고 말하고 싶다'고 적었다. 설사 친구가 보인 태도가 연기라 해도 그 연기가 진정한 기쁨과 통한다고 여기자. 언제든 배신의 위험성이 존재한다는 사실을 알면서도 친구를 신뢰하는 것, 이것이야말로 만남에 마음을 여는 자세가 아닐까.

만나고 헤어지며 어른이 되다

우정은 위험한 모험이기도 하다. 그럼에도 불구하고 우리가 그토록 진정한 우정을 바라는 이유는 혼자일 때의 고통과 외로움 때문일지도 모른다. 생텍쥐페리의《어린왕자》에서 왕자는 아름다운 장미와 사이가 나빠지자 나고 자란 별을 떠난다. 떠남은 홀로서기를 위해 필요한 일이었다.

그런데 친구를 찾을 수가 없었다. 지구에 찾아와 아무도 만나지 못한 왕자는 호소한다. "친구가 되어줘. 난 혼자야."

드디어 왕자는 비행기 고장으로 사막에 불시착한 조종사 '나'와 만나게 된다. 이런저런 이야기를 나누며 함께 웃을 수 있는 친구를 겨우 만난 것이다. 그런데 왕자는 애써 만난 '나'와 헤어져 멀리 떠나려고 한다. 이별하는 장면에서 왕자는 "밤이 되면 별을 바라봐줘" 하더니 말을 잇는다. "나는 저 별 중 하나에 살아. 그 별에서 웃지. 그러니까 네가 밤에 하늘을 바라보면 별이 전부 웃고 있는 것처럼 보일 거야. …… 넌 언제나 내 친구니까 나와 함께 웃고 싶어질 거야."

'기뻐하는 사람도 혼자 있다 보면 이윽고 자신의 기쁨을 잊고 만다.' 알랭의 말이지만 신기하게도 왕자의 말과 같은 울림을 준다. 멀리 있어도 친구를 생각하며 웃음 지을 수 있다면 우정의 기쁨은 사라지지 않는다.

혼자 있을 때의 괴로움과 외로움 때문에 우정을 맺는다고 해도, 우리가 혼자라는 사실에는 변함이 없다. 하지만 친구와 만나면 기쁨이 더해진다. 친구와 말을 나누고 경험을 공유하면서 우리는 조금씩 성장해가고 그렇게 홀로 선다. 어쩌면 왕자는 수리를 마친 '내'가 비행기를 몰고 떠날 수 있도록 먼저 자신의 별로 돌아간 것인지도 모른다. '내'가 홀로 설 수 있도록, 언제까지나 '내' 친구로 있기 위해서 말이다.

◈ 알아두면 쓸모 있는 철학 포인트

친구 관계는 변한다 → 좋은 관계를 맺으려면 어떻게 해야 할까?
❶ 친구 관계에 대한 이해
   '친구란 기회와 이익으로 맺어진 관계다'(몽테뉴), 우정은 홀로서기 연습이다.
❷ 친구 관계를 틀어지게 하는 요소에 주의한다.

　철학, 이토록 나에게 도움이 될 줄이야

홀로서기에 방해되는 일심동체, 나 자신을 잃어버리게 만드는 동조 압력
❸ 좋은 인간관계를 맺기 위해 소중히 여겨야 할 것
외로움도 필요하다, 신뢰한다, 서로 자기 일처럼 기뻐하고 웃는다(알랭 《행복론》, 생택쥐
페리 《어린왕자》).

🔍 나만의 철학 세우기

- 여러 인간관계를 맺으면서도 외롭다고 느낀 적은 없는가?
- 안정적이고 원만한 인간관계를 위해서는 각자 어떤 노력이 필요할까?

오늘의 철학자

몽테뉴(Michel de Montaigne, 1533~1592)
프랑스의 사상가. 종교 전쟁이 한창일 때 시대를 아우르는 독서 경험과
자기 성찰을 바탕으로 인간성에 대해 깊은 통찰을 얻었으며, 나아가 지
연에 따르는 삶이 바람직하다고 보는 인생철학에 도달하여 후세의 지식
인에게 큰 영향을 미쳤다. 주요 저서로는 《수상록》이 있다.

알랭(Alain, 1868~1951)
프랑스의 철학자. 본명은 에밀 오귀스트 샤르티에. 예술, 도덕, 교육 등
다양한 방면의 문제를 구체적인 생활에 근거해 이성적으로 논했다. 주요
저서로는 《행복론》, 《예술론집》, 《정신과 정열에 관한 81장》 등이 있다.

(가부라키 마사히코)

양치기 소년을 믿지 않은 건
잘한 일일까?

루만 《신뢰》, 와쓰지 데쓰로 《윤리학》

청년 심리 / 현대 사상 ★★ 신뢰, 권력

거짓말만 하는 사람의 말은 믿기 힘들지 않을까?

(준호와 남규가 〈양치기 소년과 늑대〉 연극 대본을 읽고 있다.)

준호 올해 갓 태어난 새끼 양들까지 죄다 당했지 뭐야.

남규 거참 심각한데. 세상에 믿을 게 없어.

준호 믿을 게 없다니, 뭘?

남규 이 광경 말이야. 그놈도 그렇고. 평소에 "늑대다!" 외치며 재미 삼아 거짓말만 해대니까 정작 중요할 땐 아무도 안 믿잖아.

준호 하지만 늑대가 덮쳤을 때 녀석이 필사적으로 그 사실을 알리려고 애썼는데, 우리 모두 그 말을 믿지 않았잖아.

남규 그럼 그 녀석 말을 믿어야 했다는 뜻이야?

준호 솔직히 도저히 믿을 수 없었겠지. 하지만 그놈 장난에 놀아났다는

철학, 이토록 나에게 도움이 될 줄이야

분노만 억눌렀다면 일이 이렇게 심각해지진 않았을 거야.

남규   거짓말만 하는 녀석의 말을 어떻게 믿어?

준호   그렇긴 하지. 만약 평소에 제대로 관계를 쌓았다면 그 녀석도 거짓
       말만 하지는 않았을 텐데.

남규   그럴 수도 있겠군. 별난 녀석이라며 상대하지 않은 건 우리 쪽이니까.

준호   게다가 혼자 늑대를 망보느라 얼마나 불안했겠어.

남규   하지만 그게 양치기가 할 일인걸?

준호   물론 그렇지. 그래서 아무한테도 상의 못 하고 그런 식으로 관심을
       끌 수밖에 없었던 게 아닐까?

남규   속마음까지 우리가 어떻게 알아?

준호   으음, 녀석의 경우에는 마음을 전하고 싶어도 이야기할 기회 자체
       가 없었으니까……. 난 너한테는 거짓말 안 해. 내가 정직해서라기
       보다는 네가 날 신뢰한다는 사실을 알기 때문이야. 그런 점에서 녀
       석이 거짓말만 늘어났다고 해서 타고난 거짓말쟁이라고는 할 수
       없다는 생각이 들어.

남규   그럼 일이 이 지경이 된 게 우리 탓이라는 거야? 뭘 믿어야 할지
       점점 더 모르겠네.

💡 우리도 종종 거짓말을 할 때가 있다. 의심하지 않고 타인을 믿는다는 건 어
   떤 의미일까? 그리고 사람과 사람의 신뢰는 사회 속에서 어떤 작용을 할까?

거짓말하는 사람을 신뢰할 수 있을까?

누구나 한번쯤은 〈양치기 소년과 늑대〉 이야기를 읽은 적이 있을 것

이다. 양치기 소년은 심심풀이로 "늑대가 나타났다!" 하고 외치고는 마을 사람들이 놀라서 달려오는 모습을 재미있어했다. 하지만 이 때문에 정작 진짜 늑대가 습격했을 때에는 아무도 그를 도와주러 가지 않았다. 이 이야기의 교훈은 거짓말만 하다 보면 신용을 잃는다는 것일까?

하긴 늘 거짓말만 하는 양치기 소년을 신용했다가는 큰 변을 당할 듯하다. 하지만 확실한 것만 믿는다면 신뢰라는 말 자체가 무의미해진다. 신뢰관계가 확립된 사회와 신뢰관계가 붕괴된 사회의 차이는 무엇일까? 도대체 신뢰란 무엇일까?

사물을 신뢰하는 것과 인간을 신뢰하는 것은 어떻게 다를까?

우리는 과거의 경험에 비추어 미래를 예상하며 살아간다. 그 예상이 믿을 수 있는 일이라면, 우리는 신뢰성이 높다고 표현하기도 한다.

의자를 예로 들어보자. 의자는 부서질 수도 있지만 웬만한 일이 아니면 부서지지 않는다. 은행도 도산할 가능성이 있지만 아마 당분간은 도산하지 않을 것이다. 그러므로 우리는 이 두 가지를 신뢰하고 이용한다.

그런 점에서 신뢰할 수 있는 사람이란 과거의 실적을 바탕으로 신뢰를 저버리지 않을 가능성이 높아 보이는 사람이 되겠다. 하지만 사람을 신뢰하는 것과 사물을 신뢰하는 일을 같다고 볼 수 있을까? 독일의 사회학자 루만은 자신의 저서에 이렇게 적었다.

어떤 사람이 앞으로 어떻게 행동할지 미리 알기란 쉽지 않다. 과연 그런 사람을 신뢰해도 될지 고민된다면 무엇이 그 사람의 행동에 영향을 주는

가를 잘 생각해보자. 우선 상대를 신뢰하기 전에 상대에게 어떤 이해관계가 있는지 알아야 한다. 상대 입장에서 내 신뢰를 무시하는 편이 득이라면 내가 그 사람을 신뢰한들 상대는 내 신뢰를 저버릴 것이다. 둘째, 귀찮아도 내 마음먹기에 따라 상대의 미래를 좌우할 수 있다는 점도 중요하다. (중략) 신뢰하는 쪽이 상대의 미래를 좌우할 수 있다면 상대가 신뢰를 저버렸을 때 그 사람에게 보복할 수 있다. 그렇다면 배신할 경우 보복을 당할 것이라는 사실을 상대도 미리 알고 있다는 뜻이다. 신뢰하는 쪽은 상대가 보복이 두려워서 신뢰를 저버리지 않을 것이라고 계산할 수 있다.

루만, 《신뢰》

언뜻 복잡해 보이는 글이지만 내용은 단순하다. 사물의 신뢰성은 사물을 쓰는 사람의 의도에 좌우되지 않는 반면, 사람은 상대방의 신뢰를 신경 쓰고 그 정도에 따라 상대방에 대한 행동을 바꾼다. 이런 점에서 사물에 대한 신뢰와 사람에 대한 신뢰는 다르다.

신뢰에는 늘 배신의 위험이 따른다

여기서 신뢰는 특유의 고민을 만들어낸다. '내가 친구에게 비밀을 털어놓으면 그 친구는 우정의 표시로 받아들일 수도 있고 약점을 쥐었다고 생각할 수도 있어. 전자의 경우에는 우정을 다질 수 있겠지, 하지만 후자라면 곤란한데. 그런데 그 친구의 우정은 언제까지 유지될까? 그렇다면……' 이렇듯 추론은 한없이 복잡해진다.

분명 우리는 일상생활에서 서로의 속셈을 염두에 두고 행동을 선택한다. 하지만 모든 상황을 추론할 수도 없을뿐더러 아무리 추론을 거듭해도 상대가 배신하지 않을 것이라는 증거는 찾을 길이 없다.

루만의 말처럼 신뢰에는 늘 배신의 위험이 따른다. 이처럼 사람과 사람의 신뢰관계는 믿음에 대한 불안감에 뒤덮여 있으며 따라서 취약하다.

이 사회에서 신뢰가 사라진다면

배신당할 위험을 없애려다 보면 결국 아무도 신뢰할 수 없게 된다. 하지만 배신당하지 않을 보장이 없어서 신뢰할 수 없다는 이유로, 사회에서 신뢰가 사라진다면 어떤 일이 벌어질까? 극단적으로는 거리를 걷고 싶어도 지나가는 사람이 강도일지도 모른다는 두려움 때문에 마음 놓고 밖을 돌아다닐 수 없게 될지도 모른다. 상상 속 이야기가 아니다. 전 세계 각지에서 볼 수 있는 현실이기도 하다.

도로와 공원 등 모든 사람에게 유용한 것을 사회자본이라 부른다. 이뿐 아니라 인간이 서로 신뢰할 수 있는 관계 자체도 사회자본이라 할 수 있다. 신뢰가 사라지면 우리는 삶의 자유를 잃어버리게 된다.

권력으로 복종하게 만들다

불신으로 자유롭지 못한 상황을 피하려면 어떻게 해야 할까? 영국의 철학자 홉스라면 권력을 제안할 것이다. 권력이란 사람을 강압적으로 복종하게 만드는 힘이다. 홉스에 따르면 인간은 자신이 원하는 것을 추구하며, 그런 사람들이 모이면 반드시 분쟁이 일어난다. '자연스러운 상태'

에서는 '사람이 다른 사람에게 늑대'가 되어버리는 것이다. 자칫하다가는 소중한 자기 생명마저 위험에 노출된다.

이런 사태를 피하고자 사람들은 자유롭게 행동하되 타인의 자유를 침해하지는 말자는 약속을 하는 것인지도 모른다. 하지만 약속만 가지고는 규칙을 어기는 사람이 나오지 않게 할 도리가 없다. 홉스는 사람들이 규칙을 지키게 하려면 그것을 강제하는 권력이 있어야 한다고 생각했다.

그의 말대로 우리 사회는 범죄 방지 차원에서 경찰과 벌칙이라는 힘을 활용한다. 또한 일상생활에서도 이와 유사한 예를 볼 수 있다. 대부분의 사람에게 당연한 '상식'을 위반하는 사람에게는, 설사 그 행위가 피해를 가져오지 않았더라도 '배제'라는 폭력이 가해지기도 한다. 이는 어느 집단에서든 목격할 수 있는데, 집단 내 자기 위치를 확보하려고 주변 '분위기'를 파악해 필사적으로 그에 따르는 경우가 그 예다. 안정을 좇아 배신의 위험성을 줄이려고 할수록 숨 막히는 사회가 되고 만다.

서로가 조금만 더 신뢰할 수 있다면

배신하지 않을 보장이 없다는 이유로 서로를 믿을 수 없게 된다면 사회는 제 기능을 잃고 사람들은 큰 손실을 입게 된다. 서로가 믿지 못해 엇갈리는 일이 없도록 사람들에게 권력을 행사하면, 효과는 확실해도 숨 막히는 사회가 될 것이다.

불신 아니면 강제라는 극단에 치우치지 않으려면 발상을 전환해야 한다. 불안하니까 '신용하지 않겠다'가 아니라, '조금 신뢰할 수 있다'부터 출발하면 되지 않을까.

신뢰는 오가는 것이다. 그렇다면 상대방을 신뢰할 수 있는 존재로 만드는 것은 나의 신뢰다. 서로에 대한 신뢰는 각자가 상대방을 아주 조금이라도 신뢰하고 상대방도 그에 부응하는 것, 이것이 쌓이면서 형성된다. '양치기 소년'의 모든 면을 의심하는 것은 합리적이지 않다. 그 소년도 하나쯤 믿을 만한 구석이 있었을 것이다. 거짓말이라는 부적절한 방식을 쓰기는 했지만, 양치기 소년은 마을 사람들에게 다가가려고 했다. 그런데도 마을 사람들은 그의 '호소'를 무시하고 양치기 소년과 관계 맺기를 소홀히 했다. 서로가 초반의 불안감을 극복하려고 첫걸음만 내디뎠더라면 불신 때문에 하지 못했던 일이 가능해지지 않았을까.

사회적 신뢰가 붕괴되지 않도록

그렇기에 배신할 위험성을 무릅쓰고 누군가를 믿는 것은 미덕으로 간주된다. 이것이야말로 살기 좋은 사회의 조건이기 때문이다. 일본의 철학자 와쓰지 데쓰로는 이렇게 말했다.

신뢰관계에서 신뢰에 부응하고 또 그 신뢰에 합당한 행동을 하는 것은 인간 존재의 참모습을 보여준다는 의미에서 그야말로 '진실'이다. 신뢰관계가 없는 곳, 그리하여 신뢰에 부응하는 가치가 성립되지 않는 곳에서는 '진실'이 일어나지 않는다. 사람이 타인을 맹수처럼 다루는 전쟁에서는 신뢰관계가 거의 없어지며 동시에 '진실' 또한 거의 존재하지 않는다. 또한 인간관계에서 탈락된 처지에 혼자 어떤 말을 하고 나중에 그것을 실행하거나, 경험한 사실에 대해 있는 그대로 독백한다 해도 그것은

철학, 이토록 나에게 도움이 될 줄이야

성실성과 아무 관련이 없다. 성실한 행위란 늘 신뢰가 포함된 인간관계에서 일어난다.

와쓰지 데쓰로, 《윤리학》

신뢰관계는 사회에서 반드시 필요한 요소다. 그런데 이 신뢰관계는 개개인의 신뢰 행위를 통해 형성된다. 그렇다면 〈양치기 소년과 늑대〉 이야기는 거짓말을 한 소년을 비난하는 이야기가 아니라, 사회적 신뢰가 쉽게 붕괴할 수 있다는 이야기로 봐야 할 수도 있다.

소년의 충동적 행동에 그를 불신하게 된 마을 사람들은 결국 신뢰를 잃고 늑대의 습격에 꼼짝없이 당하고 말았다. 맹신도 위험하지만 불신도 위험하다. '거짓말쯤이야'라고 착각하게 만든 마을에도 문제가 있지 않았을까? 작은 신뢰를 쌓아 신뢰하기 위해 계속 노력할 수 있는 사회를 만드는 것이 중요하지 않았을까.

◉ 알아두면 쓸모 있는 철학 포인트

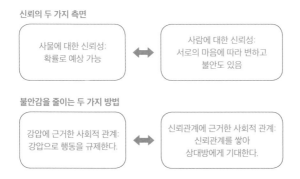

신뢰의 두 가지 측면

사물에 대한 신뢰성:
확률로 예상 가능
⟷
사람에 대한 신뢰성:
서로의 마음에 따라 변하고
불안도 있음

불안감을 줄이는 두 가지 방법

강압에 근거한 사회적 관계:
강압으로 행동을 규제한다.
⟷
신뢰관계에 근거한 사회적 관계:
신뢰관계를 쌓아
상대방에게 기대한다.

- 신뢰를 지속하게 하는 힘에는 어떤 것들이 있을까?
- 신뢰를 바탕으로 한 관계의 소중함을 알면서도 신뢰하기를 주저할 때가 있다. 그 이유는 무엇일까? 또 그것을 바꿔가려면 어떻게 해야 할까.

오늘의 철학자

니클라스 루만(Niklas Luhmann, 1927~1998)

독일의 사회학자. 원래 행정 공무원으로 일했으나 유학을 계기로 연구직으로 옮겼다. 인간은 개념을 활용해 세계를 구별하고 세계에 관여하지만, 사회란 그러한 구별 행위의 상호작용을 통해 복잡한 방식으로 스스로 재생산되고 반영되는 체계라는 '사회체계이론'을 주창했다. 방대한 저서를 남겼으며 주요 저서로는 《사회시스템이론》, 《사회의 사회》 등이 있다.

와쓰지 데쓰로(和辻哲郎, 1889~1960)

일본의 철학자. 젊은 나이로 〈니체 연구〉 등 유럽 철학 동향에 앞서가는 연구를 진행했으며 그와 같은 시선으로 일본 문화를 풀어낸 《옛 사찰 순례》(1919)와 《일본 정신사 연구》(1926) 등을 펴냈다. 독일 유학(1927~28) 시절 하이데거의 《존재와 시간》을 접하고 《인간의 학(學)으로서의 윤리학》(1934)과 《풍토》(1935)를 구상했다.

(모리 히데키)

'생각'하는 이유는 무엇인가

'생각'이란 무엇일까? 그리고 우리는 무엇을 위해 생각할까?

이렇게 굳이 묻지 않아도 우리는 늘 '생각한다'. 이를테면 빵을 살 때도 마찬가지다. '오늘은 야키소바 빵이냐, 크로켓 빵이냐 그것이 문제로다.' 분명 생각하고 있다.

그런데도 다른 사람들은 종종 이렇게 말한다. "네 머리로 생각해." "잘 생각해봐." 여기서 '생각'이란 어떤 행위일까?

생각하지 않을 때, 우리는 휩쓸린다

말의 의미를 생각할 때에는 반대말을 생각해보는 게 요령이다. 그렇다면 '생각하지 않는다', '생각하고 있지 않다'는 어떤 상태일까?

예컨대 다른 사람의 주장을 자기 의견인 양 말할 때를 들 수 있겠다. 스스로 경험한 것에 대해서는 서툴러도 자기 말로 엮으려고 시도하거나 거짓말처럼 보일까 봐 오히려 입을 다물기도 한다. 하지만 본질적으로 자신과 무관한 일일 때는 주위에 휩쓸리기 십상이다. 좋아하지 않는 수학 숙제를 풀 때 스스로 풀지 않고 해답집에 의존하게 되는 것도 그런 예다.

우리가 휩쓸리는 때는 또 있다. 감정에 휩쓸려 위기에 빠지기도 하고, 상식에 휩쓸려 정말 중요한 것을 놓치기도 한다. 규칙에 휩쓸려 눈앞의 상대에게 상처를 줄 때도 있다. 그래서 '좀 더 깊이 생각할걸' 하며 후회한다.

따라서 뭔가에 휩쓸리고 있을 때를 우리는 '생각하고 있지 않다'고 말할 수 있다. 그렇다고 한다면 감정과 상식, 규칙 그리고 이를 둘러싼 갈등과 딜레마를 진지하게 마주했을 때 우리는 '생각하고 있다'고 볼 수 있다.

생각하기를 포기한다면 무언가를 잃어버릴지도 모른다

만약 모두가 생각하지 않고 뭔가에 휩쓸린다면 우리 앞에는 어떤 세상이 기다리고 있을까. 프랑크 파블로프의 《갈색아침》은 그런 생각을 풀어가는 실마리를 준다.

줄거리는 이렇다. 한 나라에서 갈색 이외의 애완동물을 기르는 것이 법으로 금지되자 주인공도 자신의 애완동물을 죽이고 만다. 반정부 신문은 폐간되고 언론은 통제된다. 처음에는 반감을 가지던 주인공도 '세상의 흐름에 거스르지만 않으면 편하게 살 수 있다'며 주위에 휩쓸리게 된다.

어느 날 아침, 법률이 개정되어 갈색 이외의 동물을 예전에 길렀던 사람도 국가 반역죄로 체포된다는 뉴스가 흐르고 주인공은 자경단에 연행된다. 아니, 정확히는 자기 집 현관문을 두드리는 자경단에게 "그렇게 세게 두드리지 말아주세요. 지금 나가요." 하고 대답한다.

이와 비슷한 이야기로 아베 고보의 〈양식파〉라는 단편 소설도 있다.

주인공은 닭이다. 외적이 많아 먹이를 손에 넣으려면 멀리 나가야 한다. 그럴 때 인간이 나타나 철망으로 튼튼한 닭장을 만들어주고 먹이도 주겠다고 한다. 단, 그 닭장은 열쇠로 잠글 수 있게 되어 있다. 불안해하는 닭에게 인간은 말한다.

"닭이 열 수 있으면 고양이도 열 수 있어."

이말에 의문을 품은 닭도 있었지만 결국 스파이로 몰려 쫓겨난다. 마지막에 '양식(良識, 사물을 올바르게 파악하는 능력)파'라 불리는 닭들이 결론을

철학, 이토록 나에게 도움이 될 줄이야

내린다.

"인간이 저만큼 해주겠다고 하니 그 말대로 하자. 잘못되면 다 같이 상의해서 결정하면 돼."

결국 그들은 스스로 닭장 속으로 걸어 들어간다.

두 우화의 공통점은 반감과 의문을 품었으면서도 주인공이 생각하기를 포기하고 상황에 휩쓸린 결과 스스로 '자유'를 잃었다는 데 있다. 생각하지 않으면 자유를 잃어버릴지도 모른다.

'생각하지 않으면 ○○를 잃는다' 또는 '○○를 위해 생각한다'. ○○에 들어맞는 말은 또 있을 것이다. 여기에 대해서도 자기 머리로 '생각'해봤으면 한다(참고로 사람이란 자유가 주어지면 오히려 자유를 누리며 살 수 없는 생물인 모양이다. 흥미가 있다면 미하엘 엔데의《자유의 감옥》을 읽어보자).

평범한 순간에서 철학은 시작된다

여기까지 여러 번 '자기 머리로 생각해'라고 했다. 이 표현에 대해 재미있는 이야기를 하는 철학 교수가 있다. 그의 말을 인용하겠다.

> 자꾸만 신경 쓰이는 것은 '자기 머리로 생각하다'라는 표현이다. 이런 표현을 자주 듣는다. 중요한 일을 두고도 요즘 젊은 사람들은 도무지 자기 머리로 생각할 줄을 모른다고들 한다. 하지만 내가 보기에는 두 가지 이유로 옳지 않다.
> 생각이란 사실 머리나 뇌로 하는 것이 아니다. 손으로 생각하거나 종이 위에서 생각하거나 냉장고의 내용물을 손에 들고 생각하기도 한다. 이것이 첫째 이유다.
> 그리고 혼자서 생각하지도 않는다. 설령 혼자서 뭔가를 하고 있을 때라도 거

기에는 많은 사람의 목소리와 목소리가 아닌 말, 그리고 말로 표현되지 않는 힘이 작용한다. 실제로 생각하는 데 매우 중요한 요소는 다른 사람과의 만남이다. 이것이 또 하나의 이유다.

노야 시게키,《처음 생각할 때처럼》

책을 읽다 보면 철학자의 다양한 생각과 만난다. 잘 이해되지 않는 것도 있을 수 있다. 하지만 일상생활을 하다가, 사람들과 어울리다가 갑자기 그런 생각이 힘을 발휘하기도 한다. 평범한 일상 속에는 생각할 장면이 넘쳐난다. 책의 세계에만 틀어박히지 말고 멈춰 서거나 다른 사람과 이야기를 나눠보라. 평범한 순간에서 철학은 시작된다.

(모리 히로노리)

사람을 좋아한다는 것은 무엇인가

상대방에게 사랑받으며 사귀고 있다. 행복해야 하건만 늘 상대방이 마음에 걸려 견딜 수 없다. 연애 상대가 없는 친구들에게는 부러움을 사고 있지만, 사실은 늘 긴장되고 불안하다. 이런 경험을 한 적은 없는가? 아래는 청년이 자기 연애에 대해 이야기한 내용 중 일부다.

'만날 때마다 "나 좋아해? 난 네가 좋아" 이런 말을 해요.' '전화 통화를 할 때나 데이트를 할 때나 늘 "나 좋아해?" 아니면 "내 어떤 점이 좋아?" 하며 제가 자기를 좋아하는지 확인해요.' '함께 있어도 제가 제 자신이 아닌 것 같고 가면을 쓴 것만 같아요. 대화가 안 되고 불안감과 침묵, 긴장감에 숨 막혀요.'

오노 히사시(1995)의 글에서 인용

심리학자 오노 히사시는 위와 같은 특징이 있는 연애를 '정체성을 위한 연애'라 부르며 '① 상대에게 칭송과 칭찬을 구함 ② 상대의 평가가 신경 쓰임 ③ 시간이 지나면 팽팽한 불안감을 느낌 ④ 상대의 거동에서 눈을 뗄 수 없음 ⑤ 그 결과 관계가 오래 지속되지 않음'의 과정을 거친다고 주장했다.

이런 유형의 연애에서 사람은 자신의 정체성을 연애 상대로부터 확인하고 싶어 한다. 청년이 아니더라도, 자기 정체성이 아직 확립되지 않은 사람은 진심으로 상대방을 좋아해서 연애한다기보다는 자신을 좋아해준 사람을 좋아하게 된다거나 자기를 확인해주는 사람이 곁에 있기를 바란다. '자신을 위해 그 사람과 사귀는' 연애 패턴을 보이기 쉽다. 자기가 중심이 된 연애이므로 대부분 오래 지속되지 않는다.

끌리는 연애를 할 때 느끼는 네 가지 불안감

정체성을 위한 연애가 아니라 순수하게 서로의 매력에 끌려 호감을 가지고 사귀게 된 경우라도 불안감이 없어지지는 않는다.

이러한 유형의 연애를 하는 한 여대생에게 어떨 때 불안감을 느끼는지 조사해 그 불안감의 바탕에는 무엇이 깔려 있는지 알아본 연구가 있다. 연애가 진전되는 가운데 느끼는 네 가지 불안감을 아래와 같이 정리해봤다. 각 불안감이 어떤 심리에 기인하는지 생각해보자.

'그와 불안과 나'
① 내 발언에 상대가 침묵했을 때, 상대에게 전화를 걸 때 등 가까워질수록 없어지는 불안감.
② 상대가 나에게 거짓말하거나 약속 시간에 늦을 때, 내키지 않는 일을 강요할 때.

③ 서로를 이해할 수 없다는 사실을 깨달았을 때, 아무렇지도 않은 말로 상대방에게 상처를 줬을 때. 상대방을 전혀 이해하지 못했구나 싶어 불안해진다.

④ 상대를 생각해 진로를 선뜻 선택하지 못하는 경우, 불안정한 내 마음 때문에 애먼 상대에게 화풀이할 때. 내가 상대를 떠나 홀로서기를 못하는 게 아닌가 불안해진다.

도미시게(2002)의 글에서 인용

다소 어려운 표현인데, 이에 대해 도미시게는, ①의 경우 서로를 잘 모르는 데서 오는 부정적 평가에 대한 우려와 긴장 ②는 상대의 행동으로 인한 가치관 이탈과 강요에서 오는 부정적 평가에 대한 우려 ③은 상대를 몰이해하는 데서 오는 고립에 대한 불안 ④는 상대와의 일체감에서 비롯된 자립에 대한 불안이라 했다. 두 사람의 관계성이 깊어짐에 따라 서로의 내면으로 깊이 들어가면서 불안감을 느끼는 내용이 달라진다.

관계를 오래 지속시키는 친밀감과 헌신의 힘

정체성을 위한 연애건 서로에게 끌리는 연애건 거기서 생기는 불안은 생판 모르는 두 사람이 만나 관계성이 깊어지면서 발생하는 심리적 감정이다.

물론 불안만 생기지는 않는다. 연애로 인간관계가 깊어지면 다양한 감정이 생겨난다. 이를테면 열애 상태에서는 '다정한 감정과 성적 감정, 기분의 고양과 아픔, 불안과 안도, 애타심과 질투가 혼돈 속에 공존하는' 강한 정동(情動) 상태가 되기도 한다(Berscheid & Walster, 1974).

심리학자 스턴버그는 연애를 구성하는 요소를 '친밀감: 상대와 가깝고 결합되어 있다는 느낌', '열정: 상대방에게 느끼는 신체적 매력과 성적 욕구의 감정', '헌신(결심 · 관여): 상대와 관계를 유지하려는 결심' 등 세 가지 요소로 정리하고, 이 요소의 높고 낮은 정도를 어떻게 조합하느냐에 따라 연애 유형을 아래 그림처럼 여덟 가지로 분류했다. 심리학에서는 '사랑의 삼각이론'으로 알려져 있다(Sternberg, 1986).

연애하는 두 사람의 특징이라고 하면 열정이 바로 떠오르겠지만, 열정이 우위에 있으면 오래 가기 어렵다. 친밀감과 헌신이 관계를 오래 지속시키는 열쇠인 모양이다.

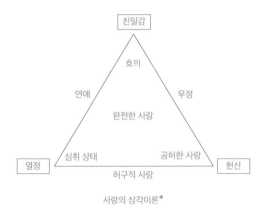

사랑의 삼각이론*

연애가 내게 주는 것

여기까지 연애할 때 품는 감정을 중심으로 사람을 좋아한다는 것은 무엇인가에 대해 검토했다. 그런데 우리는 왜 사람을 좋아하게 될까?

심리학에서는 대인 매력이라는 분야에서 사람을 좋아하는 이유를 연구

---

* 이케다 겐이치 외 《사회심리학》 (가라사와 미노루 작성)

한다. 연구 결과 지금까지는 신체적으로 매력이 있을수록(신체적 매력), 가까이 있을수록(근접성), 접촉 횟수를 거듭할수록(단순 접촉효과) 상대에게 매력을 느낀다는 사실이 밝혀졌다. 또한 자신의 과거에서 중요한 사람을 생각나게 하는 사람에게 호감을 품을 가능성이 높다(전이)는 요인도 지적되었다. 참고로 배우자를 선택할 때에는 신체적 매력이라는 요인은 작아지고 그 이외의 요인이 부각된다.

이제까지 연애와 관련된 심리학의 지식을 소개했는데 연애에 대한 심리 밑바닥에는 무엇이 자리 잡고 있을까? 그곳에는, 그 배경에는 어떤 심리가 작용할까?

자기와 타인의 관계성이라는 관점에서 볼 때 연애 상대의 존재는 자신의 내부로 상대를 받아들일 수 있게 하며, 따라서 자신의 잠재능력과 자질을 확대시킨다(자기 확장)는 지적이 있다.

연애가 궁극적으로 자기 확대를 가져온다고 생각하면 거기서 느끼는 불안과 기쁨을 종합적으로 이해할 수 있다. 자기 확장이 과도하게 자기를 중심으로 작용하면 연애는 '정체성을 위한 연애' 쪽으로 기울어진다. 또한 서로 끌리는 연애에서는 연애 상대와의 관계성이 깊어지면서 자기가 확장되고 동시에 자신의 정체성은 점점 연애 상대에 의존하게 된다. 앞에서 나타난 불안이란 이렇듯 서로 반대 방향으로 작용하는 힘이 강해지는 과정에서 생기는 갈등이라고 할 수도 있다.

사람은 연애하면서 다양한 심리적 감정을 경험한다. 이러한 경험은 길게 보면 개인의 정체성을 되돌아보고 형성하는 주요 기반이 된다.

(오카와 이치로)

왜 다이어트는
실패할까?

아리스토텔레스《니코마코스 윤리학》
그리스 철학 ★ 행위의 목적, 행복, 약한 의지, 습관

다이어트를 못 하는 이유는 의지가 약해서일까?

미도   들었어? 유나, 결국 입원했나 봐.

나리   작년 여름인가부터 좀 무리하게 다이어트를 했거든.

미도   별로 살도 안 찐 것 같은데 웬 다이어트?

나리   좋아하는 남자랑 둘이서 해수욕장에 갔는데 날씬한 여자가 지나갈
        때마다 남자가 그쪽을 흘끔흘끔 곁눈질했대. 그래서 그 사람 마음
        을 사로잡는다며 날씬해지겠다고 결심하게 된 거지.

미도   그런 일이 있었구나. 자존심 강한 유나답네.

나리   무리한 다이어트는 하면 안 되는데. 글쎄 그 남자랑 데이트하며 식
        사할 때도 샐러드밖에 안 먹었대.

미도   그런 식으로 하는 데이트가 무슨 재미야. 그 남자도 이상하게 생각

하지 않았을까?

나리   게다가 몸무게가 줄지 않으면 데이트도 거절했대.

미도   쉽게 줄지 않으니 문제지. 악순환인 것 같아.

나리   이번 일을 보고 있으면 뭘 위해 다이어트를 하는지 확실히 아는 게 중요하다는 생각이 들어.

미도   다이어트의 목적 말이야? 유나는 목적이 확실하잖아. 그 남자를 위해서지. 사랑의 힘이란 대단해.

나리   무리하게 다이어트를 하는데, 그 목적이 '남자 마음에 들고 싶다' 라니, 그것만으로 충분할까?

미도   막상 그렇게 말하니 잘 모르겠네. 나도 체형이 이렇잖아. 사실 지금 다이어트 시작한 지 얼마 안 됐어. 비밀이야.

나리   뭐? 너도?! 잘 되고는 있어?

미도   아니. 눈앞에 달달한 게 있으면 못 참겠어. 난 의지가 약한가 봐.

나리   의지가 약한 게 원인이야? 난 의지가 약하다는 게 뭔지 잘 모르겠더라. 넌 어떻게 생각해?

미도   말 그대로지. 다른 뜻이 있나?

나리   뭘 해야 하는지 스스로 확실히 알고 있는데 할 수가 없는, 감정과 행동이 일치하지 않는 듯한 감각이지. 멋있는 말로 하면 부조리고.

미도   부조리라기보다는 내 성격이 이러니 어쩔 수 없는 것 같은데. 의지가 약하다는 핑계로 자꾸 케이크를 많이 먹게 돼.

나리   내일 유나 문병하러 가기 전에 나랑 의지에 대해 좀 더 생각해보지 않을래?

미도   좋아. 부조리에 대한 도전인 셈이네.

💡 내가 살면서 하는 행위는 어떤 목적과 선택으로 계속 이어질까? 그 목적에는 과연 끝이 있을까?

아리스토텔레스 《니코스마스 윤리학》

우리가 하는 행위는 선을 지향하는 듯하다. 이를테면 [A]를 선택할 때 늘 그와 다른 [B]를 목적으로 선택한다면 어떻게 될까? 그런 경우 목적인 [B]는 또 다른 목적 [C]를 위해 선택되며, 목적의 연결은 무궁무진하게 이루어져 한도 끝도 없다. 그렇게 되면 우리 욕구는 허무하고 무의미해지지 않을까.

만약 이러한 것이 부조리라고 한다면 선택되는 행위 중에는 '다른 것을 위한 선택이 아닌, 그 자체로 선택되는 뭔가'가 있다는 이야기가 된다. 이 목적이야말로 선이며, 가장 선한 것(최고선)이다. 이러한 선에 대한 앎은 우리 인생에도 중대한 의미가 있지 않을까. 그렇다면 그 선이란 무엇인가, 또한 어떤 지식과 능력의 대상인가, 우리는 그 윤곽만이라도 이해해야 한다.

1권 2장. 번역문은 요약 발췌

목적의 연쇄는 멈춰야 한다

다이어트 같은 행위의 목적(지향하는 선)은 무엇인가라는 관점에서 생각해보자.

행위의 목적을 더 깊이 파고들면 함정도 보인다. 바로 목적의 연쇄는 어디서 끝나는가 하는 문제다. 유나의 경우 다이어트의 목적은 날씬해지고 싶어서, 날씬해지고 싶은 이유는 남자의 마음을 사로잡기 위해서였다. 여기서 남자의 마음을 사로잡는 목적은 무엇인가라는 질문을 받으면 어떨까? 만약 모든 목적에 또 다른 목적이 있다고 한다면 어떤 행위(다이어트)가 '무엇을 위한' 행위였는지 알 수 없게 된다. 행위가 무의미해지지 않으려면 어딘가에서 목적의 연쇄가 멈춰야 한다. 다소 딱딱한 표현이지만 '다른 것을 위한 선택이 아닌, 그 자체로 선택되는 뭔가'라는 목적이 그것이다.

그렇다고는 하나 그 단계에 이르기까지 이루어지는 행위의 목적을 제시하기는 의외로 어렵다. 또한 어디서 목적의 연쇄가 멈출지도 분명치 않다. 자신의 행위이니 자기만은 잘 알고 있다고 생각하기 십상이다. 그러나 우리는 행위의 목적이 어떤 방식으로 이어져 있는지 평소에는 별로 생각하지 않는다. 이를테면 날씬해진 유나가 멋진 수영복 차림으로 남자의 마음을 사로잡을 때 다이어트의 목적은 종착점에 도달할 것인가, 아니면 목적의 연쇄는 그 후에도 계속될 것인가?

궁극적 목적이 행복이라면 다 끝난 걸까?

목적의 연쇄에 종지부를 찍을 수 있을까? 이 물음과 관련해 아리스토텔레스가 주목한 것은 '행복'이었다.

우리 행위의 목적이 어떤 선이라고 가정한다면 가장 선한 것을 '행복'이라 부른다는 점에서 많은 사람의 의견이 일치하는 듯하다. 하지만 행복이 무엇인가라는 물음에 대한 우리 의견은 일치하지 않는다. 아니, 같은 사람

이라도 병에 걸리면 건강, 가난해지면 돈이라는 식으로 걸핏하면 의견이
달라진다.

1권 4장

목적의 연쇄를 더듬어가다가 행복에 이르면 적어도 부조리는 피할 수
있다. 행복을 두고 '무엇을 위해서?'라고 되묻는 것은 무의미하다고들 생
각하기 때문이다. 하지만 행위의 궁극적 목적이 행복이라는 사실을 알았
다고 다 끝난 것은 아니다.

예컨대 '다이어트는 무엇을 위해서 하는가?'라는 질문에 유나가 '행복
을 위해서'라고 대답했다고 치자. 이 대답에 당신은 납득할까? 아마도 '다
이어트하면 왜 행복해지냐'고 되묻고 싶어질 것이다. 가장 선한 것을 행
복이라고 부른다 해도 다이어트라는 행위와 궁극적 목적인 행복이 어떻
게 이어지는가라는 문제가 남는다.

물론 행복이란 무엇인가라는 물음도 있다. 다이어트에 성공해서 그 남
자와 순탄하게 사귀고 유나가 행복한 마음(행복감)이 충만해졌을 때는 어
떨까? 궁극적 목적이 행복이라고 해도 무엇을 행복이라고 생각하는가,
즉 행복에 대한 관점(행복관)은 각양각색이 아닐까? 당신이 유나와 다른
사람의 행복감과 행복관을 비판하는 것은 허용될까?

생각해봐야 할 물음도 있다. 이를테면 다소 극단적인 이야기지만, 살인
과 성폭행으로 행복감을 느끼고 그 행복관을 주장하는 사람이 있다고 치
자. 이 주장을 그대로 인정할 수는 없다. 따라서 개인의 행복감, 행복관을
이야기하는 것만으로는 문제가 해결되지 않는다. 자신의 행복과 행위의
관계가 어떤지를 생각해봐야 한다.

행위의 유형을 마음의 작용으로 분류해본다면

행위의 사회성을 언급하면 이야기는 단번에 복잡해진다. 그래서 아리스토텔레스는 행위자의 내면과 관련된 기본적인 논점을 밝혔다.

> 의지에 강한 의지와 약한 의지가 있다면 우리 행위를 담당하는 영혼의 작용은 적절한 행위를 요구하는 부분(이성적 부분)과 그에 따르거나 반대하는 부분(비이성적 부분)으로 구성된다는 말이 된다. 그리고 이성과 반대되는 부분은 보통 욕망이라 불린다. 또한 비이성적이어도 이성을 따르는 부분은, 그런 경우에만 이성을 갖는다고 할 수 있다.
>
> 1권 13장

'영혼'이라는 말이 나와서 좀 당황스러울 수도 있겠다. 이를테면 케이크를 보고 먹는 것, '오늘은 어떤 케이크를 먹을까' 생각하는 것, 이러한 행위는 모두 영혼(마음)의 작용이다. 그렇다면 '이성'은 영혼의 어떤 작용일까? 이 또한 복잡하다. 여기서는 다이어트가 화제이므로 적절한 식사와 운동 등을 지시하는 작용이라고 해두자.

이 같은 영혼의 작용은 우리의 삶과 행복이라는 문제와 어떻게 연관될까? 다이어트에 실패하면 '의지가 약하기(억제를 못하기) 때문'이라는 말을 들으므로 의지의 강약(억제의 유무)을 포함한 영혼의 작용이라는 관점에서 행위의 유형을 분류해보면 어떨까?

기본적인 구별법치고는 좀 평범할 수도 있지만 아래의 네 가지 유형이 있다.

철학, 이토록 나에게 도움이 될 줄이야

① 과도한 욕망을 품지 않고 바로 이성을 따르는 행위

② 욕망에 지지 않고 이성을 따르는 행위

③ 욕망에 져서 이성을 따르지 않는 행위

④ 욕망의 화신처럼 완전히 이성에 어긋나는 행위

절도가 있는 사람은 의지가 강한 사람일까?

이러한 행위의 유형을 다시 '성격'으로 바꿔볼 수 있다. 행위와 성격의 관계까지 염두에 두고 생각해보자.

> 의지가 강한 사람은 절도 있는 사람과 같지 않다. 왜냐하면 의지가 강한
> 사람은 강렬하고 저속한 욕망을 품고 있지만, 절도 있는 사람에게는 욕망
> 이 없기 때문이다. 이와 마찬가지로 의지가 약한 사람은 방탕한 사람과
> 같지 않다.
>
> 7권 2장

행위의 유형을 성격으로 바꿔 말할 때 절도가 있는 사람과 방탕한 사람은 제각각 의지가 강한 사람과 약한 사람으로 구분된다는 사실에 주의하자. '방탕'이라는 말이 낯설 수도 있겠지만 '주색잡기에 빠져 행실이 좋지 못함'을 의미한다. 음식과 성애 면에서 비대화된 욕망을 품고 그것을 주저 없이 실행하는 사람을 방탕한 사람이라 이른다.

그렇다면 앞서 언급한 ①은 절도 있는 사람, ②는 의지가 강한 사람, ③은 의지가 약한 사람, ④는 방탕한 사람이 된다. 단순한 구분일 수도 있

다. 하지만 만약 당신이 자신의 삶을 선택할 수 있다면 어떤 성격을 선택할까?

행복은 습관에서 생겨난다?

이와 같은 분류를 바탕으로 아리스토텔레스의 생각을 보완하겠다. 즉, [1] 성격은 습관에서 만들어지고 [2] 행위는 성격에 근거한다는 관점이다. 이 관점에 행위의 궁극적 목적인 행복을 조합하면 습관 → 성격 → 행위 → 행복이라는 연쇄가 완성된다. 즉, 행복의 출발점에는 습관이 자리한다는 뜻이다. 단, 다소 성가시지만 이 관계에는 [3] 행위의 반복이 습관과 성격을 만든다는 순환이 존재한다. 어떻게 된 일일까?

[2]는 한 행위가 그 사람의 성격에 따라 결정된다는 관점이다. 이를테면 혼잡한 전철에서 어르신에게 자리를 양보하려면 용기가 필요하다. 다시 말해 용기 있는 행위가 필요할 때 용기 있는 성격을 지닌 사람의 행위가 용기 있는 행위가 된다. 그리고 [1]에 따르면 이러한 성격을 형성하는 것은 바로 습관이다. 용기 있는 행위를 거듭함으로써 용기 있는 사람이 되어가는 것이다. 습관은 하나의 행위인 셈이다. 이렇듯 돌고 도는 순환적 관계는 잠자기 전 양치하는 행위가 습관으로 굳어가는 과정과 같다. 양치질이라는 습관이 몸에 밴 후 이를 닦지 않고 자면 찜찜하지 않을까?

그렇다면 습관과 성격의 순환적 형성이 우리 삶과 행복에 관해 시사하는 바는 무엇인가. 병명 중에 '생활습관병'이라는 것이 있다. 일상생활 습관(식습관, 운동, 음주, 흡연 등)이 건강에 영향을 미친다는 의학적 견해다. 그렇다면 자신의 행복도 이와 같은 방식으로 생각할 수는 없을까? 즉, 습관이라는 단계에서 출발해 습관 → 성격 → 행위 → 행복, 이 과정에 맞추어 자신의 삶을 되돌아보는 것이다.

성격을 바꾸는 것은 불가능하다는 말을 하고 싶을 수도 있다. 타고난 성격 중에는 분명 바꾸기 어려운 부분도 있다. 다이어트의 실패 요인인 '약한 의지'는 어떤가. 성격 자체를 직접적인 대상으로 삼지 말고 성격을 형성하는 습관에 주목해야 한다. 행위 → 습관 → 성격 → 행위의 순환은 행복을 지향하는 행위에서 나선 모양으로 상승하는 과정에 지나지 않는다. 이 순환 과정을 통해 우리는 그때마다(실패도 포함해) 달성도를 확인하며 행복에 관한 자신의 시각과 생각을 자각하며 깊이 파고들 수 있다.

습관이 순조롭게 형성되려면 자신의 일상적 행위와 생활환경 속 응용이 중요하다. 작은 아이디어와 실행이 쌓여서 약한 의지를 돌파할 습관의 힘이 형성되는 것이다.

◉ 알아두면 쓸모 있는 철학 포인트

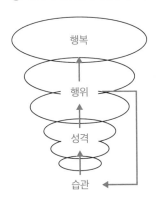

행위의 반복을 통한 습관과 성격의 순환적 형성이란?
단순한 기계적인 반복으로 형성되는 습관이 아니다.
자신의 성격, 생활방식, 행복관을 어떻게 마주하고 생각하는지에 따라 나선 모양으로 상승하며 깊어지는 과정이다.

🔎 나만의 철학 세우기

- 당신이 다이어트를 한다고 하자. 자신의 행복관에 비춰본다면 어떤 목적의 연쇄가 떠오르는가.
- 당신이 자신의 삶을 선택할 때 네 가지 성격 ①~④(56쪽 참고)의 우선순위를 매기면 어떻게 될까? 또 그렇게 순위를 정한 이유는 무엇인가.
- 당신의 삶과 목적은 당신의 성격, 그리고 일상의 습관과 어떤 연관이 있는가?

오늘의 철학자

아리스토텔레스(BC 384~322)

고대 그리스의 철학자. 17세 때 플라톤이 창설한 학원 아카데메이아에 입학했다. 스승 플라톤이 '학원의 지성'이라 부를 정도로 학문 연구에 매진했다. 조국 마케도니아의 왕자(훗날의 대왕) 알렉산드로스의 가정교사로도 일했다. '교육의 뿌리는 쓰고 그 열매는 달다'는 말이 전해진다.

(시노자와 가즈히사)

철학, 이토록 나에게 도움이 될 줄이야

인간의 '죄'란
무엇일까?

〈누가복음〉《신약성경》
기독교 사상 ★ 죄, 사랑

인간은 모두 죄인이다?

지우   주장, 왜 그렇게 신경이 곤두섰어?

태주   지우구나, 수고했어. 마루 녀석이 오늘도 연습을 조퇴하겠다고 하
        는 거야. 그 일로 다퉜거든. 저 녀석, 자기가 실력이 제일 낫다고
        우쭐하고 말이지. 감독님도 그래, 저런 무책임한 놈만 예뻐하다
        니. 실력은 인정하지만 규칙은 지켜야지.

지우   주장 마음은 알겠지만, 너무 규칙만 강조하지 않는 편이 낫지 않을
        까? 요즘 마루 집안이 어려운 모양이더라고. 그래서 아르바이트를
        한대. 마루도 사실은 다른 아이들처럼 연습하고 싶을걸. 게다가 감
        독님은 주장을 높이 평가하고 있다고.

태주   그런가? 근데 나는 왜 걔랑은 잘 지내지 못하는 걸까?

지우　　잘 못 지내는 이유? 이런 걸 인간의 죄라고 해야 하나.

태주　　기독교에서는 인간은 다 죄인이라며. 하지만 종교에서 하는 말은 별로 와닿지가 않아. 스스로 성인군자라며 우쭐거리는 사람도 별로 없겠지만, 그렇다고 죄인이라니. '나 그렇게 나쁜 인간은 아니거든' 하고 반발하게 되지 않아? 죄인이라고 하니까 유죄 판결받은 사람 같잖아. 누가 날 위에서 판단하는 것 같고 거짓말 같기도 하고.

지우　　그러게. 난 명령조가 거슬리더라. 예를 들어 '네 이웃을 사랑하라'고 하잖아. 물론 좋은 말이긴 한데, '사랑하라'고 명령한다고 사람을 사랑할 수 있을까? 사랑이란 더 자연스러운 거라고 생각해. 억지로 좋아하지도 않는 사람을 사랑하라고 해봤자 잘 되지도 않잖아.

태주　　'사랑하라'라는 말이 좀 억지스럽긴 해. 기독교에서는 '네 원수를 사랑하라'고까지 하던데, 사랑하지 못하니까 원수 아니겠어?

지우　　그치. 이런 건 어떻게 생각해야 할까?

💡 '사랑'과 '죄'라는 말이 기독교에서 사용될 때 묘하게 느껴지는 큰 이유는 일반적으로 사용할 때와 기독교 용어(성경에 쓰인 원어의 번역어)로 쓰일 때의 의미가 다르기 때문이다.

이를테면 '사랑' 하면 오늘날에는 보통 남녀의 사랑을 떠올리지만, 예수가 남자 제자들에게 가르친 '서로 사랑하라'는 누가 봐도 남녀의 사랑이 아니다. 성경에서 말하는 'love'는 더 자연스러운 말로 옮기면 '소중히 여기다' 정도의 의미다. '죄'라는 말에도 그와 비슷한 사연이 있다. 다음 설명을 읽어보며 성경이 우리에게 전하려는 이야기가 무엇인지 생각해보자.

철학, 이토록 나에게 도움이 될 줄이야

〈누가복음〉, '잃어버린 두 아들의 비유'

집을 나온 동생

어떤 사람에게 아들이 둘 있었다. 작은아들이 아버지에게 "아버지, 재산 중 나에게 돌아올 몫을 주십시오" 하고 청했고 그는 재산을 두 아들에게 나눠주었다. 며칠 지나지 않아 작은아들은 재산 전체를 돈으로 바꾸고 먼 지방으로 떠나 그곳에서 방탕하게 살며 재산을 낭비했다. 그가 가진 모든 것을 탕진했을 무렵 그 지방에 심한 가뭄이 들어 먹을 것을 구하기가 어렵게 되었다. 결국 그 지방의 주민 중 한 사람을 찾아가 몸을 의탁했다. 집 주인은 그를 밭으로 보내 돼지를 치게 했다. 그는 돼지가 먹을 콩으로라도 주린 배를 채우고 싶은 심정이었지만 그에게 먹을 것을 주는 사람은 없었다. 그제야 그는 정신을 차리고 말했다. "아버지의 그 많은 고용인들은 빵이 남아도는데, 나는 여기서 굶어 죽겠구나. 이곳을 떠나 아버지를 찾아가서 말하자. '아버지, 나는 하늘과 아버지에게 죄를 지었습니다. 더이상 아들이라 불릴 자격이 없으니 나를 고용해주세요'라고." 그리고 그는 그곳을 떠나 아버지 곁으로 돌아갔다.

아들이 돌아오기를 기다리던 아버지

그런데 아직 먼 거리에 있는 아들을 발견한 아버지는 그를 불쌍히 여겨 달려와서 목을 껴안고 입을 맞추었다. 아들은 고백했다. "아버지, 저는 하늘과 아버지에게 죄를 지었습니다. 더 이상 아들이라 불릴 자격이 없습니다." 그러나 아버지는 종들에게 말했다. "지금 당장 가장 좋은 옷을 가져와서 이 아이에게 입히고 손에 반지를 끼우고 발에 신발을 신겨라. 그리고 살진 송아지를 끌어내서 잡아라. 먹고 축하하자. 나의 이 아들은 죽었다가 살아났고 잃었다가 되찾았기 때문이다." 그리고 잔치를 벌였다.

동생이 돌아온 것을 기뻐할 수 없는 큰아들

그런데 큰아들이 밭에 있다가 돌아오는데 집 가까이 이르렀을 때 음악 소리와 춤추며 노는 소리가 들렸다. 그래서 종 하나를 불러 무슨 일인지 물어보았다. 종은 "아우님이 집에 돌아왔습니다. 건강한 몸으로 돌아와서 주인어른께서 살진 송아지를 잡으셨습니다" 하고 말했다. 큰아들은 화가 나서 집으로 들어가려고 하지 않았고 아버지가 나와서 그를 달랬다. 그러나 그는 아버지에게 대답했다. "저는 여러 해 동안 아버지를 섬기고 있습니다. 아버지 말씀을 한 번도 어긴 적이 없는데도 저에게는 친구와 잔치를 열라고 염소 새끼 한 마리도 안 주셨습니다. 그런데 창녀들과 어울리다가 아버지의 재산을 다 써버린 아들이 돌아오니, 살진 송아지를 잡으시는군요." 그러자 아버지가 그에게 말했다. "얘야, 너는 늘 나와 함께 있으니 내가 가진 모든 것은 다 네 것이다. 그런데 네 아우는 죽었다가 살아났다. 잃었다가 되찾았으니 잔치를 열어 즐기며 기뻐하는 것이 마땅하지 않으냐."

〈누가복음〉 15장 11~32절, 《신약성경》

이 예화는 '탕자의 비유'로 알려져 있다. 죄인이라 불리는 사람들을 맞이하고 식사까지 함께하는 예수에게 율법을 엄격하게 지키려는 바리새파 사람들은 불평을 늘어놓았다. 그 바리새인들에게 예수가 해준 이야기라고 한다.

철학, 이토록 나에게 도움이 될 줄이야

'나에게는 죄가 있다'는, 자각과 고백의 말

먼 이국땅에서 궁지에 몰린 작은아들은 그제야 비로소 자신의 죄를 깨닫고 고백한다. 이처럼 종교에서 쓰이는 '죄'라는 말은 인간의 일반적 특징이 아닌, 자신의 존재를 자각하는 표현이다.

이를테면 우리는 종종 뉴스에서 재난과 사고로 많은 사람이 목숨을 잃었다는 소식을 접하고는 한다. 하지만 '사람은 언젠가 반드시 죽는다'는 일반론과, 내가 중병에 걸려 살날이 얼마 안 남았다고 선고받았을 때 '나는 곧 죽는다'는 자각은 전혀 다르다. 이처럼 죄라는 말은 '나에게는 죄가 있다'는 자각과 고백의 말이지, 일반적으로 쓰이는 죄인을 가리키는 말이 아니다.

성경에서 '죄'의 의미는

그렇다면 죄라는 말의 의미는 무엇일까. 예수의 종교 사상을 이어받아 고대 기독교의 형성에 가장 큰 영향을 끼쳤던 바울의 사상은 《신약성경》에 편지 형식으로 기록되어 있다. 《신약성경》은 본래 그리스어로 쓰인 것으로 '죄'라는 말은 그곳에 등장하는 '하말티아(hamartia)'라는 말(영어로는 'sin')을 우리말로 옮긴 것이다. 바울은 이 말을 주로 단수형으로 썼다. 우리말 명사는 단수 복수 구별이 없어 이해하기 어렵지만, '하말티아'를 복수형으로 사용하면 하나하나 셀 수 있는, 구체적으로 저지른 각각의 죄를 가리킨다. 그러나 단수형으로 사용하면 다양하고 구체적인 죄를 발생하게 하는 근본 원인을 뜻한다.

구체적으로 죄란 누군가에게 저질러서 그 사람과의 인간관계를 악화시키는 것을 뜻한다. 그렇다면 구체적인 죄 깊숙이 잠재된 원인(단수형 죄)은 무엇일까? 앞의 예화에서는 자기만 생각하고 아버지와 형의 마음을 헤아리지 않은 것이 관계를 무너뜨린 원인이었다. 현대적인 말로는 자기중심주의 또는 에고이즘이라고 표현할 수 있다. 자신의 마음속 깊은 곳에 있는 에고이즘 때문에 소중한 관계가 무너졌다는 깨달음, 이것이야말로 작은아들의 고백 "저는 죄를 저질렀습니다"의 의미다. 이렇듯 성경에서는 타인과의 관계를 무너뜨리는 마음을 죄라는 단어로 표현했다.

큰아들의 속마음을 생각해본다면

이 예화의 전반부는 작은아들에게 초점이 맞춰져 '탕자의 비유'로 불려왔다. 그런데 예화의 후반부에서는 큰아들 이야기로 이어진다. 기쁨을 감추지 못하는 아버지를 보고 큰아들은 화를 낸다. 큰아들이 분노한 이유는 무엇일까.

예컨대 긴 줄 맨 끝에 서서 오랫동안 순서를 기다리고 있다고 하자. 그런데 줄을 서지도 않은 사람이 먼저 들어갔다. 누구나 화낼 만한 상황이다. 불공평한 데다 규칙을 등한시했기 때문이다. 줄을 서서 오랫동안 기다리고 싶은 사람은 없다. 하지만 우리는 규칙을 지키고 공평성을 존중하며 사회인으로 살아간다. 그래서 인내한 보람도 없이 공평성을 무시한 행동을 당하면 분노가 치미는 것이다.

여기서 잠깐 더 생각해보자. 공평성과 규칙은 사회생활을 위해 존중되어야 하지만, 공평성과 규칙의 밑바탕에는 다른 사람을 자신과 똑같이 소중히 대하자는 정신이 깔려 있다. 앞의 예를 생각해보자. 소중한 사람이 순서를 기다리는 당신에게 다가왔다고 치자. 당신은 융통성 없이 순서를 기다리라고 하지 않고 기꺼이 그 사람에게 순서를 양보하고 자신은 맨 뒤에 설 것이다. 이럴 때에는 그 사람을 소중히 대하려는 마음이 형식적인 규칙 준수와 공평성보다 우선시된 것이 아닐까?

고대 유대 사회에서 장남은 후계자라는 이유로 형제 중에서 가장 귀한 대접을 받고 아버지에게 사랑받는 존재였다. 유산 상속을 받을 때에는 다른 형제보다 두 배 많은 재산을 상속받는다. 하지만 이 예화에서 큰아들은 동생뿐 아니라 자신도 아버지에게 사랑받고 있다는 사실을 잊고 있다. 아버지의 애정이 못난 동생에게도 향해 있다는 사실을 견디지 못했다는 표현이 맞겠다. 큰아들은 아버지와 살며 함께 기뻐하고 고생하는 행복을 잊고 말았다. 아버지에게서 마음이 떠났다는 점에서 아버지에게는 큰아들 또한 '잃어버린 아들'이었다고 볼 수 있다.

바울이 생각한 사랑과 죄 그리고 율법

이 이야기는 아버지가 화가 난 큰아들을 달래며 식사를 권하는 장면에서 끝난다. 화가 풀리지 않은 큰아들이 식사를 하지 않았을 것으로 상상되지만, 언급되지는 않았다. 그런데 그 후의 큰아들처럼 평생을 산 사람이 있다. 바로 바울이다. 바울은 율법을 지키는 것을 사람의 도리로 여겼다. 그래서 신이 죄인도 사랑한다는 생각에 대해서는 격하게 분노했다.

그는 율법을 지키는 데 누구보다 열의를 쏟았지만 율법을 지키려고 할수록 율법을 지키지 않는 사람을 용서하지 못하게 되었고, 결국 그 사람을 심판하고 만다. 이로써 바울은 율법을 방패 삼아 남을 비난하고 타인에게 상처를 주는 원인이 자신의 마음속에 있음을 깨달았고, 사랑과 죄에 대한 그의 생각은 180도 변하게 되었다.

유대인들이 중요시한 율법인 모세 십계명에 '살인하지 말라'가 있다. 원래는 금지 명령이 아니라 '사랑 안에 사는 사람은 살인할 일이 없다'는 의미였다고 한다. 그런데 그 밑바탕에 있어야 할 사랑은 사라진 채 율법을 형식적으로 지키려다 보니 '살인하지 말라'는 명령으로 변질되었다. 명령은 사람을 밖에서 옭아매고 그곳에서는 기쁨이 사라진다. 그러나 율법이란 본래 상대방을 소중히 하면 자연스레 드러나는 행위를 구체적으로 표현한 것이다. 율법은 자신을 자랑하거나 타인을 심판하기 위한 것이 아니다. 사랑받고 있다는 사실을 받아들이고 그 사랑을 바탕으로 살아가는 일이야말로 결과적으로 율법을 소중히 여기는 것이라고, 바울은 율법을 이렇게 이해하게 되었다.

예화가 전하고자 한 메시지는 사람은 사랑 안에서 살고 있다는 것, 즉 자신이 사랑받고 있다는 사실을 받아들이고 살자는 것이 아니었을까.

그런데 이 예화에서 자신이 사랑받고 있다는 사실을 더 쉽게 받아들이는 사람은 큰아들과 작은아들 중 누구일까? 자신이 옳다고 생각할 때에는 남의 결점만 눈에 띄어 그 사람이 사랑받고 있다는 사실이 못마땅하다. 자신이 더 사랑받아야 마땅하다고 생각하기 때문이다. 한편 자신의 결점을 자각하고 그런 자신이 사랑받고 있다는 사실을 깨달을 때 사람은 그 사실을 기뻐하고 받아들인다. 그리고 그 사랑에 부응해서 살고 싶다는 기쁨과 힘이 안에서 솟아난다. '사랑하라'도 명령이 아니라 기쁨이 가득한 삶을 권유하는 말인 셈이다.

죄　일반적 의미: 규칙 등을 위반하는 것
　　'sin'의 번역어로 성경에서 쓰이는 의미: 인간관계를 무너뜨리는 마음(에고이즘 등)

사랑　일반적 의미: 상대방에게 품는 호의(남녀의 감정 등)
　　'love'의 번역어로 성경에서 쓰이는 의미: 상대방을 소중히 여기는 것

사상처럼 눈에 보이지 않는 것, 심지어 다른 문화에 적절히 대응되는 사고방식이 없는 경우 번역어를 선택할 때에는 주의해야 할 본질적 문제가 있다.

⊙ 나만의 철학 세우기

- 이 예화를 읽을 때 우리는 자연스레 큰아들의 입장에서 생각하게 된다. 그 이유는 무엇일까? 반대로 작은아들이나 아버지의 입장에 선다면 나는 어떻게 느낄까, 그 이유를 생각해보자.
- 인간관계가 잘 안 풀리는 원인은 무엇일까? 내 경험을 떠올려보자.

오늘의 철학자

바울(?~64년경)

초기 기독교의 최대 전도자. 예수에게 직접 가르침을 받은 제자는 아니며 원래는 열정적 바리새파(유대교에서 중시한 율법을 엄격하게 지키려는 종파)였으나, 훗날 마음을 돌이킨다. 로마에서 순교할 때까지 평생을 전도에 헌신했다.

바울이 바리새파였다는 사실에서 그의 성실함을 엿볼 수 있다. 그러나 심적으로는 심각한 갈등을 겪은 게 아닌가 싶다. 타인에게 훌륭하다고 평가받고, 궁극적으로는 신에게 올바른 인간으로 인정받고 싶다는 동기만으로는 율법을 지키며 살아봤자 진정한 내가 살아 있다는 실감이나 삶의 보람을 느낄 수 없다. 무리하게 밀어붙이다 보니 타인의 죄를 추궁하게 된다. 하물며 율법 면에서 불완전한 사람도 신에게는 소중한 존재라는 예수의 생각에는 도저히 수긍할 수 없었다. 그러나 율법을 내세우며 자신의 정당함을 주장하고 갈등에 빠져 있는 마음이야말로 '죄'의 본질이며, 그런 자신도 한 인간으로서 신에게 소중한 존재라는 복음의 의미를 이해하게 되면서 바울은 새사람이 되었고 그 후 기독교 메시지를 전하는 전도자로 살았다.

(이마이 나오키)

진짜 내 자신은
어디에 있을까?

나가르주나(용수)《중론》

불교 사상 ★★ 오온, 사고팔고, 윤회, 연기, 공

내가 생각하는 '진정한' 내 모습?

세호   오늘 아침 준호가 기운이 없어서 무슨 일이냐고 물어봤더니, 취미
동호회에서 실수를 좀 했다고 하더라.

명수   어제까지만 해도 거기 회원들만큼은 진짜 자신을 이해해준다며 좋
아하던데.

세호   진짜 자신이라, 말이 그렇지 우리가 아는 준호도 가짜는 아니잖
아?

명수   그렇지. 그렇게 말하니까 마치 우리 둘 다 준호를 전혀 이해하지
못한다는 말 같지 않냐?

세호   얼마 전에 딱 한 번 그 모임에 따라갔는데 준호가 너무 애를 쓰더
라. 좋은 모습만 보여주려고 하더라고.

명수 그게 준호가 말하는 진짜 자기 모습이겠지.

세호 내가 보기엔 평소 모습과 뭐가 다른지 잘 모르겠던데.

명수 그게 준호의 본질일지도 모르지. 그런데 '본질'이랑 '진짜 나'가 같은 건지는 잘 모르겠어.

세호 잠깐만. 음, 사전에서는 '본질'은 '본디부터 가지고 있는 모습'이라 는데? 그러면 '진정한 나'는 본질이라고 해도 되지 않을까? 참, 우 린 준호의 취미에 대해 잘은 모르잖아. 준호가 생각하는 '진정한 자 신'이 그 취미를 할 때만 나타난다면 우리가 어떻게 알겠어.

명수 으음, 그렇긴 하네. 그렇다면 특정 장소나 모임에서만 드러나는 자 신이 있다는 소린가?

세호 그러니까 취미 동호회에서의 준호와 학교의 준호, 우리 둘에게 보 이는 준호가 다 다르다는 뜻이야?

명수 그래. 바꿔 말하면 커뮤니티별로 다른 준호가 존재한다는 소리지.

세호 그럼 커뮤니티마다 보이는 준호 중에 어떤 모습이 진짜고 어떤 모 습이 진짜가 아닌지 어떻게 구별해?

명수 그러게. 하지만 준호가 '진짜 나'라고 한 걸 보니 동호회에서 보여 주는 모습이 본질이라고 생각하나 봐.

세호 그러면 준호가 '남이 이런 사람으로 인식했으면 좋겠다'고 생각하 는 자신이 '진짜 나'고, 본질은 좀 다르지 않을까? 그걸 인정해준 특정인 앞에서만 나타나는 모습이라거나?

명수 준호가 저렇게 우울해하는 걸 보면 진정한 자신이 있을 곳을 찾았 다고 생각했던 모양이야.

세호 흐음, 난 그런 거 없는데. '진짜 나'란 게 정말로 존재할까?

명수 어쨌건 이렇게 바로 눈앞에 있잖아. 네가 아는 나, 내가 아는 네가 있다는 뜻 아닐까?

세호　그럴 수도 있겠다. 아무튼 우리 둘이 아는 준호를 위로하러 가자.

명수　그래.

💡 '진정한 나'는 있을까? 만약 그렇다면 어떤 방식으로 존재할까? 불교 사상을
　통해 생각해보자.

다양한 곳에 다양한 모습으로 존재하는 나

　학교 또는 회사에 있을 때의 나, 가족과 있을 때의 나, 동호회 활동을
할 때의 나, 모두 한 가지 모습으로 일관하는 사람이 있는가 하면 때와 장
소에 따라 다른 모습을 보여주는 사람도 있다. 또한 SNS의 보급으로 트
위터와 페이스북, 인스타그램 등 일상과 다소 거리가 있는 커뮤니티에 참
여할 수 있는 기회도 늘었다. 준호처럼 가장 편안한 곳에 있는 나, 또는
가장 충실감을 맛볼 수 있는 곳에 있는 내가 진정한 나로 느껴질 수도 있
다. 반면 한 가지 모습이 아닌 다양한 내 모습을 통제하는 존재가 진정한
나라고 생각하는 사람도 있을 것이다.

불교에서는 인간의 존재를 어떻게 보는가

　그렇다면 자신이란 것은 정말로 존재하는가. 이는 오래전부터 인류에
게 큰 화두였다. 불교에서 인간의 존재를 오온(五蘊)의 집합체로 보는 관
점이 하나의 토대가 되었다.

　철학, 이토록 나에게 도움이 될 줄이야

색(色): 사람의 육신인 몸

수(受): 느끼는 기관인 마음

상(想): 생각하는 기관인 두뇌

행(行): 생각과 마음에 의해서 몸으로 행하는 행동, 즉 사람의 행위

식(識): 색, 수, 상, 행의 기관을 통해서 인식된 경험과 지식들

인간이란 이러한 오온을 바탕으로 육체와 정신으로 구성되어 있다는 것이 오온설의 대략적인 입장이다. 그리고 이 오온에 대해 붓다는 다음과 같이 말했다.

> 악마여, 너는 잘못된 견해를 갖고 있다. 이 〈산 자〉는 온갖 형성된 것의 집합에 불과하다. 그러므로 〈산 자〉는 인정될 수 없다. 이를테면 모든 부품이 모여 '차'라는 명칭이 생기듯 다섯 가지 구성요소(오온)의 존재에 대해 〈살아 있는 자〉라는 가상의 관념이 생겨난 것이다.
>
> 붓다, 〈악마와의 대화〉

즉, 우리가 인간이라고 생각하는 존재를 관찰한 결과 그곳에는 계속 형성돼가는 오온의 집합체가 있을 뿐 불변하는 진짜 나는 없다, 어디까지나 오온이 모인 상태에 인간이라는 이름을 붙인 데 불과하다는 뜻이다.

또 붓다는 인간이 스스로에게 본질이 있다고 여기고 그에 집착하기 때문에 괴로움을 느낀다고 하였다. 이에 붓다는 괴로움에서 벗어나려면 (=해탈하려면) 인간의 존재를 올바르게 알아야 한다고 설파했다.

불교에서 말하는 괴로움에 대하여

여기서의 '괴로움'은 오늘날 우리가 말하는 괴로움과는 조금 다른, 독특한 뉘앙스를 지닌다. 붓다가 이 가르침을 전할 당시의 인도 사람들은 살아 있는 온갖 것은 죽음과 환생을 거듭하며 업을 쌓아, 쌓아둔 업에 따라 다음 생이 결정된다고 생각했다. 사람은 태어나서 늙고 병들고 죽으며 다양한 괴로움을 맛본다. 그리고 다시 태어난다. 이러한 과정이 영원히 반복되는 것을 '윤회(삼사라, samsra)'라 하며, 어떻게 해야 해탈에 이르러 윤회의 괴로움에서 벗어날 수 있을까 고민했다.

초기 불교에서 말하는 '괴로움'에 대해 조금 더 살펴보자. 괴로움에는 생, 노, 병, 사라는 근본적인 사고(四苦)에 더해 다음의 네 가지가 있다. 이를 합쳐 팔고(八苦)라 한다.

> 원증회고(怨憎會苦): 원망하고 증오하는 사람과 만나는 고통
>
> 애별리고(愛別離苦): 사랑하는 사람과 헤어지는 고통
>
> 구부득고(求不得苦): 원하는 것을 구하고자 해도 얻지 못하는 고통
>
> 오온성고(五蘊盛苦): 심신의 작용으로 인한 고통

이런 관점에서 준호가 느끼는 괴로움을 정리해보면, 모임 회원이 진짜 자신을 이해해줬으면 좋겠는데 제대로 이해받지 못한다는 괴로움은 '구부득고'에 들어간다. 그러다가 모임에 가고 싶어도 가기가 꺼려지면 '애별리고'가 된다. 만약 모임에서 회원과 부딪쳤다면 다음 모임에서 싫어하는 상대를 마주쳐야 한다는 생각에 고민할지도 모른다. 이는 '원증회고'

에 해당된다. 또한 이런 식으로 심신이 작용해 자기를 자기로 인식하려는 것 자체가 괴로움의 원인이 된다면 '오온성고'라 볼 수 있다. 붓다는 온갖 사물에 대한 집착이야말로 괴로움의 원인이며 집착에서 벗어나는 것이 올바른 길이고 그렇게 해야 괴로움이 줄어든다고 설명했다.

나의 존재는 타인의 존재로부터

그런데 세호와 명수의 대화에는 타인의 존재를 통해 자신이라는 존재가 드러난다는 이야기도 나왔다. 영화와 소설, 애니메이션과 만화 등에서도 간혹 볼 수 있는 주제로, 존재는 이 세계와 인과관계로 이루어져 있다는 불교의 주요 원리인 '연기(緣起)'에 가깝다. 이는 대승불교의 공(空) 사상과도 통하는 면이 있다.

교단이 분열된 부파불교 시대에는 인간에게 본질은 없어도 오온을 비롯해 인간과 세계를 지탱하는 법(다르마, dharma)의 존재는 인정했다. 반면 대승불교에서는 연기 원리에서 더 나아가 모든 것은 뭔가로 말미암아 임시로 생겨난 데 불과하며, 본질은 공이라는 사상이 제시되었다. 타인이라는 존재가 없다면 자신이라는 존재도 없다는 관념을 이 사상에 맞춰보면 자신은 단독으로 존재하지 않으며 타인이라는 존재로 말미암아 임시로 생겨났을 뿐, 모든 것은 과정 속에서 일어난 인과관계에 불과하다고 표현할 수 있겠다.

이러한 대승불교 사상 이론의 기초가 된 것은 2~3세기경에 활약한 나가르주나의 《중론》이다. 《중론》에는 다양한 논쟁 상대가 등장해 저마다 사상을 제시한다. 이에 대해 나가르주나는 상대방의 모순을 지적하며 논박해 결국 사물의 본질은 '연기' 때문에 생겨나므로 그 본질은 공일 수밖에 없고, 이를 올바로 이해하는 것이 중요하다고 설파한다. 물론 여기서도 바른 이해가 해탈에 이르는 길이다.

본질은 원인과 조건으로 생겨나지 않는다

아래는 '본질'이 존재한다고 주장하는 자에 대한 반론으로 '본질'이 존재하지 않음을 밝히는《중론》의 시송(詩頌) 일부와 7세기경 인도에서 활약한 불교 철학자 찬드라키르티의 해설문이다.

[반론자가] 주장한다. 온갖 존재에는 본질이 반드시 있다. 본질이 존재하는 주된 원인과 조건이 있음이 인정되기 때문이다. 이 세상에 존재하지 않는 것, 이를테면 허공에 핀 꽃에는 존재의 주요 원인과 조건이 있을 수 없다. 반면 새싹과 제행(깨달음에 도달하기 위한 모든 선행)에는 종자와 무명(무지) 등, 그것이 존재하는 원인과 조건이 인정된다. 따라서 존재하는 것에는 반드시 본질이 있다.

[중론의 해설자, 찬드라키르티가] 답한다. 새싹과 제행 등 온갖 존재에 본질이 있다고 한다면 이미 그것은 그 자체로 실재한다. 그에 대한 원인과 조건을 고려할 필요가 전혀 없다. 다시 말해 제행과 새싹이 실제로 존재한다면 그 존재를 이루기 위해 무명과 종자 등이 (원인과 조건으로) 준비될 필요가 없다. 이와 마찬가지로 어떤 사물의 본질이 실제로 존재한다면 그것을 이루기 위해 아무것도 준비될 필요가 없다. 이와 같이 설명하고자

철학, 이토록 나에게 도움이 될 줄이야

(나가르주나는 중론에서 다음과 같이) 말한다.

'원인과 조건으로 본질이 생겨난다는 주장은 불합리하다.' (《중론》 15장
1게(偈))

찬드라키르티, 《프라산나파다(Prasanapada)》

나가르주나에게 비판자가 펼친 주장은 이렇다. 사물이 존재하는 데 원
인과 조건이 존재하므로 이와 마찬가지로 본질도 존재하는 것이라고. 이
에 대해 나가르주나와 해설자 찬드라키르티는 만약 본질이 존재한다면
원인과 조건이 없어도 처음부터 존재했으니 원인과 조건은 필요 없지 않
은가, 그렇다면 그 주장은 모순이 아닌가, 하고 반론한다.

나가르주나가 제기한 반론의 핵심은 '본질'이란 원인과 조건으로 생겨
나지 않으며 원래 있어야 할 곳에 있다는 데 있다. 그런 식으로 고정된 본
질을 내세우면 이야기가 복잡하게 뒤얽혀 모순이 생긴다. 이렇게 해서 온
갖 사물은 원인과 조건으로 생겨나는 과정을 되풀이한다는 대승불교의
근본 사상인 '연기'라는 관념을 설명한다.

이렇게 생각해보면 준호가 고집하는 '진짜 나'도 '자신의 본질'이라는
하나의 본질이라고 할 수 있다. 자신이 어떤 존재인가 생각하는 것은 중
요하며, 자신이란 과거의 언행과 주위 사람 등의 원인과 조건으로 생겨
났다고 볼 수 있다. '진짜 나'라는 고정된 뭔가가 있는 것이 아니다. 따라
서 '본질'을 생각하는 것은 실상에 맞지 않을 뿐 아니라 괴로움을 초래한
다. 세호와 명수의 대화를 통해 이런 깨달음을 얻었다면 자신의 여러 모
습 중 '진짜 나'는 무엇일까 고뇌하던 준호도 눈이 트이며 해결법을 찾게
될지도 모른다.

✪ 알아두면 쓸모 있는 철학 포인트

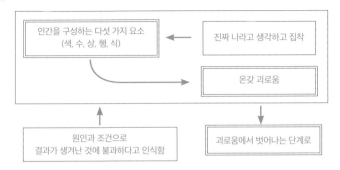

```
인간을 구성하는 다섯 가지 요소     ◄──── 진짜 나라고 생각하고 집착
      (색, 수, 상, 행, 식)

                                   온갖 괴로움


원인과 조건으로              괴로움에서 벗어나는 단계로
결과가 생겨난 것에 불과하다고 인식함
```

✪ 나만의 철학 세우기

• 일상에서 벌어지는 일에 '연기'를 적용해 설명해보자. '본질'이 있다고 생각하는 것을 들어 거기에서 '연기'를 발견하려면 어떻게 해야 할지 원인과 조건으로 나누어 생각해보자.

• '진정한 나'가 주제인 영화, 소설 등의 작품을 찾아서 그 안에서 '진정한 나'가 어떤 위치를 차지하는지, 그 위치가 어떤 식으로 변화하는지를 이제까지 검토한 관점에 유의하며 정리해보자.

오늘의 철학자

나가르주나(용수, 150~250년경)
대승불교 이외의 사상가와 담론하며 대승불교의 '공' 사상의 이론적 토대를 세운 《중론》과 왕에게 교리를 가르친 《보행왕정론》 등을 저술했다. 대승불교가 전파된 중국, 한국, 일본, 티베트 등지에서는 사상사의 주요 인물로 존경받고 있다. 《용수보살전》에 따르면 젊은 시절 투명인간이 되어 악행을 거듭했다가 훗날 개과천선하고 깨달음을 얻었다고 전해진다.

(나가사키 기요노리)

타인에게 도움이 되지 않는 삶, 가치 없는 삶일까?

《노자》,《장자》
★ 삶의 보람, 공헌, 장수, 무용의 용

그냥 살아 있기만 하면 안 될까?

지우   요즘 진로가 고민이야. 딱히 꿈이 있는 것도 아니고…….

태주   나도. 예전에는 야구 선수가 꿈이었는데, 지금 생각해보니 무리야.

지우   난 딱히 꿈은 없지만 다른 사람에게 도움이 되는 일을 하고 싶어.

태주   너무 멋있는 척하는 거 아니냐?

지우   살아 있는 한 누군가에게 도움이 돼야지.

태주   그런가? 난 다른 사람을 돕는 데 인생을 바칠 생각은 없어.

지우   인생을 바치라는 건 아니야. 그냥 내가 누군가에게 도움이 된다는 게 실감 나면 행복할 거 같아.

태주   나도 그건 그렇다고 생각해.

지우   그렇지? 다른 사람한테 아주 조금이라도 보탬이 되는 것 자체가

78

	사는 보람이라고 생각해.
태주	하지만 어떤 직업이건 다른 사람에게 도움이 되는 일이잖아. 게다가 사는 보람이라고 하면, 어떤 사정 때문에 일을 못 하는 사람은 살 가치가 없다는 말처럼 들려.
지우	그런 뜻은 아니지만, 그냥 살아만 있는 건 싫어!
태주	도움이 안 되는 사람은 가치가 없다는 뜻이야?
지우	극단적으로 말하면 그래.
태주	'살아만 있는 게' 과연 가치 없는 일일까?
지우	잘 모르겠지만 난 싫어.
태주	그럼 만약 좌절해서 보람을 찾을 수 없게 되면 어떡할래?
지우	다음 목표를 찾으면 되지.
태주	넌 참 강하다. 하지만 다 너 같을 순 없지. 몸과 마음의 건강을 해쳐서 일을 못 하는 경우도 있잖아?
지우	그러면 어쩔 수 없지만, 난 끝까지 유능한 인재로 남고 싶어. 쓸모없는 인간은 아무도 인정해주지 않잖아.
태주	'쓸모없는 인간'이라니?
지우	목표도 없고 남한테 의지만 하는, 무의미하게 사는 사람 말이야.
태주	난 주위 사람들 평가보다 '그냥 살아만 있는 게' 중요하다고 생각해. 그다음에 어떤 삶을 살지는 저마다 달라도 괜찮다고 봐.
지우	넌 참 태평해서 좋겠다. 오래 살 거야(웃음).
태주	그럼, 그게 제일 중요한 거 아니냐?

💡 어떻게든 도움이 되는 일을 하고 싶다는 지우의 생각에 태주는 반발하고 있다. 지우의 어떤 생각에 문제가 있는지 생각해보자.

《노자》, 《장자》

무가 존재하기에 유가 존재한다

수레바퀴에는 많은 바큇살이 있고 이는 한가운데에 있는 바퀴통 하나를 향해 뻗어 있다. 수레바퀴는 바퀴통 한가운데 있는 무(無)의 공간이 있기에 굴러갈 수 있다. 또한 흙을 이겨 그릇을 만들 때 그릇에 무의 공간이 있기에 그릇으로 가치가 생긴다. 문과 창을 만들어서 집을 세울 때에도 집에 무의 공간이 있기에 방으로 이용할 수 있다. 이처럼 '유'는 '무'가 있기에 쓸모가 있다.

《노자》 11장

무용(無用)의 용

이를테면 대지는 광활하지만 사람이 실제로 쓰는 공간은 발로 밟는 크기 만큼이다. 그렇다고 해서 저승에 이르는 길까지 딱 발 크기만 남기고 땅을 죄다 파버린다면 어떨까. 그래도 '유용'한 땅이라고 할 수 있을까. 요컨대 언뜻 전혀 쓸모없는 것처럼 보이는 '무용(無用)'이야말로 정말로 '유용'하다.

《장자》 외물(外物) 편

쓸모없는 사람이야말로 행복하다

우두머리 목수인 도편수가 제나라에 갔을 때 신목(神木)이라 추앙받는 거대한 상수리나무를 발견했다. 수천 마리의 소를 뒤덮을 만큼 우거진 그 나무의 줄기의 둘레는 백 아름, 산을 내려다보는 높이라 땅에서 수십 미터를 올라가야 가지를 볼 수 있었다. 가지는 하나같이 배를 만들 수 있을 만큼 크고 이 나무를 구경하러 오는 사람들로 시장을 이룰 정도로 북적였다. 그러나 도편수는 거들떠보지도 않았다. 제자들이 물었다. "도편수님의 제자로 들어온 이래 이토록 근사한 나무는 본 적이 없습니다. 그런데 어째서 보려고 하지도 않으십니까?" 그러자 도편수가 대답했다. "저건 쓸모없는 잡목이다. 배를 만들면 가라앉고 관을 만들면 금방 썩고 도구를 만들면 금세 망가지며 대문이나 방문을 만들면 진액이 흘러나오고 기둥을 만들면 좀벌레가 생기지. 쓸모없는 나무다. 그래서 이렇게 오래 살며 근사하게 자랄 수 있었지."

《장자》 인간세(人間世) 편

물 같은 삶

이 세상에 물처럼 부드럽고 약한 것은 없지만 굳세고 강한 것을 공격하는 데 물보다 뛰어난 것이 없다. 즉, 약한 것이 강한 것을 이기고 부드러운 것이 단단한 것을 이기는 것은 자명한 이치다. 온 세상 사람들이 알고 있는 사실이지만, 이를 실천할 수 있는 이는 없다.

《노자》 78장

이 세상에서 가장 부드러운 물은 가장 굳고 단단한 것을 마음대로 부린다. 물은 일정한 형체가 없고 틈이 없는 곳에도 들어갈 수 있기 때문이다. 이런 까닭으로 무위(無爲)의 유익함을 알 수 있다. 즉, 말 없는 가르침과 무위의 이로움 이 두 가지에 미칠 만한 것은 없다.

《노자》 43장

철학, 이토록 나에게 도움이 될 줄이야

사후의 행복

어느 날 장자가 강에서 낚시를 하고 있었다. 그때 초나라 왕의 사자 두 사람이 찾아와 왕의 뜻을 전했다. "우리나라의 모든 일을 선생에게 맡기고 싶습니다." 장자는 낚싯대를 쥔 채 돌아보지도 않고 말했다. "듣자니 초나라에는 죽은 지 3천 년이나 된 신령스러운 거북이 있고 왕이 이것을 사당에 모시고 있다지요. 헌데 이 거북은 죽임을 당해 뼈를 보관하기를 바랐을까요. 아니면 살아서 진흙 속에서 놀기를 바랐을까요." 그러자 둘 다 "아무래도 살아서 진흙 속에서 놀기를 바랐을 테지요" 하고 대답했다. 장자가 말했다. "어서 돌아가시오. 나도 진흙 속에서 자유로이 놀 작정이오."

《장자》 추수(秋水) 편

누구에게나 찾아오는 죽음

우리에게는 미래가 있다. 사람마다 고유한 것이며 예측할 수 없다. 하지만 단 한 가지, 모두가 공유하는 확실한 미래가 있다. 모든 인간에게 태어난 순간 부여된 공통된 미래, 사람은 누구나 언젠가 죽는다는 것이다.

생명의 종말, 여기엔 선택의 여지가 없다. 게다가 차별도 없다. 부유한 사람에게도 궁핍한 사람에게도 똑같이 부여된 미래다. 아무리 권력이 강대하건, 아무리 막대한 재산을 축적했건 아무도 죽음을 피할 수는 없다.

기원전 221년 중국 통일을 이루고 황제로 군림한 진나라 시황제는 선약(불로불사의 약)을 손에 넣기를 간절히 바랐다. 그는 자신의 욕망을 노린 서복이라는 점쟁이에게 속아 거액의 비용을 빼앗겼고, 결국 불사의 꿈은 허망하게 사라져 쉰 살쯤 병으로 죽었다.

생명에는 한계가 있다. 그렇기에 우리는 살아 있을 때 그냥 살아가기보다는 풍요롭게 살기를 원한다. 그렇다면 '풍요로운 삶'이란 무엇일까?

노력하는 건 정말 당연한 걸까?

우리는 무엇이든 쉽게 얻을 수 있는, 빠르고 편리한 생활에 익숙해져 있다. 그 때문에 눈앞에 닥친 일만 신경 쓰며 불편하거나 효율이 낮은 일, 실용적이지 않은 것이나 당장 쓸모가 없는 일은 무시하고 있지는 않은가?

편리해지는 것은 곧 진보다. 편리해지면 번거로운 수고와 시간을 아낄수 있다. 인터넷과 휴대전화의 보급이 전형적인 예다. 그러나 '진보'의 속도가 너무 빨라서 쫓아가기가 힘들고 마치 뭔가에 쫓기듯 숨이 차다고 생각하는 사람도 적지 않을 터다. 문자나 전화에 대한 답이 늦기라도 하면 상대방에게 '늦었다'고 혼날뿐더러 '무시한다'고 비난받을까 봐 두려울 때도 있다. 기계의 속도에 사람이 맞춰야 하는 상태가 된 셈이다.

이렇듯 편리하고 빠른 현대사회는 결과가 바로 나오기를 바란다. 그래서 우리는 어떻게든 그에 부응하려고 노력한다. 그러다 보면 내가 애쓰는 만큼 다른 사람도 노력하는 게 당연하다고 생각하기 쉽다. 또 인간에게는 노력해야 할 도리가 있으며, 노력하지 않는 사람은 약하거나 게으르다는 생각에 약자를 비난하고 공격하기도 한다. 강한 사람은 가치가 크고 약한 사람은 가치가 작다는 착각에 빠져 있기 때문은 아닐까.

'노력하면 이루지 못할 것은 없다'는 인생관을 가진 사람이 정반대의 가치관을 받아들이기는 쉽지 않다. 그래서 노력하지 않는 약자는 물론, 노력하고 싶어도 못 하는 처지에 있는 약자도 쓸모없다고 생각해 무의식

철학, 이토록 나에게 도움이 될 줄이야

적으로 못 본 체하기 쉽다. 심지어 쓸모없는 사람은 방해되는 존재, 약자는 사회의 해악이라고 여기고 의식적으로 배제하려고 하기도 한다.

눈에 보이지 않는 '유용'

노자는 눈에 보이는 '유(有)'에만 눈을 빼앗기면 눈에 보이지 않는 '무(無)'의 진정한 의미를 놓친다고 했다. 장자 또한 '무용'하다고 여기던 것이 정말 유용한 경우도 있다고 했다.

노자와 장자 모두 우리가 사로잡혀 있는 상식과 믿음을 뒤집고 딱딱하게 굳은 발상을 전환해 다양한 가치관을 받아들여야 한다고 가르친다. 다시 말해 상대적 가치관을 버리면 이 세상에서 언뜻 아무 쓸모도 없는 것처럼 보이는 '무용'의 소중함을 깨달을 수 있다는 말이다.

너무 무리하면서 살고 있는 건 아닐까?

그런데 경쟁 원리에 근거한 현실 사회에서 우리는 확실하지도 않은 목표를 향해 한눈도 팔지 않고 달리고만 있다. 멈춰 섰다가 넘어지지는 않을까, 방심했다가 뒤처지지는 않을까, 느긋하게 살아선 안 된다고 막연한 초조함을 느끼면서 말이다.

하지만 마음속으로는 이대로도 괜찮을까 회의가 든다. '계속 돌진하다간 망가지고 말 거야, 나는 다른 사람과 달라, 더 천천히 가야지' 싶다가도 소외당할까 봐, 따돌림을 당할까 봐 무리하게 노력한다.

노자와 장자의 글은 진정 풍요로운 삶이란 무엇인가에 대해 다시 생각할 실마리를 준다. 사람에게 가장 소중한 것은 생명이며, 주어진 수명을 누리는 것이야말로 가장 의미 있는 인생이라는 진실에 눈을 돌리라고 장자는 말한다. 잠재능력을 살리려고 할수록 우리의 수명은 줄어든다. 유용한 능력이 얼마만큼 있건 정신과 육체를 해치면 아무 소용이 없다.

우리는 애써 노력한다. 하지만 부드럽고 약한 물이 굳세고 단단한 바위를 깬다는 노자의 말을 생각해보면, 견고하다고 반드시 가치가 높다거나 승자의 조건이 되는 것은 아니다. '유능제강(柔能制剛)'이라는 고사성어가 말하듯 물처럼 부드럽고 강하게 사는 것이 진정 단단한 삶이 아닐까.

물론 장자가 말한 '잡목(쓸모없는 나무)'은 극단적인 예다. 또한 노자가 말한 '물 같은 삶'도 실제로는 쉽지 않을 것이다. 하지만 효율과 속도만 추구하다 보면 인간에게 정말로 중요한 것이 무엇인지 망각하기 쉽다.

어떻게 죽음을 맞이할 것인가

두말할 것도 없이 높은 가치를 바라는 것은 나쁜 일이 아니다. 하지만 마지막에 예로 든 장자의 글처럼 만약 내가 거북이라면 사후에 신령한 거북이로 섬김을 받는 게 과연 행복할까? 더러운 진흙 속이라도 차라리 자유로이 살기를 바라지 않을까. 더더군다나 남의 평가는 믿을 수 없다. 죽음을 맞아 장자는 이렇게 말했다. "사람이 죽어 땅속에 묻히고 나면, 아무리 정성스레 장사를 지낸다 할지라도 그 육신은 썩게 되어 있다. 운이 좋아 까마귀에게 먹히지 않더라도 땅속에서 벌레에 먹힐 뿐이다"(열어구(列禦寇) 편). 생전의 부와 권력은 '죽음' 앞에서는 아무 힘도 못 쓴다.

이처럼 '어떻게 살아갈 것인가'를 생각함은 '어떻게 죽음을 맞이할 것

　　　　　　　　　철학, 이토록 나에게 도움이 될 줄이야

인가'를 생각하는 것이기도 하다. 나는 어떤 인생을 살아야 될까를 늘 생각하며 살아가고 싶다.

◉ 알아두면 쓸모 있는 철학 포인트

남에게 도움을 주는 사람이 되는 것은 중요하다. 단, 자기 자신을 소중히 하는 것이 그 이상으로 중요하다. 그래야 타인도 소중히 여기게 된다.

◉ 나만의 철학 세우기

- '개똥밭에 굴러도 이승이 좋다', '죽은 정승이 산 개만 못하다' 같은 속담의 의미를 생각해보자.
- 많은 사람을 위해 헌신하다가 젊어서 목숨을 잃은 사람이 있는가 하면 딱히 두드러진 공헌을 한 적은 없지만 긴 수명을 누리는 사람도 있다. 이 두 가지의 의미를 생각해보자.
- 병이나 부상으로 일을 못 하는 사람은 쓸모없는 존재일까?

오늘의 철학자

노자
기원전 5~4세기 중국의 사상가. 도가(道家)의 원조. 유가(儒家) 사상을 작위적이라며 부정하고 무위자연(無爲自然)의 삶을 이상으로 봤다.

장자
기원전 4세기 중국의 사상가. 노자의 사상을 이어받아 상대적 가치관을 넘은 절대적인 자연 그대로의 삶을 노장(老莊) 사상이라는 철학으로 완성했다.

(구시다 히사하루)

짤막한 이야기(《장자》 열어구(列禦寇) 편 중)

사신으로 진나라에 간 조상은 진나라 왕의 마음에 들어 막대한 부를 얻는 데 성공하고 송나라에 돌아오자마자 장자의 집을 찾아갔다. 궁핍하게 사는 장자를 실패자라며 무시하는 조상에게 장자는 특유의 기지로 꼼짝 못 하게 한다.

조상 여보게, 장주. 잘 지냈는가?

장자 보다시피 굉장히 잘 지낸다네.

조상 자네 사는 꼴 하곤, 여전히 누추하구먼.

장자 그런가? 제법 살 만하다네.

조상 나 같으면 이렇게는 못 사네.

장자 정들면 고향이지.

조상 그건 그렇고, 이 수레 어떤가?

장자 자네 벌이가 괜찮은 모양이군.

조상 아 글쎄, 진나라 왕에게 선물을 받았지 뭔가.

장자 대단하구먼. 꽤나 활약 좀 했나 보이.

조상 진지왕에게 도움을 드렸더니 굉장히 기뻐하시더군. 덕분에 앞으로 넉넉하게 살 수 있게 됐지 뭔가.

장자 그렇군, 이제 납득이 가네. 진나라 왕은 종기를 터뜨려서 고름을 빤 자에게는 수레 한 대를 주고 치질을 핥아서 고쳐주면 수레 다섯 대를 준다더군. 치료하는 부위가 더러울수록 수레를 많이 준다던데, 자네 설마 치질을 핥은 겐가? 아무리 그래도 수레를 백 대나 얻어 오다니 굉장하구먼, 허허허!

철학, 이토록 나에게 도움이 될 줄이야

적당히 살아도 괜찮지 않을까?

다카하시   '어떻게 살 것인가'에 대한 물음에 장자는 '명예를 추구하지 마라. 계획의 중추로 가담하지 마라. 일의 책임자가 되지 마라. 지혜를 발휘하지 마라'*고 했다더군요. 이건 혹시 욕망을 부정하라는 뜻인가요?

구시다   아니에요. 정반대입니다.

다카하시   정반대요?

구시다   '사람은 돈과 권력을 손에 넣으면 명예를 갖고 싶어 한다'고 하지요. 그런데 명예를 얻은 다음엔 무엇을 바랄까요?

다카하시   건강하게 오래 살기인가요?

구시다   그렇지요. 건강하게 오래 살고 싶어 하는 욕망은 금전욕이나 권력욕, 명예욕 같은 욕망 때문에 손상됩니다.

다카하시   돈과 지위, 권력을 너무 추구하다 보면 스트레스가 쌓여서 오래 살 수 없다, 이거죠?

구시다   중요한 건 '내 몸을 해치지 않고 명대로 살기'*이며 그러려면 '있는 그대로의 자연을 받아들이는 평온한 삶'*을 살아야 합니다.

다카하시   '사람은 명예와 돈에 지나치게 집착하면 반드시 명이 줄어든다'(《노자》 44장)는 노자의 말과 맥락이 같네요.

쾌락주의자 에피쿠로스의 '숨어서 살아라'?

구시다   서양에서는 어떨까요?

다카하시   노자와 장자의 삶은 에피쿠로스(기원전 341~270)의 삶과 비슷한 듯
                  합니다.

구시다   헬레니즘 시대의 '쾌락주의자' 말인가요? 좀 의외네요.

다카하시   에피쿠로스의 쾌락주의를 다들 좀 오해하고 있어요. 그가 말하는
                  쾌락이란 정신적인 쾌락입니다.

구시다   흔히들 말하는 에피큐리안(epicurean, 쾌락주의자)은 굳이 말하자면
                  육체적 쾌락주의자라는 의미가 강하죠?

다카하시   네. 하지만 에피쿠로스는 간단하게 말하면 번거로운 현실로부터
                  해방되는 것을 중요시해요.

구시다   그렇군요. 장자가 말하는 '타산적인 인간관계에 현혹되지 않
                  는'* 삶과 비슷하네요.

다카하시   에피쿠로스가 추구하는 '마음의 평정(아타락시아, ataraxia)'이란 그
                  의 욕구에 대한 생각에 근거합니다.

구시다   그게 뭔가요?

다카하시   인간에게는 누구나 욕구가 있지요. 그는 욕구를 자연적 욕구와 인
                  위적 욕구로 나누었습니다. 그리고 자연적 욕구를 필요한 욕구와
                  불필요한 욕구로 구분했어요.

구시다   자연적이고 필요한 욕구는 의식주와 관련된 거겠네요.

다카하시   네, 살기 위해 필요한 욕구지요. 하지만 호화로운 의상과 사치, 대
                  저택은 해당되지 않아요. 그런데 대개는 그런 걸 바라지요.

---

*   《장자》응제왕 편

구시다   그게 불필요한 욕구군요. 그러면 세 번째인 인위적인 욕구란?

다카하시 노자와 장자가 '버리라'고 한 명예와 권력을 좇는 욕구입니다.

구시다   '숨어서 살아라'라고 한 에피쿠로스의 말과 관련이 있죠?

다카하시 숨어서 살라는 건 공적 생활과 속세를 떠나 평온하게 살라고 권하
          는 말입니다.

구시다   아, 노자와 장자가 주장하는 '자연의 품 안에서 살다'와 같군요.

다카하시 맞습니다. 우연하게도 거의 같은 시대에 중국과 그리스, 동양과 서
          양이라는 전혀 다른 세계에 살면서 '어떻게 살 것인가'를 생각하
          고 비슷한 결론에 다다랐다니 흥미롭지 않습니까?

구시다   그러게요. 오늘날에는 욕구가 점점 더 팽창해 욕구를 충족할 방법
          에만 집중하기 십상인데 말입니다.

다카하시 그래서 더더욱 진정한 '삶의 의미'에 대해 진지하게 생각해볼 필
          요가 있다고 봅니다.

구시다   동감입니다.

어느 시점에 만족할 것인가

다카하시 행복은 사람마다 다르다고들 하지요.

구시다   일선에서 활약하거나 돈을 벌어서 풍족하게 생활하는 데 행복을
          느끼는 사람이 있는가 하면…….

다카하시 나라에 헌신하는 데 행복을 느끼는 사람도 있지요.

구시다   저는 맛있는 음식을 먹을 때가 제일 행복합니다(웃음).

다카하시 그렇고말고요(웃음)! 그런데 맛있는 걸 먹기 위해서도 나름대로 노
          력이 필요합니다.

구시다   그게 바로 삶의 괴로움 아니겠습니까.

다카하시　맛있는 것을 먹으려면 돈이 필요하잖아요. 그걸 위해 열심히 일해야 삶의 기쁨도 느낄 수 있는 것 같습니다.

구시다　하지만 애써 맛있는 음식을 손에 넣어도 과로로 건강을 해치면 먹을 수조차 없지요.

다카하시　노자나 장자라면 뭐라고 했을까요?

구시다　'그와 정반대의 삶이야말로 행복이다'라고 하겠지요.

다카하시　'정반대의 삶'이요?

구시다　네. 맛있는 것을 애써 찾으려 하지 말고 지금 얻은 음식을 먹고 맛있다고 느끼라는 거죠.

다카하시　하지만 일단 맛있는 것을 경험하면 다음엔 더 맛있는 걸 찾게 될 텐데요(웃음).

구시다　맞습니다. 그러다 결국 메뉴에 없는 요리를 원하게 되는 거지요.

다카하시　만족할 줄을 모른다, 이건가요? '어느 시점에 만족할 것인가', 어렵지만 알아야 될 일이에요.

구시다　이것도 저것도 다 갖고 싶다가 아니라, 지금의 나를 인정하고 할 수 없는 일은 할 수 없다고 받아들여야 해요.

다카하시　'자족(아우타르케이아, autarkeia)'을 중시하는 에피쿠로스처럼요.

구시다　쾌락과는 어떤 관련이 있을까요?

다카하시　에피쿠로스는 어떤 음식도 치즈만 있으면 충분히 맛있는 요리를 즐길 수 있다, 그러니 풍요로운 삶을 원하면 재산을 불리지 말고 욕망을 줄이라고 합니다.

구시다　욕망을 줄이라고요?

다카하시　네. 본래 욕망이란 부족감에서 출발한다고 해요. 욕망을 줄이면 이미 내가 가진 것으로 충분하다는 사실을 알 수 있다는 뜻이겠지요.

구시다   그야말로 노자가 말한 '만족을 아는'(《노자》 44장, 46장) 정신이군
          요.

적당히 하면 되는 삶은 소극적일까 적극적일까?

다카하시   그런데 장자가 '거울처럼 모든 것을 받아들이고 산다'(응제왕 편)
          고 했는데 너무 소극적인 태도 아닌가요?

구시다   아니에요, 장자 입장에서는 정신적으로나 육체적으로 무리를 하지
          않는, 아주 적극적인 태도입니다.

다카하시   적극적으로 스트레스에서 벗어나는 방법을 제시한 건가요, '명대
          로 사는' 비결로 말이에요.

구시다   스트레스 없는 삶을 살려면 우선 책임에서 벗어나야 해요(웃음).

다카하시   그러려면 사회에서 활약하겠다거나 리더가 되겠다는 속된 야망을
          품으면 안 되겠군요?

구시다   그렇지요. 야망을 이룬답시고 지혜를 발휘해 이모저모 궁리를 하
          면 명만 단축될 뿐이다, 장자라면 이렇게 말할 겁니다.

다카하시   앞에서 언급했지만 에피쿠로스도 '숨어서 살아라' 하며 정치에 관
          여하지 말고 살라고 권했지요.

구시다   정치에 관여하지 말라는 입장은 플라톤이나 아리스토텔레스와 다
          르네요.

다카하시   네. 특히 아리스토텔레스는 인간은 본래 폴리스적 동물이라고 했
          으니까요.

구시다   노자와 장자는 유가에 대한 안티테제(반정립)인데, 사실 유가 대부
          분이 노자와 장자를 좋아합니다.

다카하시   세속적인 명예와 지혜를 추구하는 유가가요?

구시다 유가에서는 사람은 자신의 능력을 사회(국가)에 발휘해야 하고, 그러기 위해 노력해야 한다고 주장하는데요. 사실 많은 유생들이 노장사상을 동경합니다.

다카하시 모순 같은데요?

구시다 모순 없이 두 사상이 공존합니다. 노장은 정신적인 버팀목인 셈이지요. 이른바 안과 바깥을 적절히 사용하며 살았던 것 같아요.

다카하시 그렇군요. 제법 만만치 않은데요(웃음).

구시다 최소한 욕망에 관한 한 유가에도 비슷한 구석이 있습니다. 적당히 대충하라는 말도 있고요.

다카하시 하지만 소중한 것을 추구하는 데 과연 적당히 대충하면 된다고 해도 괜찮을까요?

구시다 그렇긴 해요. 만족할 줄 모르는 욕망을 좇아 노력해야 살 가치가 있다고 여기는 사람이 보기엔 노자와 장자, 그리고 에피쿠로스가 가르치는 삶은 소극적인 데다 실패자의 인생처럼 보일 수 있어요.

다카하시 아무래도 그렇지요. 하지만 결코 주체성을 포기하고 살라는 뜻은 아니에요. 오히려 그 반대라고 생각합니다.

구시다 뭐, 나름대로 노력하며 사는 삶이니 '정색하지 않는' 마음의 여유가 생길 수도 있겠네요.

다카하시 너무 애쓰다가 목숨을 잃으면 아무 소용도 없으니까요. 그래서 장자와 노자는 적당히 대충하는 게 중요하다고 했겠지요. 적당히 대충을 수긍하며 사는 게 가장 어려운 일인지도 모르겠습니다.

구시다 그럼 이제 적당히 하실까요, 다카하시 교수님!

다카하시 딱 적당하네요, 구시다 선생님.

(구시다 히사하루, 다카하시 마사토)

　　　　　　　　　　　철학, 이토록 나에게 도움이 될 줄이야

난임, 불임이 늘어나는데, 대리모 출산은 안 될까?

칸트《도덕 형이상학의 기초》

생명 윤리 ★★ 자율 존중, 무위해, 선행, 정의, 인간의 존엄

자신의 아이를 다른 여성이 출산한다면?

준호   왜 울어, 무슨 일 있어?

유나   있지, 내 친구 언니가 결혼했는데 애가 잘 안 생겼거든. 얼마 전에 결혼 3년 만에 임신에 성공해서 기뻐한다는 소식을 들었는데, 방금 연락이 왔어. 임신 정기 검진에서 자궁암이 발견돼서 자궁을, 심지어 태아도 같이 적출하기로 했대. 정말 안됐어.

준호   그랬구나. 너무 딱하다.

유나   이제 아이는 못 낳을 거 아니야. 그 언니 마음이 어떨까 생각하니 마음이 아파.

준호   하지만 이 세상에는 아이가 없는 사람도 많고 입양하는 방법도 있어. 게다가 대리 출산을 부탁하면 자기 아이를 가질 수도 있을걸.

유나	대리 출산? 그게 뭐야?
준호	아이를 낳지 못하는 사람 대신 다른 여자가 아이를 낳아주는 거야.
유나	낳아주다니? 다른 여자가 아이를 낳으면 이미 그 아이는 자기 아이가 아니잖아. 태어난 다음에 입양하는 거야?
준호	아니, 그게 아니라 요즘은 피를 이어받은 진짜 자기 아이를 다른 여자가 낳아줄 수도 있어. 체외 수정이라는 기술을 쓰면 돼.
유나	정말? 그게 진짜 가능하단 말이야?
준호	진짜야. 미국이나 인도, 태국에서는 돈을 받고 대리모가 되는 여자도 있어.
유나	위험 부담이 있는 출산을 돈으로 다른 사람한테 부탁해도 될까?
준호	참, 얼마 전에 일본에서 할머니가 손자를 낳았다는 뉴스도 있었지.
유나	장난해? 아이는 엄마가 낳아야지. 할머니는 엄마의 엄마잖아. 할머니가 어떻게 손자를 낳아?
준호	지금은 그게 가능하대.
유나	뭐? 그게 무슨 소리야?
준호	딸 부부의 수정란을 딸의 어머니가 뱃속에서 키워서 낳는 거야. 자연 임신이 불가능한 연령의 여자에게 약을 투여해서 임신, 출산하게 하는 방법이라 모체에 대한 위험 부담이 높다고 말하는 전문가도 있대.
유나	기술로 그런 게 가능하다니, 좀 무섭다. 게다가 태어난 아이도 언젠가 그 사실을 알면 충격을 받지 않을까?
준호	하지만 네 친구 언니처럼 병 때문에 아이를 낳지 못하는 여성에게는 대리 출산만이 희망일걸.

💡 과학기술의 진보로 인체에 다양한 개입이 가능해졌다. 환자를 치료하기 위해 타인의 신체를 이용하는 경우 그 옳고 그름은 어떤 기준으로 판단해야 할까? 이러한 문제를 의료의 윤리 원칙과 인간의 존엄이라는 관점에서 생각해 보자.

발전하는 의료기술, 윤리 문제는 없을까?

끊임없이 발전을 거듭하고 있는 현대의 과학기술. 그중에서도 최근 생명과학 분야의 기술 혁신은 놀라울 정도다. 기존에는 고칠 수 없었던 병을 고치거나, 환자들을 병의 고통으로부터 해방시키는 등 의료 자체가 변화할 만한 기술들이 개발되고 있다.

단, 윤리적 문제점이 지적되는 기술도 있다. 기술적으로는 실현 가능할지라도 인간에게 사용하면 안 되지 않을까, 하는 지적 말이다.

이러한 의문이 발생하는 까닭은 의료 종사자가 의료 시술을 행할 때 환자에게 해야 하는 일과 하면 안 되는 일을 판단하는 기준이 존재하기 때문이다. 오늘날에는 일반적으로 다음의 네 가지 윤리 원칙이 판단 기준으로 제기되어왔다. (1) 자율 존중, (2) 무위해, (3) 선행, (4) 정의가 그것이다.

의료 종사자들이 명심해야 할 네 가지 윤리 원칙

(1) 자율 존중의 원칙에 따르면 의료 종사자는 치료와 검사를 결정할 때에 환자 본인이 이성적으로 생각하고 스스로 내린 결정을 존중해야 한

다. 환자에게는 타인의 영향력에서 독립적으로 자신의 가치관과 신념에 따라 자신의 행위를 자유로이 선택할 권리가 있기 때문이다. 단, 의료 종사자는 환자가 적절한 판단을 내리기 전에 환자의 증상과 치료법 등에 대해 환자에게 적절한 정보를 미리 제공해야 한다.

(2) 무위해의 원칙에 따르면 의료 종사자는 환자에게 해를 가하거나, 해를 끼칠 위험에 환자를 노출해서는 안 된다. 실제로 위험성이 전혀 없는 치료는 거의 없으므로, 이 원칙은 치료로 환자가 얻을 이익과 위해를 저울질해서 위해에 상응하는 이익이 없다면 환자에게 그 치료를 하면 안 된다는 뜻이다.

또한 환자의 생명을 빼앗거나 죽음을 앞당겨서는 안 된다. 무위해의 원칙을 따른다면 인간의 배아와 태아의 생명을 빼앗는 일, 아직 목숨이 붙어 있는 사람에 대한 안락사는 일반적으로 허용되지 않을 터다.

(3) 선행의 원칙에 따르면 의료 종사자는 환자에게 이익을 주어야 한다. 여기서 이익이란 구체적으로는 병에 걸린 환자를 치료해 건강을 되찾아주는 것, 괴로워하는 환자의 고통을 완화, 제거하거나 목숨을 잃을 위기에 처한 환자의 목숨을 구해 수명을 연장하는 것이다. 또한 환자의 이익에는 건강 촉진이나 질병과 고통의 예방도 포함된다.

(4) 정의의 원칙에 따르면 평등한 것은 평등하게, 평등하지 않은 것은 평등하지 않게 다루어야 한다. 모든 인간은 똑같이 인권을 가지므로 국적, 인종, 종교, 신분, 빈부 등으로 차별하면 안 되며 같은 증상을 보이는 환자에게는 동등한 치료를 해야 한다. 또한 의료 자원을 부당하게 배분해서는 안 된다.

철학, 이토록 나에게 도움이 될 줄이야

윤리 원칙의 충돌

이들 윤리 원칙을 기준으로 대리 출산에 대해 생각해보자. 대리 출산이란 아이를 낳지 못하는 여성 대신, 제3자인 여성이 대리모가 되어 아이를 낳아주는 것을 말한다. 여기에는 크게 두 가지 방법이 있다. 의뢰인 남성의 정액을 대리모의 자궁에 인공 수정하는 방법과 의뢰인 남녀의 수정란을 대리모의 자궁에 이식하는 방법이다. 입양과 다른 점은 태어나는 아이가 전자의 경우 의뢰인 남성, 후자의 경우 의뢰인 남녀의 핏줄이라는 점이다.

대리 출산에서 의사는 아이를 낳지 못해 고통받는 여성에게 의료 기술을 활용해 아이를 얻을 수 있도록 돕는다. 이 경우 의사가 환자의 불임증을 치료한다는 점에서는 선행의 원칙에 맞는 행위라고 할 수 있다.

그렇다면 대리모가 되는 여성에게는 어떨까? 임신과 출산은 신체적인 면만 보더라도 여성에게 상당한 부담을 준다. 물론 의료 기술이 진보한 오늘날에는 예전에 비해 출산으로 목숨을 잃는 여성의 수는 급감했다. 그러나 임신과 출산이 여성 입장에서 생명을 잃을 위험이 따르는 큰일이라는 점은 예나 지금이나 변함이 없다.

이렇듯 대리 출산이란 대리모가 될 여성에게 큰 위험을 주는 일이다. 자신의 아이를 낳는 것이라면 어쩔 수 없지만 대리 출산은 다른 사람 대신에 아이를 낳는 일이다. 무위해의 원칙을 따른다면 의사는 대리모가 목숨을 잃을 위험을 감수하게 해서는 안 된다.

이렇게 생각하면 의사 입장에서 선행의 원칙과 무위해의 원칙이 충돌한다는 것을 알 수 있다.

또한 아이를 낳지 못하는 여성의 모친이 딸 대신에 딸 부부의 수정란을 임신해서 딸의 자식을 낳는 사례가 있다.

이 모친이 자신의 자유의사로 임신, 출산을 대신하고 싶다고 주장하는 경우 의사가 그 의사를 존중해 대리 출산을 도와주면 자율 존중의 원칙을 따랐다고 볼 수 있다.

그러나 자연 임신이 불가능한 연령의 여성을 약의 힘을 빌려서 인위적으로 임신, 출산하게 만드는 것은 젊은 여성의 임신과 출산에 비해 위험성이 극히 높다고 지적하는 전문가도 있다. 대리모에게 큰 위험 부담을 줄 가능성이 있다는 점에서 무위해의 원칙에 위배된다고 볼 수 있다.

여기서는 자율 존중의 원칙과 무위해의 원칙이 충돌한다. 의료의 윤리 원칙이 제각기 단독으로 쓰이는 경우라면 의료 종사자는 그것을 따를 의무가 있지만, 여러 원칙이 충돌하는 경우 원칙으로만 해결할 수가 없다. 따라서 의료의 윤리 원칙은 '조건적 의무'라고도 불린다. 원칙들이 서로 대립하는 경우에는 각 상황에 맞추어 원칙의 우선순위를 정하는 등 해결책을 모색해야 한다.

내 몸이라도 마음대로 처분할 자격은 없다

이번에는 지금까지와는 다른 관점에서 대리 출산의 옳고 그름을 따져 보자.

현대 자유주의 사회에서 공권력이 시민의 자유를 제약할 수 있는 것은 시민이 타인에게 해를 가하는 경우에 한한다. 달리 말해 타인에게 해를 끼치지만 않으면 우리의 의사 결정은 존중된다는 뜻이다(이를 타인 위해

철학, 이토록 나에게 도움이 될 줄이야

의 원칙이라 한다).

그렇다면 타인에게 해만 끼치지 않으면 자기 몸은 자기 것이니 어떻게 다루든 자유라는 뜻일까? 자기 몸에는 스스로 해를 가해도 된다는 말일까?

이를 생각하는 데 기본이 되는 것은 18세기 독일 철학자 칸트의 사상이다. 그는 자신의 저서에서 자살에 관해 다음과 같이 적었다.

> 인간은 물건이 아니다. 따라서 단순히 수단으로서만 다루어져서는 안 되며 그의 온갖 행위는 늘 목적 자체로 봐야 한다. 따라서 나는 내 인격 가운데 있는 인간을 멋대로 처리하여 그것을 해하거나 무너뜨리거나 죽일 수 없다.
>
> 칸트, 《도덕 형이상학의 기초》

칸트는 인간처럼 이성을 갖춘 존재에 대해서는 설령 나 자신이라 할지라도 마음대로 처분하거나 해를 가하거나 죽이면 안 된다고 여겼다.

칸트에 따르면 물건이란 이성이 없는 존재이며 우리는 그것을 수단(도구)으로 자유자재로 이용할 수 있다. 물건은 등가물로 바꿀 수도 있다. 이에 비해 이성을 갖춘 인간은 존엄을 지닌 인격이며 소중한 존재다. 존엄은 비길 데 없는 절대적인 가치를 지닌다. 그런 인간에게 해를 가한다는 것은 신성한 존엄에 대한 모독이다.

타인에게는 해를 끼치면 안 되지만 자신에게는 그래도 된다고 생각하는 사람이 있을지도 모르겠다. 하지만 이성을 지녔다는 점에서 타인과 자신은 동등하므로, 인간이 존엄하다는 관점에서 보면 자신에게 해를 가하는 것은 존엄에 대한 침해이고 따라서 윤리적으로 용납될 수 없다고 칸트는 생각했다.

칸트의 강의록에는 이런 내용도 적혀 있다.

> (중략) 인간에게는 자신의 치아 하나도, 손발도 팔 자격이 없다. (중략) 인간은 자신의 소유물이 아니며 자신의 신체로 자기가 원하는 행위를 할 수는 없다. (중략) 왜냐하면 신체는 인간인 자기에 속해 있고 인간은 신체와 더불어 하나의 인격을 형성하고 있기 때문이다.
>
> 〈콜린스 도덕철학〉

강의록이란 칸트가 집필한 저서가 아니라 강의를 들은 사람이 기록한 노트이므로 온전히 칸트의 생각인지 여부에 대해서는 의견이 분분하지만, 어찌 됐건 위 내용은 몸은 인격의 일부이므로 인간에게는 그중 일부라도 마음대로 팔거나 처분할 자격이 없다는 생각을 담고 있다.

다시 대리 출산으로 돌아가보자. 대리 출산에 대리모의 몸을 임신, 출산을 위한 수단으로 이용하는 면이 있음을 부정할 수는 없다. 만약 수정란을 투입할 경우 아기로 자라는 기계가 있다면 굳이 대리모에게 부탁할 필요가 없어질 수도 있기 때문이다. 그러므로 인간 존엄의 관점에서 대리 출산을 위해 대리모의 몸을 수단으로 이용하거나 목숨을 잃을 위험에 노출하는 것은 설사 대리모 본인이 동의했다고 해도 용인될 수 없다. 더군다나 미국과 인도, 태국에서 금전적 보상을 받고 대리모가 되는 대리 출산 사업쯤 되면 몸이 수단으로 이용된다는 의미가 한층 강해진다.

치료와 존엄, 윤리 원칙 사이에서

의사가 환자의 병을 치료하고 생명을 구하는 것은 선행의 원칙에 따르는 일이자 환자의 존엄을 옹호하는 일이기도 하다. 단, 환자를 살리기 위한 일이라며 치료에 이용되는 타인의 존엄을 침해하는 것은 용납될 수 없다. 우리는 환자를 구하는 장면에 관심을 빼앗기기 십상이지만, 현대 의료는 치료에 타인의 신체를 이용할 기회가 많은 만큼 이용되는 타인의 존엄을 배려하는 것도 잊으면 안 된다. 물론 그렇게 되면 환자의 치료에도 어느 정도 제약이 생길 수밖에 없을 것이다.

생명 윤리의 문제는 이처럼 다양한 각도에서 살펴봐야 한다. 즉, 환자의 입장에서 정당성을 주장하는 데 더해 의료의 윤리 원칙과 인간의 존엄을 배려하고, 거기서 생기는 딜레마를 진지하게 고민하며 환자와 그 가족, 의료 종사자와 기타 관계자가 서로 협조해 해결하려고 노력해야 한다.

◉ 알아두면 쓸모 있는 철학 포인트

환자에 대한 의료 종사자의 의무
- 의료의 윤리 원칙
  (1) 자율 존중: 환자 스스로의 결정 존중하기
  (2) 무위해: 환자에게 해를 가하거나 해를 끼칠 위험에 환자를 노출하지 않기
  (3) 선행: 환자의 건강을 되찾아주기, 환자의 고통을 완화, 제거하고 생명을 구하기
  (4) 정의: 차별하지 않기, 의료 자원을 부당하게 배분하지 않기
- 인간의 존엄을 침해하지 않기

◈ 나만의 철학 세우기

- 대리 출산을 의뢰하는 커플, 대리모, 태어날 아기의 입장에서 저마다 대리 출산을 금지해야 하는 이유, 또는 용인해야 하는 이유를 생각해보자.

• 살아 있는 사람에게 간의 일부나 신장 한쪽을 이식하는 생체 간 장기 이식에 관해 의료의 윤리 원칙과 인간 존엄의 관점에서 옳고 그름을 생각해보자.

오늘의 철학자

임마누엘 칸트(Immanuel Kant, 1724~1804)

생애 대부분을 프로이센(1871년 독일 통일의 중심이 된 왕국)의 항구 도시 쾨니히스베르크(지금은 러시아 칼리닌그라드)에서 보낸 독일 철학자. 영국, 프랑스의 흄과 루소에게 자극받아 독일 대학에서 철학의 틀을 개혁한 '비판철학'을 확립했다. 철학서를 잇따라 세상에 내놓는 한편 지기들과 대화하기를 즐겼다. 만년에 그를 찾아간 이에 따르면 칸트가 가장 선호한 것은 자연지리학과 정치 관련 화제였으며 여가 대부분, 특히 일요일 오전은 신문과 정기 간행물을 읽으며 보냈다고 한다. 《영원한 평화를 위하여》는 칸트 특유의 철학적 관심에 근거한 저서이지만, 그가 평소 현실 세계를 바라본 시각과 무관하지 않다.

* 칸트 인물 소개는 247쪽에도 있다.

(고이데 야스시)

나이 듦이란 무엇인가

나이 든다는 건 정말 부정적인 일이기만 할까?

나이가 들면서 기미와 주름, 흰머리가 늘고 외모도 변해간다. 신체 기능 저하로 시력과 청력이 낮아져 가까운 글자나 먼 곳이 잘 안 보이고 사람들이 하는 이야기가 잘 안 들리게 된다.

체력이 떨어져서 무리하면 몸이 버티질 못한다. 갖가지 병이 생기고 그것이 만성화된다. 방금 하려던 말이 무엇이었는지 생각이 나지 않고, 기억도 잘 못하며(기억력 저하), 기억에 있던 것도 생각해내지 못한다(회상력 저하). 이렇듯 기억 능력 저하로 치매에 걸릴 가능성도 높아진다. 그리고 가족과 친구의 죽음 등 많은 상실을 경험한다. 젊은 사람들과 달리 고령자(한국과 일본에서는 보통 행정적으로 65세 이상을 '고령자'로 본다)는 다양한 어려움을 안고 산다.

사회학자인 피터 라슬렛은 각 시기의 특징을 바탕으로 생애를 다음과 같이 크게 네 단계로 구분했다. ① 제1기 인생: 의존, 사회화, 미숙, 교육의 시대 ② 제2기 인생: 성숙, 자립, 생식, 사회생활과 저축, 가족과 사회에 책임을 지는 시기 ③ 제3기 인생: 완성의 시대 ④ 제4기 인생: 의존, 노쇠, 죽음의 시대. 이때 제4기 인생이 '노년기 후반(대략 75세 이상)'에 해당된다. 이 구분법에서도 '나이 듦'에 대한 부정적인 인상은 떨칠 수 없다. 하지만 과연 나이 든다는 것, 늙어가는 것은 정말로 부정적인 일일까?

고령자가 더 행복하다?

고령자는 현재 자신의 상태를 어떻게 받아들이고 있을까? 또 젊은 사람들과는 어떤 생각의 차이가 있을까?

다양한 연령대에게 질문을 한 데이터를 모아 통계적으로 분석해보았을 때, 예상 외로 고령자의 행복감이 다른 연령대에 비해 유지, 상승하는 경우가 많았다. 이 사실은 많은 연구에서 밝혀졌다. 고령자는 자신의 현 상황에 대한 만족감이 젊은 사람보다 높았으며, 이는 심리학에서 '행복(well-being)의 역설'이라고 알려진 현상이다.

이렇듯 예상을 뒤엎은 현상이 일어나는 이유는 뭘까?

하나는 앞서 언급한 기능 저하를 고령자가 어떻게 받아들이는가에 대한 '시각'의 문제다. 이를테면 시력 저하는 '돋보기'로 보완하고 '백내장 수술'로 치료하면 된다. 기억력 저하는 '메모' 등으로 보완할 수 있고 '자기가 한 일을 다 잊어버리는' 치매 증상을 보이지 않는 한 일상생활에는 거의 지장이 없다. 즉, 큰 병 등으로 일어난 노화(비정상 노화)가 아닌 일반적인 노화(정상 노화)라면 고령자 대부분은 다양한 방법을 궁리하고 그 노화를 자연스러운 상태로 받아들이며 살아간다.

또 하나 '행복의 역설'을 설명하는 개념으로는 '사회정서적 선택성 이론'이 있다. 통계적 분석에 근거한 연구에 따르면 노년기에는 많은 이들과의 교류보다는 수는 적더라도 정서적으로 친밀한 사람들과의 교류로 행복을 느낀다. 또한 교류 상대를 선택할 때 젊은 사람은 정보 수집이나 새로운 경험, 지식의 폭 확대에 목적을 두는 데 반해, 노년기에는 일반적으로 정서적으로 친밀한 가족이나 친구와의 교류를 중시하는 경향이 있다는 사실이 밝혀졌다.

또한 노년기에는 직장과 학교 등의 사회적 제약이 다른 연령에 비해 작

철학, 이토록 나에게 도움이 될 줄이야

고, 따라서 많은 것을 추구하기보다는 자신의 정서를 우선시해 자기 마음이 더 좋은 상태가 되는 쪽으로 선택할 수 있다. 결과적으로 사회의 일반적인 인식과는 달리, 각종 기능이 저하되고 자원이 부족한 노년기의 행복감이 다른 세대보다 높다는 것이 '사회정서적 선택성 이론'의 설명이다.

노년기, 상실에 적응하며 새로운 것을 획득하다

이제 나이 듦의 심리적 의미를 연령별 발달 과업의 특징 변화에서 살펴보자. 발달 과업이란 인간이 발달하는 데 있어 개인적, 사회적으로 달성해야 하는 과업으로, 과업을 달성하지 못하면 부적응을 겪을 수 있다.

발달 단계별 과업을 제시한 학자로는 에릭슨이 유명하지만, 이 개념을 처음으로 주장한 이는 해비거스트다. 그는 다음 페이지의 표와 같은 항목을 청년기 이후의 발달 과업으로 들었다.

해비거스트의 발달 과업과 라슬렛의 생애 주기를 함께 살펴보면 제4기 인생에 해당되는 노년기에서 발달 과업이 지닌 의미가 이전 시기와 크게 달라진다는 사실을 알 수 있다. 즉, 유아기에서 시작해 아동 초기~성인 중기까지는 가족생활, 사회생활 속에서 다양한 것을 '획득'해야 하며 그 과업은 인생에서 큰 목표가 된다. 그러나 중년기부터는 그때까지 획득한 것을 상실하는 경험이 많아진다. '직계 가족의 죽음', '체력 저하', '퇴직', '수입 감소', '가족의 질병', '가까운 친구의 죽음' 등 사회와 가정에서 신체 · 정신 건강에 부정적 영향을 미치는 중대한 생애 사건(life event)을 경험하게 된다. 오랫동안 획득해온 것을 '상실'하는 일이 노년기가 가까워질수록 점차 늘어난다. 이를 두고 심리학자 폴 발테스는 나이가 듦에 따라 획득은 줄어들고 상실이 늘어난다는 획득과 상실의 관계를 설명하는 모델을 주장했다.

발테스의 지적처럼 사람은 나이가 들면서 상실 경험이 많아진다. 그러나 대부분 그러한 상실에 적응해간다. 해비거스트가 제시한 노년기 과업은 그야말로 '상실에 적응'하는 과업이다. 그리고 상실에 적응함으로써 사람은 삶에서 새로운 것을 '획득'한다. 특히 '상실에서 회복한다'는 점에서 심리적 마이너스 상태를 회복하는, 더 큰 획득이라 볼 수 있다. 따라서 노년기도

해비거스트의 발달 과업(청년기 이후)*

청년기
· 개념과 문제 해결에 필요한 능력 발달
· 신체 변화를 인정하고 신체를 효과적으로 사용하기
· 남/녀 친구와 더 성숙된 관계 맺기
· 경제적으로 실행 가능한 진로 준비
· 행동을 이끄는 논리 체계 발달
· 부모로부터 정서적 독립 달성
· 사회적으로 책임감 있는 행동을 위한 노력
· 결혼과 가정생활 준비

성인 초기
· 배우자에 대한 구애와 선택
· 가정을 관리하는 책임을 지기
· 배우자와 행복한 결혼생활
· 취직
· 육아
· 자식을 독립시켜 부모 역할 완수하기
· 시민으로서 적절한 책임을 지기
· 하나의 사회적 네트워크 형성

성인 중기
· 가정에서 사회로 나가는 자식에게 조력하기
· 성인으로서 사회적, 시민적 책임 달성
· 성인 레저 활동 시작
· 만족스러운 직업적 성취 유지
· 배우자와 인간 대 인간으로 관계 맺기
· 중년기의 생리적 변화에 대한 적응
· 노년인 부모에 대한 적응

노년기
· 신체 변화에 대한 적응
· 배우자의 죽음에 대한 적응
· 퇴직과 수입 변화에 대한 적응
· 동년배와 친밀한 관계 형성
· 만족스러운 생활 관리
· 사회적 역할을 유연하게 수용
· 퇴직 후 배우자와의 생활에 대한 적응

---

* 해비거스트(R. J. Havighurst), 《해비거스트의 발달 과업과 교육 — 생애 발달과 인간 형성》

철학, 이토록 나에게 도움이 될 줄이야

획득하는 시기로 간주된다.

이러한 심리학의 설명을 바탕으로 생각했을 때 나이 듦이란 표면상으로는 부정적으로 보일 수도 있지만, 내면적으로는 저마다 자기가 처한 상황에 무척 여유 있고 깊이 있게 적응하는 상태라고 할 수 있지 않을까.

(오카와 이치로)

인간은 누구나 '악인'이 될 가능성이 있다

'선인도 구제받는데 하물며 악인은 어떠랴.'(《단니쇼歎異抄》)

'악인' 하면 어떤 사람이 떠오르는가? 툭하면 거짓말을 하는 사람, 남에게 상처를 줘놓고 아무렇지도 않은 사람, 도둑질과 살인 등의 죄를 저지른 사람 등이 있겠다. 어쩌면 주변 사람 또는 뉴스에서 보도된 사람을 떠올리며 그런 인상을 받을 수도 있다. 대표적인 일본어 사전《고지엔(廣辭苑)》에 적힌 악인의 정의 '마음이 사악한 사람. 나쁜 짓을 저지르는 사람'은 사람들 대부분이 떠올리는 인상일 테고 그러니 당연히 '악인'은 비난받고 벌을 받아야 마땅하다고 생각할 것이다.

그렇다면 '악인'에는 나 자신도 포함될까? 거짓말도 거의 안 하고 도둑질도 한 적이 없고 경찰서를 들락거린 경험도 없으니 악인이라고 할 수는 없다는 것이 우리의 속마음일 것이다. 하지만 과연 '악인'은 다른 사람에게만 해당된다며 치부하고 넘어갈 일일까.

《고지엔》에는 뒤이어 '악인정기설(불교). 아미타불의 숙원은 악인을 구제하는 데 목적이 있으며 악인이라고 자각하는 사람이야말로 구원받아야 마땅하다는 설. 〈단니쇼〉 등에 실림'이라 적혀 있다. 신란의 어록 〈단니쇼〉(3조)에는 '선인도 구제받는데 하물며 악인은 어떠랴.' 즉, 선량한 사람이 극락정토에 이르는데 악인은 더더욱 그렇다고 써 있다. 우리는 보통 선행을 한 사람이 부처에게 구제받는다고 생각하는데, 신란이 주장한 '악인정기설'은 우리가 아는 상식과는 전혀 다른 이야기인 듯하다. 대관절 무슨 뜻일까?

이 말의 의미를 이해하려면 신란이 인간을 어떻게 바라봤는지를 알아야 한다. 그중에서도 〈단니쇼〉 13조에서 신란이 제자 유이엔과 나눈 대화가 열쇠다.

어느 날 스승 신란에게 "내 말을 믿느냐"는 질문을 받은 유이엔이 "물론입니다" 하고 대답했다. 신란이 "그러면 내 말을 거스르지 않겠느냐"고 거듭 다짐하기에 유이엔은 "알겠습니다" 하고 대답했다. 이에 신란은 "그렇다면 천 명을 죽여보거라. 그리하면 정토에 왕생할 수 있을 것이다" 하고 물음을 던졌다. 그러나 "저는 한 사람도 죽이지 못할 것 같습니다" 하고 대답한 유이엔에게 신란은 "그렇다면 어찌하여 내 말을 거스르지 않겠냐고 했느냐" 하며,

> "무슨 일이건 마음이 내키는 대로 결정할 수 있다면 극락왕생을 위해서 천 명을 죽이라는 내 말에 너는 즉시 천 명을 죽일 수 있어야 한다. 그러나 사람을 죽여야만 하는 과거의 업연(업보의 인연)을 지고 있지 않기에 너는 한 사람도 해칠 수 없다. 네 마음이 선해서 죽이지 않는 것이 아니다. 또한 죽이지 않겠다고 생각했더라도 백 명이든 천 명이든 죽여야 하는 업연도 있다. (중략) 그러므로 강한 업연의 영향을 받으면 어떠한 악행도 저지르게 된다"

하고 설명했다고 한다. 즉, 무슨 일이건 자신의 생각대로 된다면 극락왕생을 위해 천 명의 사람을 죽일 수도 있겠지만, 그러한 '업연'이 없다면 한 사람도 해칠 수 없고, 업연이 있다면 어떤 업이든 저지르게 된다는 것이다.

철학, 이토록 나에게 도움이 될 줄이야

그런데 불교에서는 현재의 자기는 과거의 경험과 행위, 그와 관련해 이루어진 결단과 무관하게 존재하는 것은 아니라고 가르친다. 물론 그 결단도 다양한 조건이나 계기와 무관하지는 않다. 신란이 말한 '업연'이란 사람의 모든 언행은 과거에서 현재에 이르는 온갖 기회와 인연 때문에 각자에게 생긴다는 뜻이다. 즉, 인간이란 존재는 계기가 될 만한 조건만 갖춰지면 다음 순간에는 어떤 행위도 저지를 수 있다는 이야기다. 이를테면 살인 사건 보도에서 인터뷰에 응한 이웃이 가해자에 대해 '저렇게 성실하게 생긴 사람이 설마 그럴 줄은……. 도저히 못 믿겠다'고 대답하는 장면을 종종 목격하지 않는가.

이렇듯 신란은 이른바 업연 속을 사는 존재로서 인간을 냉정한 시선으로 바라보았다. 신란에 따르면 인간이란 누구나 '악인'이 될 가능성이 있다. 이런 행위를 한 사람은 선인이고 저런 행위를 한 사람은 악인이라는 식의 단순한 이분법으로는 인간을 나눌 수 없다. 신란은 사람이란 계속 선량하게 살려고 노력해도 궁극적으로는 업연을 위해 어떤 언행도 저지를 수 있는 존재라고 생각했다. 즉, 자기 생각(자기 힘)만으로는 선량하게 살 수 없다는 것을 깨닫고, 그런 자신이 업연을 사는 존재임을 명확히 인식한 사람을 '악인'이라 했다. 그 악인에게는 아미타불이 진정 원하는 작용(남의 힘)에 자신의 모든 것을 맡기고 있는 힘껏 살아갈 길이 열린다.

생각해보면 현대 사회에서는 어떤 일에 실패하거나 특정 범죄를 저지른 사람을 두고 인터넷과 각종 매체에서 과도하게 비판할 때가 종종 있다. 비판자들은 자신을 정의의 편에 둔 뒤, 실패하거나 죄를 범한 사람들을 악한 사람이라며 일방적으로 심판하는 듯하다. 오해를 살 것을 각오하고 말하자면, 오늘날의 세상은 정의를 내세우는 '선인'으로 넘치는 양상을 띤다. 그런데 과연 비판하는 쪽은 자신은 청렴결백하며 과오를 범한 적도, 앞으로 범하지도 않을 인간이라고 단언할 수 있을까.

신란은 업연에 따라 누구든 죄를 범할 수 있다고 했다. 그러나 현대를 사는 우리에게 나 자신이 '악인'임을 인정하는 것만큼 어려운 일은 없다. 그만큼 우리는 무의식중에 자신이 선량하다고 여기며 살고 있지 않은가. 이것이야말로 신란이 바라본 인간의 모습이다.

과연 '악인'은 남의 일일까. 신란의 인간관을 조금이라도 수긍한다면 죄를 범한 사람을 일방적으로 단죄하지 말고, 나라면 어땠을까 하는 마음으로 입장을 바꿔 자신을 돌아봐야 한다. 그렇다면 다른 사람의 심정을 헤아리는 것이 얼마나 소중한지 절로 깨닫게 되지 않을까. 신란이 말한 '악인'의 자각은 단순히 개인의 구제에만 그치는 문제가 아니다. 그런 사람을 새로운 눈으로 보게 해주는 너그러운 세계에 대한 가능성을 시사하는 듯하다.

(후쿠시마 에이주)

글쓰기란 무엇인가

일단 글자와 문장을 적어 내려가다 보면

글 읽기를 할 때에는 글쓴이가 '하고 싶은 말'이 무엇이고 어디까지 강조하고 있는지를 '정확히' 파악하는 것이 관건이다. 이를테면 국어 문제에서는 글의 취지를 파악하는 것이 무엇보다 중요하다. 만약 '쓰기'가 글쓴이의 머릿속을 그대로 글자로 옮겨 적는 것이라면, 독자는 글 속에서 글쓴이의 생각을 잡아내거나 꺼내야 한다는 말이 된다. 읽기는 일종의 발굴 조사 또는 암호 해독인 셈이다.

그런데 글을 쓰다 보니 오히려 자기 글에 이끌렸다는 소설가나 각본가

철학, 이토록 나에게 도움이 될 줄이야

의 고백을 들은 적은 없는가? 소설가인 다니자키 준이치로는《문장 독본》에서 이렇게 적었다.

> 대부분의 작가들이 처음부터 확실한 계획을 갖고 있지는 않다. 글을 쓰면서 단어와 글자와 어조가 자연스레 어울려 작품 속의 성격과 현상, 풍경이 스스로 형태를 갖추어가다가 이윽고 온전한 이야기의 세계가 완성되는 것이다.

여기서 다니자키가 처음에 전하고자 한 것은 전혀 예상도 못 한 방향으로 글이 완성되었다는 말이다. 그렇다고 한다면 '글쓰기'는 작가의 머릿속을 글자로 옮겨 적는 작업이라기보다는, 일단 글자와 문장을 적어 내려가면서 작가가 다음 전개를 창작할 수 있도록 유도하는 과정으로 볼 수 있지 않을까.

읽기란 작가와 공유지에서 만나는 것

독자에게는 어떨까? 독자도 나름대로 적힌 글을 따라 다음 전개를 예상하며 읽는데, 그러다가 '사실은 이러했다'라는 예상하지 못했던 전개와 맞닥뜨릴 수도 있다. 오스카 와일드의 소설《행복한 왕자》를 떠올려보자. 이야기는 후반부에 이르러 시장과 정치가들이 부서진 왕자의 조각상을 납으로 다시 만들 것처럼 전개되더니, 결국에는 조각상을 폐기 처분하게 된다. 그래도 심장은 녹지 않고 남는다. 작가가 한 번쯤 고민했을 이 같은 갈림길에서, 독자 역시 다음 전개를 궁리하고 또 궁리한다. 이런 의미에서 작가와 독자가 유사한 경험을 한다고 볼 수 있지 않을까.

문장은 완성된 순간 작가의 손을 떠나 홀로 걷기 시작한다. 작품이 작가의 의도를 넘어 강력한 영향력을 미친 예는 우리에게 익숙한 문학 작품에서도 볼 수 있다.《나는 고양이로소이다》는 나쓰메 소세키가 당시 앓던 신경쇠약을 가라앉히기 위해 쓴 것으로, 하이쿠(일본 특유의 짧은 시) 잡지 〈호토토기스(두견새)〉에 단발성으로 실린 작품이었다. 그런데 호평을 얻게 되었고, 결국 11회까지 연재하게 되었다. 소세키 자신도 예상하지 못했을 것이다. 이처럼 작가와 작품은 부모 자식 같은 관계다. 작가는 자식이 어떻게 다뤄지는지 걱정하기 마련이지만, 단 한 방향으로 독자를 이끌 정도로 작품을 읽는 방식에 개입할 수는 없다. 또한 작가는 경우에 따라 집필을 완성한 자기 작품의 독자가 된다. 이런 의미에서는 작가는 다른 독자에 가깝다.

이렇게 집필된 작품은 작가와 독자가 '읽기'라는 행위를 하는 공통된 장소가 되어간다. 이미 작성된 글에서 다음 한 줄을 창조하는 과정을 두 사람이 공유하는 셈이다. 작품이라는 공유지에서 글을 읽으며 작가가 글을 시작한 동기와 뜻밖의 발상을 접한 우리는 자유로이 생각을 펼친다. 이렇듯 우리 스스로가 작가의 입장이 되어 글쓰기에 빠져들기도 한다.

글쓰기는 나를 성장으로 이끈다

이처럼 글쓰기에는 스스로 주제를 정해 쓰는 경우와 남의 글을 읽고 나서 그 주제에 대해 쓰는 경우가 있다. 자신에 대해 글을 쓰다가 가까운 주변 사람들에 대해 반성한 경험은 누구나 있을 것이다. 누군가의 글을 접하고 새로운 창조의 가능성에 이끌린다면 어떤 경우가 됐든 글쓰기란 지금까지의 자신에게 새로운 가능성을 열어주는 작업이다.

스스로 주제를 정해 쓰는 경우에는 '자기 자식'과 격투가 벌어진다. 이미 알고 있다고 생각했는데 막상 써보니 잘 모르는 일이었음을 깨닫게 될 수도 있고 자신의 글을 다시 읽어보고 한결 깊이 이해하게 될 수도 있다.

또한 타인의 글을 읽고 글을 쓰는 경우에는 '타인의 자식'과 격투가 벌어질 테고, 그것이 읽을 가치가 많은 책이라면 그 작품을 읽고 씀으로써 새로운 관점이 열릴 수도 있다. 어떤 '쓰기'가 됐건 주제와 단어들이 전개하는 문맥에 스스로 도전해 또 다른 자신이 될 가능성을 연다는 점에서는 동일하다.

일단 글이 된 것은 우리를 구속한다. 글쓴이는 자기가 쓴 글에 책임을 져야 한다는 점에 주의해야 한다.

작성한 글이 일시적인 것이고 앞으로 수정이 필요하다고 해도 일단 글을 써야 전진할 수 있다. 글쓰기는 어떤 의미에서는 자신이 앞으로 나아가기 위한 길잡이가 되기 때문이다. 자신의 현재를 글자로 고정해 자신의 문장으로 만들어가다 보면 그다음에 자리할 새로운 문장이 생성되어 기존 사고의 활동 영역을 확장하게 된다.

글쓰기로 사상의 형성에 참여하다

앞서 읽기는 글쓴이가 해온 일을 자기 나름대로 경험하는 것이라고 했는데, 이는 철학서의 한 구절을 읽고 감상과 고찰을 쓸 때도 마찬가지다. 그리고 그런 활동에는 결코 끝이 없다. 사상가들의 문장이라 해도, 글 자체는 인간이 쓰는 것이기 때문이다. 철학서에도 글쓴이가 살던 당시의 시대와 사회적 배경이 있고 논리에는 허점도 있다. 그러므로 배경이 조금이라도 다른 우리 독자가 보기에는 어딘가 부족한 감이 있고, 전제로 삼은 논리에 대한 의문과 반발이 솟아난다. 그때부터 지은이의 글과 격투가 시작된다. 독자 스스로 글쓴이가 있던 갈림길에 서서 견해를 적는 일은 사상의 형성 자체에 참여하는 것이나 다름없다. 이는 새로운 가능성을 여는, 지극히 창조적인 일이다.

(나가야마 마사시)

인터넷 정보, 어디까지 믿어야 할까?

베이컨 《신기관》
서양 철학 ★ 우상, 인터넷, 대중매체

올바른 정보를 어떻게 골라내야 할까?

유나 요즘 보이스 피싱 사기가 많나 봐. 마치 진짜 자식인 양 사기를 쳐도 그렇지, 어떻게 남을 자기 자식인 줄 알지? 말도 안 돼.

준호 전화로는 목소리를 분간하기 힘드니까. 너도 열여덟 살 되던 해에 인터넷 경매 시작하자마자 사기당했잖아.

유나 너무하지 않아?! 돈을 냈는데 물건을 안 보내다니.

준호 상대방 평판도 제대로 확인 안 하고 거래하니까 그렇지.

유나 확인했거든. 꽤 평판이 괜찮은 사람이었어.

준호 신용할 수 있는 평판인지 파악하려면 평가한 사람에 대한 평판도 봐야 해. 근거가 있는 평판인지 다 알아봐야 한다고. 그래 놓고 보이스 피싱 사기에 속는 사람한테 뭐라고 하면 안 되지.

유나	심술궂긴. 속이는 사람이 나쁘지. 나 같은 피해자가 늘어나지 않게 텔레비전이나 신문에서도 확실하게 보도해야 돼.
준호	아니, 대중매체는 믿을 수 없어. 대형 대중매체는 권력에 휘둘려서 중요한 정보를 보도하지 않을 때도 있거든.
유나	어머, 그래? 귀, 권력이 뭔데?
준호	대국이라든가 대부호 같은 거 있잖아. 아무튼 대중매체는 돈이나 권력을 가진 사람한테 유리한 정보만 내놓으니까 믿을 수 없어.
유나	그렇구나. 그럼 뭘 믿어야 해?
준호	그야 당연히 인터넷이지. 사기나 다른 문제도 있긴 한데, 결국 진짜 정보는 인터넷에서 얻을 수 있어.
유나	하지만 인터넷에도 거짓말이나 헛소문이 있지 않을까?
준호	아니, 대중매체에 비하면 믿을 만해.
유나	하긴, 대지진 때도 텔레비전에 나온 학자들은 죄다 원자력발전은 문제없다는 말만 하더니, 사실은 아니었지. 인터넷 정보가 맞았다는 이야기도 들었고.
준호	거봐. 게다가 지금 우리나라가 불황을 겪고 있는 것도 외국에서 온 노동자 탓이래. 인터넷에 폭로된 걸 요전에 봤거든. 그런데도 대중매체에선 모른 척하잖아.
유나	그런가? 알바 같이 하는 외국인 친구랑 이야기해보면 그런 것 같진 않던데……. 근거가 확실한 이야기야?
준호	틀림없어. 인터넷에서 다들 그렇게 말하더라고.
유나	'다들'이 누군데? 그 사람들이 믿을 만한지, 그게 사실인지, 네가 확인해봤어?
준호	응? 어, 그러고 보니 확인은 안 했네.

유나   확인도 안 하고 믿으면 나처럼 속을지도 몰라. 그리고 이상하게만 생각하다 보면 사람을 차별하게 될 수도 있어.

준호   인터넷에서는 누구나 발언할 수 있으니까. 인터넷은 권위를 가진 사람이 아니라 진실을 이야기하는 말이 좌우하는 세계라고 생각했거든. 방심했어. 생각해보니 좀 수상하긴 하네.

유나   불황의 원인은 실제로는 더 복잡할걸.

💡 확실하다고 생각한 것이 알고 보니 헛소문이었던 경험은 없는가? 진짜 지식을 얻으려면 어떻게 해야 할까? 지금으로부터 400년 정도 전에 활동한 철학자 프랜시스 베이컨은 진리와 관련해 '네 가지 이돌라(idola, 우상)'를 제시했다. 이 이론과 함께 확실한 정보란 과연 무엇일까 생각해보자.

이돌라, 진리를 오류로 이끄는 힘?

'이돌라(idola)'란 그리스어에서 유래한 라틴어로 '환상' 또는 '우상'이라는 뜻이다. 베이컨은 인간의 지성에 진리가 들어가지 못하게 방해하거나 진리가 들어갔더라도 오류로 이끄는 것을 이돌라라고 불렀다. 그리고 아무도 우상에서 자유로울 수 없으므로 항상 조심하지 않으면 진리를 탐구하기가 어려워진다고 했다.

그렇다면 '네 가지 우상'에 대해 실제로 베이컨이 1620년에 발표한 저서 《신기관》의 구절을 인용해 살펴보자.

인간의 정신을 둘러싸고 있는 우상에는 네 종류가 있다. (이해를 돕기 위해) 저마다 이름을 붙여 첫 번째는 종족의 우상, 두 번째는 동굴의 우상, 세 번째는 시장의 우상, 네 번째는 극장의 우상이라 부르기로 했다.

베이컨, 《신기관》 39절

종족의 우상

'우상'은 현대식으로 말하면 '편향'이다. 베이컨이 첫 번째로 든 '종족의 우상'은 인간이라는 종족이 일반적으로 빠지기 쉬운 심리적·인지적 편향을 가리킨다. 이를테면 사람들은 난파하지 않도록 기도할 때 자신도 모르게 무사 생환한 사례에만 집중하고, 기도는 했지만 살아 돌아오지 못한 사례는 무시하는 경향이 있다고 베이컨은 지적한다.

이는 이른바 확증 편향에 가깝다. 예컨대 기우제를 한 후 비가 오면 우리는 기우제의 효과를 봤다고 믿게 된다. 정말로 기우제에 효력이 있는지 여부는 '(a) 기우제를 해도 비가 안 오는 경우, (b) 기우제를 하지 않았는데도 비가 오는 경우, (c) 기우제를 하지 않았고 비도 오지 않는 경우'가 얼마만큼 자주 일어나는지를 알아보고 비교해야 알 수 있다. 인간은 누구나 방심하면 종족의 우상에 사로잡혀 잘못된 판단을 내릴 수 있다는 말이다.

동굴의 우상

'동굴의 우상'은 개개인의 성격과 환경 때문에 빠지기 쉬운 편향을 말한다. 우리 모두 자기만의 동굴 속에서 살고 있는 셈이므로 동굴 속에서 보이는 세계만 보려고 한다. 즉, 각자 자기 경험의 연장선상에서 사물을 생각하거나 자신의 선호를 벗어나지 못하고 좁은 시야로 세상을 바라본다.

보이스 피싱 등의 사기를 당하는 이유는 동굴의 우상 또는 종족의 우상 때문일 수 있다. 베이컨은 누구나 속임수에 넘어갈 가능성이 있으며 그렇기에 우리 모두 내 안의 우상에 주의해야 한다고 경고했다. 현대에는 세심하게 주의하며 제대로 생각하는 것을 '비판적 사고'라고 부르기도 한다. 베이컨의 사상은 이렇게 시대를 넘어 사람들의 마음에 와닿는 메시지를 담고 있으며, 이러한 과거의 지적 유산을 우리는 '고전'이라 부른다.

베이컨의 우상론에서 다음 순서로 등장하는 것은 '시장의 우상'인데, 내용이 좀 복잡하므로 '극장의 우상'을 먼저 살펴보고 나서 시장의 우상에 대해 찬찬히 설명하겠다.

극장의 우상

학문 전문가는 비판적 사고를 철저히 훈련하는데, 그런 사람들이 오히려 '극장의 우상'에 금방 빠진다. 극장의 우상이란 권위를 방패 삼아 기존의 추론을 의심하지 않고 자신이 지지하는 입장에 무심결에 사로잡히는 편향을 말한다. 이를테면 앞서 유나가 말했듯이 대지진 때 텔레비전에 나온 학자들은 종족의 우상과 동굴의 우상에는 민감했을지 몰라도, 극장의 우상에는 사로잡혀 있었다고 볼 수 있다. 물론 베이컨이 지적한 대상은 아리스토텔레스와 플라톤, 당시의 연금술사들로, 현대의 과학자들과는 상당 부분 다르다. 그럼에도 불구하고 극장의 우상이라는 말로 베이컨이 전하고자 한 메시지는 현대의 과학자들에게 적용해도 전혀 손색없을 만큼 예리하고 설득력이 있다.

시장의 우상

이제 마지막 부분에 준호가 한 말, 즉 '대중매체는 믿을 수 없다. 권위를 가진 사람이 아닌 진실을 이야기하는 말이 좌우하는 세계인 인터넷이 가장 믿을 만하다'는 생각이 맞는지 검토해보자. 준호와 유나의 대화와 가장 관련이 깊은 것은 '시장의 우상'이다.

참고로 여기서 '시장'이라고 번역된 단어 forum은 넓게는 본래 사람들이 모이고 왕래하는 광장을 의미했으므로 '광장의 우상'이라는 말이 더 적합할 수도 있다. 하지만 여기서는 보다 자주 사용되는 단어인 '시장의 우상'을 선택하겠다(사실 이것도 시장의 우상의 영향인지도 모른다).

시장의 우상은 내용이 다소 어려우니 베이컨의 말을 자세히 살펴보자.

> 이른바 인류 상호 간의 합의와 교류로 생겨난 우상이 있다. 사람들의 의사소통과 관계에서 유래한 우상이므로 시장의 우상이라고 부르겠다. 즉, 사람들은 이야기를 나눔으로써 서로 관계를 맺는데 이야기를 나누는 언어는 일반인의 이해력에 맞추어 정해진다. 따라서 자칫 부적절한 언어가 선택되면 지성은 놀라우리만치 방해받는다.
>
> 베이컨, 위의 책, 43절

시장의 우상은 언어 자체의 특성 때문에 생겨나는 편향이다. 예컨대 인터넷은 이른바 거대한 시장(=광장)이다. 우선 대중매체와 인터넷을 비교해보자. 대중매체의 경우 보통 전문적인 능력을 지닌 권위 있는 집단이 책임을 지고 언어를 검토한 후 정보를 내보낸다. 반면 인터넷에서는 이용자가 저마다의 기준으로 언어를 사용하고 자유롭게 정보를 내보낸다. 따라서 인터넷에서는 언어가 잘못된 형태로 사용되기 쉬우며, 걸핏하면 '비난 글 폭주' 등의 혼란에 빠진다.

여기서 핵심은 대중매체와 인터넷 중 어느 쪽이 믿을 만한가를 그리 쉽게 단정할 수 없다는 데 있다. 베이컨의 글을 조금 더 읽어보자.

> 언어란 대개의 경우 일반인의 이해력에 맞추어 정해지므로 일반인의 지성으로 가장 확실히 이해할 수 있는 경계로 사물을 나눈다. 그런데 더 날카로운 지성 또는 더 주의 깊은 관찰이 그 경계를 보다 자연에 합치되는 방향으로 옮기려고 하면 언어가 그러지 못하게 방해한다. (중략) [학자가 내린] 정의조차 자연에 있는 물질적인 것에 관해서는 이 결점을 바로잡을 수 없다. 다시 말해 정의 자체도 언어로 만들어져 있으며 언어는 언어를 낳기 때문이다. 따라서 각각의 사례, 그리고 그 계열과 순서로 되돌아가야 한다.
>
> 베이컨, 위의 책, 59절

요컨대 대중매체냐 인터넷이냐에 상관없이 누가 됐건 언어를 사용하는 한 언어에 현혹되어 진실을 파악하지 못하는 편향에서 벗어날 수 없다는 뜻이다. 참고로 베이컨은 철학자들조차 자유자재로 구사한다고 믿는 언어에 휘둘려 무모하고 오류로 가득한 논의를 계속하곤 한다고 지적했다. 일반인은 더 그렇게 될 가능성이 높을 수도 있다.

앞서 준호가 '우리나라의 불황은 외국에서 온 노동자 탓'이라고 했는데, 거기서 '불황'과 '외국'이라는 말은 무엇을 가리킬까? 이런 말은 어휘의 모호함 때문에 더 자주 쓰이며 이 말을 쓰는 사람들은 그 뜻을 다 아는 것처럼 착각하고 있다. 하지만 사실은 실제 상황을 자기 눈으로 제대로 확인하고 사태를 엄밀하게 파악하지 않으면 그야말로 시장의 우상에 빠져 벗어날 수 없다. 모호한 말을 다 안다고 생각하고 계속 사용하면 편견과 차별을 부추기게 되고 남에게 상처를 주는 부당한 행동으로 이어지는 경우도 적지 않다. 그러므로 대중매체는 물론 인터넷에서도 사용되는 말이 얼마만큼 확실한가에 대해 주의하며 살펴야 한다.

여기까지 유나와 준호의 대화를 소재로 베이컨이 제시한 네 가지 우상에 대해 배워보았다. 마지막으로 베이컨에게 '인터넷에 있는 정보는 믿을 수 있는가?' 하고 질문한다면 그는 어떻게 대답할까? 이런 대답이 돌아올 듯하다. "네 자신이 우상에 사로잡히지 않는 방법으로 정보를 접할 수 있다면 그 정보를 믿어도 될지 여부를 판단할 수 있을 거야."

심리적 편향

우리의 사고는 스스로 자각하고 있을 정도로 올바른 방향으로 향하고 있지 않다. 모든 걸 곧이곧대로 믿다가는 다른 사람의 잘못을 옳다고 생각해버리는 일이 생긴다.

게다가 그런 경향(편견과 왜곡)을 스스로 깨닫기는 무척 어렵다. 그런 경향은 '편향'이라 불리며 현대 심리학에서 이에 관해 다양한 방법으로 연구하고 있다. 본문에서 언급한 '확증 편향'이 유명하며, 그 밖에도 여러 가지가 있다. 전철 안에서 어르신에게 자리를 양보한 사람을 바로 친절한 사람이라고 판단하거나 텔레비전 광고에서 배우가 추천하는 상품을 그 배우가 실제로 좋아하는 것으로 생각하게 되는 '대응 편향', 내가 응원하는 팀(내집단)이 아슬아슬한 경기를 펼치면 '저 선수는 포기하지 않았다'며 긍정적으로 설명하는 반면 싫어하는 팀(외집단)이 똑같은 행동을 하면 '심판이 저쪽 편만 든다'며 부정적으로 설명하는 '내집단 편향' 등이 있다. 관심 있는 사람은 사회심리학 입문서를 읽어보자.

◉ 알아두면 쓸모 있는 철학 포인트

사람은 속기 쉽다? (예컨대 보이스 피싱 사기, 인터넷 경매 사기)
→ (1) 대체로 잘 속는 편인가? 웬만하면 안 속는가?
→ (2) 진짜인지 여부에 대한 근거를 확인하기

대중매체는 믿을 수 없고 인터넷에서는 진짜 정보를 입수할 수 있다?
→ (1) 텔레비전에 나오는 학자는 믿을 수 없는 경우가 많다?
→ (2) 인터넷 정보에 거짓이 없다고 말할 수 있는 이유는 무엇인가?

◉ 나만의 철학 세우기

- 베이컨이 제시한 '네 가지 우상'에 대해 스스로 구체적인 예를 찾아 하나씩 설명해보자.
- 베이컨은 우상에 빠지지 않는 방법으로 귀납법을 제안했다. 어떤 개념인지 유추해보고 직접 찾아 그 내용을 비교해보자.

오늘의 철학자

프랜시스 베이컨(Francis Bacon, 1561~1626)
근대 초기 영국에서 활약한 철학자. 새로운 과학 방법론을 구상한 인물로 '아는 것이 힘이다'라는 말로 유명하다. 비판적 사고로 기존의 표준적 학문을 넘어서고자 시도해 훗날의 철학자들에게 지대한 영향을 끼쳤다. 한편 당시의 국왕 엘리자베스 1세 밑에서 일한 고문관의 아들로 법무장관, 추밀 고문관, 대법관 등의 정치 요직을 역임하는 권력자였으나, 말년에는 뇌물죄로 실각해 실패한 인생으로 끝나고 만다.

(오쿠다 다로)

불확실한 세상에 확실한 것이 존재할까?

몽테뉴《수상록》, 데카르트《성찰》
서양 사상 ★ 회의주의, 방법적 회의

교과서는 믿을 수 없다?

세호   아빠, 한국이 중국, 일본과 마찬가지로 상형 문자를 쓰는 나라래.
         어이없지 않아?

아버지   무슨 소리야? 한글은 표음문자인데. 게다가 일본어의 히라가나, 가
         타카나도 표음문자잖아. 어디서 그런 헛소리를 해?

세호   멕시코 교과서에 그렇게 나와 있대!

아버지   뭐? 아무리 그래도 교과서인데 그렇게 틀린 정보를 실어도 되는
         거야? 학생들이 잘못된 정보를 믿어버리는 거 아냐?

세호   칠레 교과서에는 한국은 전체 인구의 35% 이상이 영양 부족 상태
         에 놓여 있는 나라라고 나와 있어.

아버지   맙소사. 외국인들이 한국을 어떻게 생각할지 점점 심각하게 걱정

이 되네. 학생들은 확실한 정보라고 믿고 공부했을 텐데.

세호 응, 교과서도 믿을 수 없다는 생각에 조금 찜찜해.

아버지 그러게. 생각해보면 아주 옛날에는 사람들이 '지구는 평평하다'고 믿었잖아. 당시에는 확실하다고 생각하고 있었겠지?

세호 '태양이 지구 주위를 돌고 있다'는 말도 그랬잖아. 이러다 설마 나중에 '지구는 둥글다'는 것도 틀린 정보가 되는 건 아니겠지? 역시 세상에는 뭔가 정말 확실한 건 없나 봐.

아버지 세상에는 의심의 여지가 없는, 정말 확실한 것이 있는지 모르겠다. 애초에 진짜 확실하다는 게 도대체 뭘까?

💡 정말 확실한 것은 존재할까? 조금만 생각해봐도 이 물음에 대답하기는 제법 어렵다. 여기서는 몽테뉴와 데카르트라는 프랑스인이 등장한다. 두 사람 다 상당히 오래전 활동하던 사람이다. 하지만 이들의 생각은 결코 낡지 않았다.

확실한 것은 없다 = 회의주의

애초에 정말 확실한 것이 있는가? 이런 물음에 그런 것은 없다고 생각하는 태도를 철학에서는 회의주의라고 한다. 고대 그리스 시대부터 존재했으며 모든 것은 의심스럽다는 입장이다. 그런 사고방식이 오래전부터 존재한 것도 당연한 일이다. 누군가에게는 확실한 일이라도 대개는 그 반대도 말이 된다. 이를테면 '속담'이 그렇다.

삶의 지혜를 짧게 정리한 문장이 속담이다. 그런데 '쇠뿔은 단김에 빼라'는 말이 있는가 하면 '서두르면 일을 그르친다'는 말도 있다. 이처럼 어떤 속담이 존재하면 그 정반대를 의미하는 속담도 찾을 수 있다. '감나무 밑에서 홍시 떨어지기를 기다린다'에는 '산에 가야 범을 잡는다', '값싼 것이 비지떡'에는 '값싼 갈치자반 맛만 좋다', '가까운 이웃이 먼 친척보다 낫다'에는 '피는 물보다 진하다' 같은 식이다.

이러니 말이 삶의 지혜지 어디까지 믿어야 할지 의심스럽다. 무엇을 주장하건 그 반대도 말이 된다고 하면 어떤 상황에도 바뀌지 않는 정말 확실한 것은 존재하지 않는 게 아닐까? 이렇게 해서 회의주의가 등장한다.

나는 무엇을 알고 있는가?

하지만 정말 확실한 것 따위는 없다고 단정하자 묘한 일이 일어났다. 16세기 프랑스 사상가 몽테뉴의 말을 살펴보자.

> 우리 인간의 언어도 여느 것과 마찬가지로 약점과 결함을 갖고 있다. 이 세상이 혼란스러운 원인은 대부분 표현에 있다. 소송은 오직 법률 해석을 둘러싼 다툼 때문에 벌어지고 전쟁은 대부분 군주 간 협정이나 조약을 명료하게 표현하지 못해서 일어난다. 또 다른 예를 들자면 만약 당신이 '나는 거짓말쟁이다' 하며 사실을 말하고 있다고 한다면 '나는 거짓말쟁이다'는 거짓말이다. 우리의 표현은 모두 '나는 거짓말쟁이다'처럼 단정적인 주장으로 이루어져 있는데, 그래서 아주 성가시다. '나는 모든 것을 의심한다'고 말하면 사람들은 최소한 의심하는 것만큼은 의심하지 않는다는 사실을 인정하라고 강요할 것이다. 즉, '나는 아무것도 모른다' 또는 '나는 모든 것을 의심한다' 같은 말을 하는 순간 그런 나의 주장은 사라져버린다. 그러므로 회의주의라는 태도를 나타내려면 내가 천칭을 그린 메달에 새

긴 '나는 무엇을 아는가?' 같은 의문형 표현이 낫다.

몽테뉴, 《수상록》 2권 12장

몽테뉴의 메달
'나는 무엇을 아는가?(Que sais-je?)'

몽테뉴는 인간의 세계에 완전하고 완벽한 것은 없다, 정말 확실한 것은 없다고 생각했다. 그런데 그렇게 단정 짓자마자 그 말에 걸려 넘어졌다.

그래서 몽테뉴는 '나는 무엇을 아는가?'라는 의문형에 머무르기로 했다. 이 의문에 대한 대답으로는 '모른다', '모든 것이 의심스럽다' 따위를 예상할 수 있다. 그러나 단정은 금물이다. 몽테뉴는 끝까지 '나는 무엇을 아는가?'라는 표어로 회의주의의 궁극적 형태를 추구했다.

그렇다면 단정하지 않으면 어떻게 되는가? 이것도 의심스럽고 저것도 의심스럽다고 한없이 생각만 하게 된다. 의심은 곧 생각이다. 실제로 몽테뉴는 인간에 관련된 온갖 것에 흥미를 가지고 생각에 생각을 거듭해 정말 변하지 않는 것 따위는 없음을 확인해나갔다. 하지만 몽테뉴는 늘 변화함은 그 자체로 우리 인간의 현실이며 나쁜 일은 아니라고 여겼다.

철학, 이토록 나에게 도움이 될 줄이야

감각은 믿을 수 있는가?

　　이러한 회의주의 전통을 역으로 이용해 정말 확실한 것을 찾고자 한 사람이 17세기의 데카르트다. 데카르트는 기존 학문은 정말 확실한 것에 근거하지 않아 믿을 수 없다고 생각했다. 확실한 지식을 발견해 학문을 근본부터 다시 세워야 한다고 봤다.

　　데카르트는 우선 우리가 무엇을 확실하다고 생각해왔는가를 물었다. 그리고 거기에 의심의 여지는 없는지 검토했다. 정말로 확실한 것이라면 의심할 수 없기 때문이다.

　　이 장의 도입부에 나온 대화를 떠올려보자. 그 장면에서 만약 '그거 진짜야?' 하고 묻는다면 '뉴스에서 그렇다고 했는걸', '책에 나와 있어' 같은 대답이 돌아올 듯하다. 우리는 남에게 듣거나 책에서 본 것을 진짜라고 여기고 성장해왔다. 일반적으로 보고 듣고 오감으로 느끼는 것을 확실하다고 생각한다.

　　물론 뉴스도 틀릴 때가 있고 책 내용이 바뀌기도 한다. 게다가 잘못 보거나 잘못 듣는 등의 착각은 누구나 경험한다. 데카르트는 말했다.

> 감각은 때로 오류를 범할 수 있지만, 결코 의심할 수 없는 것도 많다. 이를 테면 내가 이곳에 있다는 것, 난로 옆에 앉아 있다는 것, 겨울옷을 입고 있다는 것, 이 종이를 만지고 있는 것처럼 말이다.
>
> 데카르트, 《성찰》

당신은 지금 깨어 있는가?

지금 느끼는 것은 틀림없다고 생각하는 게 보통이다. 그렇다면 오감을 믿고 정말로 확실한 뭔가를 찾으면 될까? 안타깝게도 그렇지 않다.

> 하지만 나는 인간이다. 밤에 잠을 잘 때, 꿈속에서는 깨어 있을 때 경험하는 것과 똑같은 일을 모두 경험한다. 분명 잠을 자고 있을 텐데 내가 이곳에 있다거나 웃옷을 입고 있다거나 난로 옆에 앉아 있다고 믿을 때가 종종 있다. 게다가 주의 깊게 생각해보면 각성과 수면을 구별할 확실한 증거도 전혀 없다.
>
> 데카르트, 위의 책

지금 옷을 입고 책상 앞에 앉아 있는 것 같아도, 사실은 잠옷 차림으로 침대에 누워서 꿈을 꾸고 있는 건지도 모른다. 볼을 꼬집어봐야 소용없다. 오감을 통한 느낌은 깬 상태건 꿈속에서건 질적으로 다르지 않다는 주장이기 때문이다. 꼬집어서 아프다면 그런 꿈을 꿔서인지도 모른다.

그래서 데카르트는 과감하게 지금 꿈을 꾸고 있다고 생각해보자고 제안한다. 감각을 통한 느낌은 진짜가 아니라 꿈에 불과하니 무시하자고 한다.

이 또한 극단적인 이야기다. 여기서 핵심은 우리가 무엇을 근거로 확실하다고 믿는지 생각하는 데 있다. 확실한 학문을 구축하기 위한 사고 실험인 셈이다. 데카르트는 한 번이라도 오류를 범한 적이 있는 것은 믿지 않는 편이 현명하다고 했다. 회의주의처럼 이도 저도 아니라며 갈피를 못 잡아서는 앞으로 나아갈 수 없다. 의심스럽다면 던져버리는 편이 낫다.

철학, 이토록 나에게 도움이 될 줄이야

이런 방식으로 데카르트는 의심이라는 수단을 통해 정말 확실하고 의심할 수 없는 수준에 도달하려고 했다. 데카르트의 의심은 회의주의의 의심과는 구별되며, 방법적 회의라고 불려왔다.

정말 2+3=5일까?

지금 꿈을 꾸고 있다고 하면 어떨까? 그래도 확실한 것은 남는다. 이를테면 2+3=5. 숫자적 진리는 감각으로 느끼는 것과는 달리 깨어 있건 꿈꾸고 있건 늘 성립한다고 데카르트는 말한다.

여기서 끝이 아니다. 데카르트에 따르면 이 2+3=5도 의심하려고 작정하면 의심할 수 있다. 데카르트는 만물의 창조주인 신을 믿는 기독교 문화권에서 나고 자란 사람이다. 신이 심술궂다면 어떻게 될까? 전지전능한 신이라면 2+3이 사실은 5가 아닌데도 인간이 2+3을 계산할 때마다 5라는 틀린 대답을 내놓도록 만들 수 있을 터다. 감히 신에게 심술궂다니, 무슨 당찮은 소리냐고 하는 사람도 있을 수 있다. 그렇다면 간사한 꾀를 부리는 사악한 영이라고 바꿔도 좋다. 그런 영이라고 가정하기는 어렵지 않다.

이 가정은 데카르트도 인정했듯이 상당히 괴이하다. 그러나 사악한 영을 가정할 수 있는 이상 2+3=5도 의심할 수 있다. 이마저도 정말 확실한 것이라고 단언할 수는 없다.

"나는 생각한다, 고로 존재한다"

이렇듯 철저한 의심을 통해 데카르트는 마침내 회의주의를 벗어나는

데 성공한다. 몽테뉴가 '나는 모든 것을 의심한다'며 단정을 피하고자 한 반면, 데카르트는 이른바 '단정함으로써 회의주의에 걸려 없어지는 것'이 어떤 의미인지 생각하고자 했다. 극단적인 의심이라는 사고 실험을 진행하고 있는 나는 틀림없이 존재한다, 이것이 정말 확실한 것이라는 사실을 발견했다.

> 의심할 여지가 조금도 없는 것은 하나도 없다는 사실을 대체 뭘 보고 알수 있을까. 나는 세상에는 아무것도 없다고, 하늘과 땅, 정신과 물체도 없다고 나 자신을 설득했다. 그렇다면 나 또한 존재하지 않는다고 설득하지 않았던가. 아니, 그렇지 않다. 오히려 내가 나 자신에게 뭔가를 설득했다면 나는 확실히 존재했다. 누구인지는 모르겠으나, 지금 아주 유능하고 상당히 교활한 사기꾼이 있어서 늘 계략을 짜서는 나를 속인다. 그래도 그가 나를 속인다면 틀림없이 나는 존재한다. 내가 나 자신이 누구인지 생각하는 동안 그는 결코 나를 아무것도 아닌 존재로 만들 수는 없을 것이다.
>
> 데카르트, 위의 책

'나는 생각한다, 고로 존재한다.' '나는 의식하고 생각한다, 그래서 나는 존재한다.' 데카르트는 생각하고 의식하는 자신에서 출발해 학문의 재구축을 시도하기에 이른다. 이 결론은 과장된 회의적 사고 실험의 관점에서 보면 맥이 빠지는 일일 수도 있다. 하지만 자기의식으로부터의 출발은 이후의 서양 철학의 방향을 결정한, 일대 전환을 가져온 발견이었다.

철학, 이토록 나에게 도움이 될 줄이야

⊕ 알아두면 쓸모 있는 철학 포인트

데카르트의 방법적 회의는 마음껏 의심하는 것이며, 의심하는 자신은 확실히 존재한다는
사실을 발견했다.

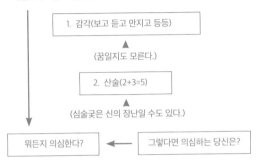

확실하다고 생각하는 것

1. 감각(보고 듣고 만지고 등등)

(꿈일지도 모른다.)

2. 산술(2+3=5)

(심술궂은 신의 장난일 수도 있다.)

뭐든지 의심한다? ◄─── 그렇다면 의심하는 당신은?

◑ 나만의 철학 세우기

- 의심과 생각은 어떤 관련이 있는가?
- 당신이 정말 확실하다고 생각하는 것은 어떤 일인가, 또한 그것이 정말 확실한 이유는
무엇인가?

오늘의 철학자

데카르트(Descartes, 1596~1650)
프랑스의 철학자, 수학자, 자연과학자. 헤겔이 근세 철학의 '영웅'이라 부
를 정도로 데카르트의 자기의식에서 출발하는 철학의 영향력은 크다.
22세 때부터 계속 네덜란드에 머물다가 스웨덴에서 사망했다. 사망하고
얼마 후, 그가 생전에 요절한 자기 딸과 꼭 닮은 인간형 로봇을 데리고
다녔다는 전설이 생겨났다. 이 전설은 20세기 초까지 마치 사실인 양 회
자되었다. 데카르트는 현재의 과학기술 시대를 선도해 실제로 존재했던
파우스트 같은(파우스트를 모른다면 알아보자) 마술적 사상가로 여겨졌다.

(가가와 지아키)

내 말과 당신의 말이 같다고, 그 뜻도 같을까?

비트겐슈타인《청색 책, 갈색 책》《철학적 탐구》

현대 사상 ★★ 말, 의미

언어의 의미는 어떻게 정해지는 걸까?

미도   남규는 가끔 잘 이해가 안 가는 소리를 하더라.

남규   무슨 소리야. 방금 네가 한 말이야말로 무슨 뜻인지 모르겠는데.

나리   왜 그래, 또 부부 싸움이야?

남규   싸우는 거 아니야. 그리고 우리 부부 아니거든. 그런데 말이라는
      건 왜 이렇게 잘 안 통할까?

미도   어쩔 수 없는 거 아니야? 그렇잖아, 무슨 생각으로 그런 말을 했는
      지는 이야기한 당사자밖에 모를걸.

나리   글쎄, 과연 그럴까? 예를 들어 "과자 먹고 싶다"는 말을 듣고 포테
      이토칩을 사 왔더니 "그게 뭐야? 난 '초콜릿'을 생각하면서 말했
      는데" 하고 말했다고 쳐. 어떨 것 같아?

남규	미도도 자주 그러는데! 그럴 때마다 완전 난감하다니까!!
나리	그렇지?! 역시 말의 의미는 자기가 멋대로 정할 수 있는 것이 아니라 어느 정도 객관적으로 정해져 있다고 생각해.
미도	누가 정하는데?
나리	누구라고 하긴 좀……. 예를 들어 국어 시험에 그 단어의 의미가 문제로 나왔다면 사전에 실려 있는 설명이 '정답'이잖아. 그러니까 말의 의미라는 건 사전에 실려 있는 설명 아닐까?
남규	네 말이 맞을 수도 있겠네. 그럼 이건 어때? 사전에 실려 있지 않아도 사물에 이름을 붙일 수는 있잖아. 이를테면 내가 새로 만든 과자에 '남쿠'라는 이름을 붙인다던가.
나리	아, 가끔 있더라, 그런 사람.
남규	그러면 '남쿠'라는 말은 다른 과자가 아닌 그 과자만을 가리키게 되지. 거기에 '남쿠'라는 상표를 딱 붙이면 되지 않을까?
미도	그러니까 그런 경우 말의 의미는 상표를 붙인 대상이다, 그거야?
남규	그렇지! 역시 미도는 달라. 나랑 말이 잘 통해.
미도	뭐야, 아깐 또 '안 통한다'며! 그러니까 말이란 건 그게 아니라…….

💡 당신은 미도(의미=마음속 이미지), 나리(의미=사전에 실린 설명), 남규(의미=이름이 붙은 대상) 이 세 명 중 누구 생각에 가까운가? 그 이유는?

말은 했지만 '전해지지 않았다'?

말로 하지 않으면 아무것도 전달되지 않는다. 그 반대는 어떨까. 말로 하면 다 전해지는 것일까? 오히려 상대방에게 제대로 말이 전해지지 않아 답답함을 느낀 적이 있는 사람이 많을 것이다. 여기서 '전해지지 않는 것'은 무엇인가? 말한 순간 음성 자체는 제대로 전달되고 들렸을 터다. 그렇다면 무엇이 전해지지 않았을까? 바로 그 말이 의미하는 바가 되겠다. 이렇게 해서 말의 의미에 대한 물음이 생겨난다. 이 물음을 평생 생각해온 비트겐슈타인의 후기 사상에 도움을 받아 이 문제를 함께 생각해보자.

말의 의미=사전에 실린 설명?

'말의 의미란 무엇인가'라는 물음을 접했을 때 먼저 떠오르는 것은 대화문에서 나리가 한 말처럼 그 말을 설명하는 사전의 내용으로 대답하는 방식이다. 이를테면 '돌'이라는 낱말에 대한 설명으로 사전에 '바위보다 작은 것'이라고 실려 있을 경우 이 내용이 '돌'이라는 낱말의 뜻이라고 생각하게 된다. 그러나 비트겐슈타인은 '말을 다른 말로 정의하는' 설명을 두고 다음과 같이 말했다.

> 일반적으로 '말의 의미에 대한 설명'이라 할 만한 것은 아주 대략적으로 말하면 말로 내리는 정의와 손가락으로 가리키는 정의로 나뉜다. (중략) 말로 내리는 정의에서는 하나의 언어 표현에서 다른 언어 표현으로 바꾸는 데 불과하므로 어떤 면에서는 한 걸음도 앞으로 나아가지 못한다. 그에 비해 손가락으로 가리키는 정의는 의미를 아는 방향을 향해 실제로 발을 내딛는 것처럼 보인다.
>
> 비트겐슈타인,《청색 책, 갈색 책》

철학, 이토록 나에게 도움이 될 줄이야

사전에 실린 설명으로는 '한 걸음도 앞으로 나아가지 못하는' 이유는 무엇일까? '말의 의미를 설명하는 그 말의 의미는 뭘까'라는 물음이 생기기 때문이다. 앞서 든 예에서 '돌'이라는 말을 설명한 '바위보다 작은 것'이라는 문장을 생각해보자. 여기서 나오는 '바위'나 '작은'이라는 말의 뜻은 무엇일까라는 또 다른 물음이 생긴다. 그래서 '바위'를 사전에서 찾아보면 '돌보다 큰 것'이라는 내용이 실려 있다. 이래서야 답을 알 도리가 없다.

즉, 말은 사전 안에 뒤덮인 언어의 그물을 빠져나가 현실 세계의 대상과 연결되어야 한다. 이를 가능케 하는 것이 또 하나의 설명으로 든 '손가락으로 가리키는 정의'다.

그렇다면 의미란 '대상'을 뜻할까?

예컨대 말을 막 배우기 시작한 아이에게 '돌'이라는 말을 가르치는 장면을 상상해보자. 아직 아는 단어가 거의 없으므로 사전에 실린 설명은 소용이 없다. 이럴 때에는 진짜 돌을 가져와서 "이게 돌이란다" 하고 가르쳐주게 된다. 이것이 '손가락으로 가리키는 정의'다. 이렇게 말을 설명하는 방식은 앞서 등장한 대화에서 남규의 주장에 가깝다. 그리고 말을 실제 대상과 연결 지으므로 말을 말로 설명하는 것보다 '의미를 아는 방향'으로 한 걸음 내디딘 셈이다. 하지만 여전히 설명은 끝나지 않는다. 왜일까?

내가 한 사람의 이름을 손가락으로 가리켜서 설명한다고 하자. 내가 설명하는 이름은 색상이나 인종, 방위의 이름으로도 이해될 수 있다. 즉, 손가락으로 가리켜서 설명하는 것은 어떤 경우에도 다른 방식으로 해석될 수 있다.

비트겐슈타인,《철학적 탐구》28절

이를테면 실제 돌을 가리키며 "이게 돌이야" 하고 설명해서 아이가 '돌'이라는 말을 배웠다고 치자. 그 후 눈이 내리는 광경을 보고 그 아이가 "앗, 돌이다!" 하고 말하면 어떻겠는가. 그 아이는 '돌'이라는 말이 색상 이름(예컨대 '흰색')인 줄 알고 같은 색을 띠는 사물을 죄다 '돌'이라고 부르는 것인지도 모른다. 즉, 손가락으로 가리키는 정의만으로는 다양한 해석이 가능해 '이것'이 무엇을 가리키는 말인지 하나로 정해지지 않는다.

난처한 상황이다. 어른이라면 "'돌'은 사물 이름이지 색상 이름이 아니야" 하고 알려줄 수 있다. 하지만 이 아이는 아직 '사물'과 '이름' 같은 낱말이 무엇을 의미하는지 이해하지 못한다. 어떻게 하면 좋을까?

한 가지는 실제로 돌을 만지라고 하며 "돌은 딱딱하단다" 하는 방법이 있다. 아니면 손으로 들어보라고 하며 "그 돌 무겁니?" 하고 물어보는 방법도 괜찮다. 색상은 딱딱하지도 않고 무겁지도 않으니 이렇게 하면 '돌'을 색상 이름이라고 이해하지는 않는다.

이런 점에서 단순히 어떤 사물에 '돌'이라고 써서 붙이기만 해서는 그 말에 의미가 부여되지 않는다는 사실을 알 수 있다. 말의 진정한 의미를 이해하려면 그 말이 어떤 장면에서 어떤 경험과 연결되며 어떤 말과 함께 쓰이는지 등 다양한 사용법을 배워야 한다. 비트겐슈타인은 이러한 언어 사용법을 배우는 과정과 그 언어를 쓰는 활동 전반을 '언어 게임'이라

철학, 이토록 나에게 도움이 될 줄이야

고 부른다.

> 그러므로 돌을 가리키거나 들은 말을 그대로 따라 발음하면서 되풀이하
> 는 과정 또한 언어 게임이라 부를 수 있다. (중략) 나는 언어와 그것을 넣
> 고 짜인 활동 전체를 '언어 게임'이라고 부른다.
>
> 비트겐슈타인, 위의 책, 7절

만약 의미를 '마음속 이미지'라고 한다면

그렇다면 언어를 사용한 활동을 '게임'으로 여기는 것에는 어떤 장점
이 있을까? 여러 가지가 있겠지만, 한 가지만 들자면 의미를 마음속에서
해방할 수 있다는 점이다.

앞의 대화에서 미도는 의미를 마음속에 떠오르는 이미지로 보는 입장
에 가까웠다. 이를테면 내가 "돌 좀 가져와줄래?" 하고 어떤 사람에게 부
탁했는데 그가 가져온 돌은 내가 원한 것이 아니라고 하자. 이렇게 엇갈
린 까닭에 대해 '돌'이라는 말을 듣고 서로 다른 것을 연상해서라고 말하
고 싶어질 것이다. 이런 점에서 말의 의미를 그 말을 쓸 때 마음속에 떠오
르는 이미지라고 여기는 데는 나름대로 설득력이 있다. 단, 문제도 몇 가
지 있다.

그중 하나는 상대방이 떠올리는 이미지를 어떻게 알 수 있는가 하는
문제다. 그 사람에게 어떤 이미지가 떠올랐는지 설명해달라고 하면 된다
고 생각할 수도 있겠다. 하지만 그 설명 또한 언어로 이루어진다. 예컨대
"돌'이라는 말을 들으면 나는 '동그랗고 하얗고 딱딱하고……' 이런 게

연상된다"는 식으로 말이다.

그런데 이렇게 대답하는 순간 그 대답 속 '동그랗다' '하얗다' 같은 말에서 연상되는 것은 무엇인가, 하는 문제가 등장한다. 즉, 마음속 이미지를 말로 설명하는 것에는 사전의 경우와 동일한 한계가 존재한다.

여기서는 앞서 언급한 '언어 게임'이라는 발상이 효력을 발휘한다. 어떤 게임이든 좋은데, 예컨대 일본의 장기 게임에서 '각(角)'이라는 말(장기짝)의 의미를 이해하는 것이 무엇을 뜻하는지 생각해볼 수 있다. 각은 장기판에서 대각선 방향이라면 어디든 사방으로 움직일 수 있지만 앞뒤나 옆으로는 못 움직인다는 것을 안다는 뜻일 수도 있다. 또는 그 장기짝이 어떤 장면에서 효과적인지 안다는 뜻일 수도 있다. 어느 쪽이건 게임 속에서 각의 역할을 알고 그 장기짝을 자유자재로 쓸 수 있다면 그 사람은 각의 의미를 이해하고 있다고 봐도 무방하다.

> 돌(장기짝) 하나의 의미는 게임 속에서 그것이 차지하는 역할이라고 할 수 있다.
>
> 비트겐슈타인, 위의 책, 563절

그렇다면 우리는 각을 움직일 때 각이 가리키는 뭔가를 연상하며 장기를 둘까? 그렇지는 않다. 오히려 각이 가리키는 것이 무엇인지조차 모른다(각이라는 말의 형태와 소재는 문제가 안 된다. 원한다면 지우개나 종잇조각으로 대신해도 좋다). 그래도 장기라는 게임에서 그 말을 움직일 수 있다면 그 말의 의미를 안다고 볼 수 있다. 그리고 내가 그것을 움직이듯 상대방도 그 말을 움직인다면 상대는 그 말을 나와 똑같은 의미로 이해하고 쓴

철학, 이토록 나에게 도움이 될 줄이야

다는 사실을 알 수 있다.

이런 점에서 '돌'이라는 말도 상대방과 내가 동일한 의미로 사용하는지를 파악하려면 상대방이 '돌'이라는 단어를 사용하는 게임 속에서 나와 같은 방식으로 쓴다는 사실만 알면 되며, 마음속 이미지는 필요 없다.

하지만 이런 의문을 품는 사람이 있을지도 모른다. '각'의 쓰임새는 말로 정의를 내릴 수 있는 데 비해, '돌'이라는 낱말의 사용법은 앞서 언급했듯이 말로 정의할 수 없다. 따라서 이 단어들을 사용하는 활동도 '게임'이라 부르기에는 무리가 있지 않을까 하고 말이다.

분명 '각'과 '돌'의 사용법에 대한 설명에는 큰 차이가 있다. 하지만 사실 '각'의 사용법도 말로 명확하게 정의를 내리기는 어렵다. 예컨대 '각은 대각선으로 움직인다'는 데 나와 당신이 동의했다고 해도 '대각선이란 어디인가'에 대한 해석은 서로 다를 수 있다. 그래서 이제까지 나와 당신이 같은 규칙을 공유했다고 생각했는데, 당신이 다음 한 수에서 내가 생각한 규칙과는 전혀 다르게 움직여서 두 사람이 전혀 다른 규칙을 따르고 있었다는 사실이 밝혀질지도 모른다. 또한 이렇게 엇갈릴 가능성은 지금까지 논한 것처럼 말을 통해 미리 배제할 수는 없다.

이처럼 비트겐슈타인은 '언어 게임'이라는 개념을 제안해 우리가 빠지기 쉬운 '의미는 마음속에 있다'는 오해를 풀고자 했다. 동시에 언어 게임의 규칙을 말로 설명하는 데 한계(이야기할 수 없음)가 있다는 사실도 밝혀냈다.

말의 '의미'란 사전에 실린 설명일까, 이름표가 붙은 대상일까, 마음속 이미지일까, 아니면 이 세 가지 이외의 것일까?

🔖 나만의 철학 세우기

· 말로 설명할 수 없다고 생각하는 것에는 또 무엇이 있을까?
· '의미 없는 말'이 존재할까? 있다면 의미를 지닌 말과 비교했을 때 무엇이 빠져 있을까?

오늘의 철학자

루드비히 비트겐슈타인(Ludwig Wittgenstein, 1889~1951)
철학 문제와 언어의 관계를 평생에 걸쳐 고찰한 오스트리아 출신 철학자. 후반생에는 대화 형식으로 사고를 진행하는 독자적 철학 체계를 구축하기에 이르렀다. 오두막 밖에까지 대화하는 소리가 들려서 들어가 보니 비트겐슈타인 혼자밖에 없었다는 일화는 유명하다.

(야마다 게이이치)

다양한 의견 속에서
'정답'을 찾는 게 가능할까?

포퍼《추측과 논박》
현대 사상 ★★ 상대주의, 비판, 합리주의

사람은 저마다 가치관과 생각이 다르다

남규   얼마 전 뉴스에서 스포츠계 비리가 나오더라. 메달을 따서 굉장하
다고 생각했는데, 권력을 이용해서 학대나 폭력을 행사했대. 체질
이 꽤 낡았나 봐. 그러고 보니 너 운동부였지, 너네도 그래?

지우   우리는 체벌 같은 거 없어, 좀 다른 거 같아.

남규   그렇구나. 무조건 고함부터 치는 분위기가 아닐까 했는데 그런 데
만 있는 건 아닌가 보네.

지우   언론에서 이러쿵저러쿵 말이 많은가 본데, 강해지려면 엄격함이
절대적으로 필요해. 정신력이 세지 않으면 이길 수 없거든.

남규   누가 고함치면 주눅 들 것 같은데.

지우   엄격한 게 싫은 사람은 아예 운동부에 들어올 생각을 못 하지. 얼

마나 엄격하게 느껴지는가도 사람 나름이니까. 체질이 어쩌고 하는 식으로 단정하는 건 옳지 않아.

남규 엄격한 게 좋다고 생각하는 사람도 있구나! 하지만 그건 네 가치관 아니야? 엄격한 걸 학대라고 느끼는 사람도 있으니까 강요하진 않았으면 좋겠어.

지우 강요할 생각은 없어. 그런데 사람마다 다르다는 말을 하면 아무런 반박도 할 수 없게 되지 않을까? 어쨌든 바람직한가 아닌가는 그렇다 치고, 옛날엔 훨씬 더 엄격하게 훈련한 덕분에 우리나라 대표팀의 정신력이 강해져서 경기에 이겼다는 건 너도 인정하지?

남규 글쎄, 과연 정말 그럴까?

지우 상식 아니야?

남규 아무래도 스포츠계 지도자들은 고등학생이나 대학생 때 체벌도 받고 엄격한 게 당연하다는 분위기에서 운동했을 테니, 이 방법밖에 없다고 믿고 있겠지. 옛날부터 그래왔다고 해서 다 옳은 건 아니지 싶은데.

지우 하지만 엄격하지 않아야 강해진다고 할 수도 없잖아. 예전 방법이 잘못되었다는 증거라도 있어?

남규 요리 실험도 아니고, 분명한 결과는 안 나오지. 그래도 통계를 써서 조사한다든가, 다양한 사례를 수집해서 과학적으로 증명할 수 있지 않을까?

지우 그런 방법으로 정말 그런지 확인할 수 있을까?

남규 반드시 이렇다고는 과학적으로도 말 못 할걸. 그래도 폐쇄적인 세계 속에서 예전 방식만 믿는 것보다는 훨씬 나을 것 같은데.

철학, 이토록 나에게 도움이 될 줄이야

💡 흔히들 남은 남이고 나는 나라고 생각한다. 그렇다면 과연 저마다의 닫힌 세계를 넘어서 공통된 입장을 추구할 수 있을까? 또 과학은 그런 닫힌 세계 중 하나일까?

의견 조정하기

다른 사람과 의견이 일치하지 않을 때는 많다. 물론 사람마다 다르다는 말로 마무리할 때도 있다. 나는 카레를 좋아한다, 아니 불고기가 더 좋다 등의 대화가 그렇다. 하지만 뭔가 결정해야 할 때에는 상이한, 때로는 대립되는 몇 가지 의견을 조정해야 한다. 어떤 행동을 할지, 무엇이 좋고 옳은지, 나아가 어떤 지식이 옳은지 여부를 두고 조정해야 하는 경우가 있다. '그렇게 생각할 수도 있지' 하며 남은 남대로 나는 나대로 각자에게 옳은 것이 있다고 여기는 태도는 상대주의라고 불린다. 반면 이것이 옳다며 권력과 폭력적 수단으로 자기 생각을 강요하는 사람도 있다. 다른 방법은 없을까? 이 문제에 대해 깊이 고찰한 20세기 철학자 포퍼의 논의를 참고하자.

강압이 아닌, 합리적인 태도로

우선 이것이 옳다고 주장하는 방식에 대한 포퍼의 발언을 들어보자.

두 인간이 대립하는 이유는 의견이나 이해(利害)가 달라서다. 그러나 사회생활에는 어떤 방식으로든 결론을 내야 하는 불일치가 많다. (중략) 폭력이 아닌 토의, 경우에 따라 타협으로 매듭을 지으려는 사람을 나는 합리주의자라 부른다. 합리주의자란 폭력과 위협, 협박 또는 교묘한 말솜씨로 속여 타인을 꺾느니 토의로 타인을 설득하지 못하고 끝나는 편이 낫다고 생각하는 사람이다.

포퍼, 《추측과 논박》

포퍼는 독단과 편견으로 뭔가를 단정 짓지 않고 말을 사용해 하나하나 확인하며 이치에 맞는 방식으로 사물을 생각하는 태도와 방법을 '합리주의'라고 부른다. 단, 효율을 중시하는 방식이나 이성적으로 접근하는 강요와는 전혀 다르다. 대신 생각이 다른 사람과 의견을 교환하는, 제법 어려운 방법을 제시한다.

분명 타인이 나와 다른 의견을 말하면 기분이 썩 좋지는 않다. 친구 사이라도 뜻밖의 의견 충돌로 사이가 틀어지기도 한다. 하지만 감정적이 될까 두려운 나머지 표면적인 논의로 그치게 되면 이야기는 전혀 진전되지 않고 내 생각이 넓어지지도 않는다. 포퍼는 독단을 그만두고 다른 생각에 마음을 열라고 권한다. 저마다 가치관이 다르다는 데서 한 걸음 더 나아가 의견을 나누며 생각을 거듭해 상대주의를 넘어서자는 뜻이다. 그렇다면 어떤 방법으로 상대주의를 넘어설 것인가. 이때 중요한 것이 '비판'이라는 방법이다.

서로 상처 없는 비판을 해보자

일상생활에서 비판이라는 말은 '친구가 내 의견을 비판해 상처받았다'

에서처럼 비난과 비슷한 뉘앙스로 쓰이지만 포퍼가 말한 '비판'은 의미가 다르다. 포퍼에 따르면 비판이란 경험에 비추어 주장과 이론의 정당성을 음미하고 검토하는 일이다. 비판이란 한쪽이 상대에게 감정을 부딪치지 않고 함께 이성적으로 생각하는 것이다.

> 그리스인에서 비롯된 서구 합리주의 전통은 곧 비판적 논의의 전통이다. 거기서는 다양한 주장과 이론을 논박하기 위한 확인과 음미가 이루어진다. 이 비판적, 합리적 방법을 진리를 최종적으로 확정하는 증명법으로 여겨서는 안 된다. 언제든 합의를 얻을 수 있음을 보증하는 방법도 아니다. 이 비판적, 합리적 방법의 가치는 토론에 참여한 사람들이 토론으로 어느 정도 자기 의견을 바꾸고 토론을 끝내고 헤어질 때에는 전보다 현명해지는 데 있다.
>
> 포퍼, 위의 책

비판한다며 서로 자기가 하고 싶은 말만 해서는 상처만 주고받게 된다. 자기 껍질을 깨려면 다른 것을 수용할 준비가 되어 있어야 한다. 타인의 의견을 검토하고, 경우에 따라 의견을 수용하고 스스로 변하기로 마음먹어야 한다. 관용의 정신이라 해도 좋다.

물론 토론을 한다고 의견이 일치한다는 보장은 없다. 그러나 검토를 거듭함에 따라 이론과 주장의 오류가 밝혀지고 토론하는 우리의 생각은 저마다 풍부해진다. 이러한 검토를 포퍼는 '자유로운 토론'이라 부르는데, 이것이 중요하다.

'말만 그럴싸하군!' 이렇게 생각하는 사람이 있을 수도 있겠다. 잠시 상황을 바꿔서 의견 교환에 대해 조금 더 생각해보자.

우리가 공통의 틀을 가지고 있지 않더라도

우리는 평소 가까운 사람, 생각이 같은 사람과 이야기할 때가 많다. 함께 활동하는 동료나 지역이 같은 사람들, 또는 인터넷에서 정보를 공유하는 사람들과는 어떤 정보를 어떻게 이해하는지에 대해 나름대로 서로 공유하고 있다. 그 덕분에 이야기도 잘 통하고 분위기가 무르익기도 한다. 반대로 먼 지역으로 이사를 간다거나 해서 새롭게 만난 사람들과의 관계 초반에는 공유할 화제가 적어 깊은 대화를 나누기가 어렵다. 같은 국내라도 장소에 따라 언어며 생활 습관이 조금씩 다르다. 또한 각 집단은 저마다의 로컬 룰(약속)이 있는데, 처음부터 그곳에 있던 사람들에게는 당연한 일일지라도 외부에서 들어오면 그러한 내부 논리에 익숙해지기가 어렵다. 틀을 공유하지 않으면 논의 자체가 이루어질 수 없지 않을까.

> 토론은 공통된 언어를 가지고 공통된 기본 전제를 수용하는 사람들 사이에서만 가능하다고들 한다. 나는 이러한 주장은 잘못되었다고 생각한다. 필요한 것은 토론 상대가 무슨 말을 하고 싶어 하는지 이해하기를 진심으로 바라고 그 사람에게 배우고자 하는 마음이다.
>
> 포퍼, 위의 책

지금까지 스포츠는 곧 정신력이라는 전통을 지켜온 동아리에 가치관은 다르지만 실력이 뛰어난 선수가 들어왔다고 하자. 그 사람에게 전통을 강요하거나 그를 학대할 수도 있다. 하지만 '어떻게 하면 저렇게 잘할 수 있지, 출중한 선수에게 배워보자' 하는 마음이 생길 수도 있다. 자신들과 다른 생각을 접하고 뭔가를 배우려는 마음으로 이야기를 나누면 이제껏 당연시한 것에서 조금 떨어져서 생각의 틀을 넓힐 수 있게 된다. 그 결과 기존의 정신력 중심의 운영 방식이 수많은 가치관 중 하나에 지나지 않는다는 사실을 깨닫고 더 좋은 운영 방법을 모색할 수 있게 될지도 모른다. 포퍼라면 이렇게 말했을 듯하다.

가치관을 공유하고 공통된 틀을 가진 사람들하고만 이야기를 나누면 자신이 속한 집단과 문화에 틀어박힌다. 그러나 비판은 동료 간의 논리를 넘어 공통된 새로운 입장을 만들어갈 가능성을 열어준다. 관용의 정신이 있는 한 '상대방의 경력과 입장이 우리와 같지 않고 오히려 다를수록 토론의 결실은 더 커진다'.

과학에서는 비판이 제대로 작동한다?

그런데 비판적인 토론이 중요하기는 하나, 모든 주장이 똑같이 옳은 것은 아니다. 설득력이 있는 주장이 있는가 하면 없는 것도 있다. 음미를 거듭해온 주장에는 그만큼 확실성이 있다. 이는 단순한 상대주의와 다른 점이다. 그러면 모든 사람이 진짜라고 인정하는 것은 존재할까? 객관적인 것을 대표한다고 알려진 과학을 예로 생각해보자.

연구가 발달하면서 지금까지 옳다고 여겨지던 과학 지식이 뒤집히는 일은 흔하다. 그런데 포퍼에 따르면 뒤집힌다는 것은 비판이 제대로 작동하고 있다는 증거다. 과학에서는 체계적인 비판, 그리고 더 확실한 지식을 얻기 위한 탐구가 이루어진다. 과학이 개인의 의견이나 동료 간의 논리와 다른 점이 여기에 있다.

'엄격한 지도가 선수를 강하게 키운다'는 생각이 과연 옳은가를 스포츠 과학에서 검토했다고 하자('엄격하다'나 '강하다'는 모호한 단어지만 명확한 정의가 있다고 가정하자). 앞서 인용된 문장에서 비판적 방법을 '진리를 최종적으로 확정하는 증명법으로 여겨서는 안 된다'고 했다. 여기서 '유명한 ○○ 선수는 엄격한 훈련으로 강해졌다더라' 하고 아무리 많은 사례를 들어도 이 생각이 옳다는 것을 증명하지는 못한다. 엄격한 훈련을 받아도 강해지지 못하는 사람이 있고 그 정도로 훈련하지 않았는데도 강해진 사람이 있으므로 반드시 그렇다고는 할 수 없기 때문이다.

이쯤에서 다시 생각해본다. '엄격한 지도로 더 많은 선수가 강해진다'는 어떤가? 한결 그럴듯하다. 하지만 실제로 통계를 내본 결과 그렇지 않다면 이 생각도 틀렸다. 다시 수정하거나 다른 가설을 내놓아야 한다. 이처럼 증거를 곁들여 비판적으로 계속 검토하다 보면, 처음에는 거칠었던 가설이 점차 진짜에 가까운 가설로 다듬어진다. 최종적인 가설은 아니더라도 더 좋은 가설로 발전할 수 있다.

그러므로 포퍼에 따르면 과학에서 흔히 언급되는 '객관적'이란 말은 객관성 자체를 충족한다는 뜻이 아니라, 증거를 들고 자유로이 비판적 토론을 거듭해 더 확실한 것이 되어간다는 의미다. 즉, 기존의 권위와 편견에 사로잡히지 않고 자유로운 토론을 통해 증거를 대조하고 기존의 가설을 뒤집음으로써 과학이라는 객관적인 지식이 성립된다.

이렇게 해서 다양한 의견이 풍요로워지고 현명해지는 토론을 포퍼는 산 정상으로 올라가는 등산에 빗대었다.

구름에 뒤덮인 산 정상에 오를 때 대개의 등산가들이 중간에 부딪히는 건 다양한 어려움뿐만이 아니다. 구름 속에서는 정상과 눈앞의 고개를 구별할 수 없어 자신이 언제 정상에 도착할지 모른다. 하지만 그렇다고 해서 정상이 어딘가 반드시 존재한다는 사실에 영향을 주지는 않는다. 등산가가 정말 정상에 도착했는지 의심스럽다고 이야기한다면 정상이 어딘가에 반드시 존재한다는 것을 암묵적으로 인정하는 셈이다.

포퍼, 위의 책

산을 오를 때에는 어딘가에 반드시 정상이 있다고 믿는다. 그렇게 믿기에 여기가 진짜 정상이 맞는지 의심하기도 한다. 마찬가지로 과학도 어딘가에 반드시 존재하는 정상(최종적인 진리)을 향해 끊임없이 발전해가는 법이다. 그러므로 꼭 과학이 절대적인 진리라고는 할 수 없어도, 사람이나 집단마다 진리가 있다는 뜻은 아니다. 포퍼에 따르면 스포츠 과학이건 어느 분야건 과학에서는 열린 토론을 통해 더 나은 가설을 세우며 궁극적으로는 모든 사람의 의견이 일치하는 진리를 지향한다.

이렇듯 포퍼는 상대주의를 넘어서고자 시도했다. 여러분은 어떻게 생각하는가?

⊕ 알아두면 쓸모 있는 철학 포인트

우리의 생각(가설)은 증거를 들어 비판적 토론을 거듭해 더 확실하고 더 객관적인 것이 된다.

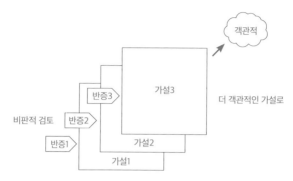

⊙ 나만의 철학 세우기

- 의견이 다른 사람, 또는 다른 지역이나 문화에서 자란 사람들과 원만한 토의를 할 수 있을까?
- 과학의 정당성도 과학자의 믿음에 불과할까? 원전의 안전 신화가 무너진 지금도 과학을 객관적이라고 할 수 있을까?

오늘의 철학자

칼 포퍼(Karl Popper, 1902~1994)

오스트리아에서 태어나 영국에서 활약한 과학 철학자. 과학 이론의 타당성이 인정되는 구조, 과학과 유사과학(과학처럼 보이지만 그렇지 않은 것)과의 경계를 어떻게 설정할 수 있는가를 논한 과학 방법론으로 유명하다. 말과 그 의미에 관해서는 논하지 않겠다고 언어 철학과 거리를 두었다. 《열린사회와 그 적들》이라는 저서에서는 플라톤과 마르크스, 프로이트를 비판하고, 토마스 쿤과는 그의 저서 《과학혁명의 구조》를 두고 논쟁하는 등, 평생에 걸쳐 수많은 논쟁을 벌인 인물로도 유명하다.

(나오에 기요타카)

대놓고 성(性)을
화제로 삼아도 될까?

푸코《성의 역사》
현대 사상 ★ 성, 억압, 근대, 권력

가족 앞에서는 하기 부끄러운 성(性) 이야기

마루   며칠 전에 밤에 텔레비전을 켰더니 영화를 하더라고. 그날은 부모
님이 일찍 오셔서 가족끼리 감상하는 분위기가 됐지 뭐야.

현도   어떤 영화였어?

마루   별 내용 없는 첩보물이었는데 갑자기 러브신이 시작되는 거야.

현도   좋았겠네.

마루   좋기는 무슨! 불편해서 혼났네.

현도   하긴, 여동생하고 텔레비전 보는데 갑자기 키스신이 시작되면 멋
쩍을 때가 있더라.

마루   별로 대단한 게 아니어도, 가족하고 볼 때 조금이라도 그런 장면이
나오면 눈을 어디다 둬야 할지 모르겠더라니까.

현도	'빨리 끝나라' 이런 생각뿐이지 뭐. 혼자 있을 땐 계속 보고 싶은 데.
마루	하하하.
현도	왜 그럴까? 내가 하는 걸 가족이 보는 것도 아니고, 그렇게 어색해질 필요가 없잖아.
마루	성은 역시 다른 사람에게 숨기게 된달까, 가족 앞에서 당당해지기는 영 어려운 것 같아.
현도	맞아. 집에서 더 그렇지. 엄마랑 여동생하고 있을 땐 민망해.
마루	난 아빠랑 있을 때도 싫더라. 어떤 표정을 지어야 할지 신경 쓰다 보면 스토리가 눈에 안 들어온다니까.
현도	그런데 민망하다, 숨기고 싶다는 것 치고 성을 다룬 이야기가 너무 많지 않나?
마루	거기에 '사랑'이나 '남녀'도 포함돼?
현도	뭐, 넓은 의미에선 그렇지.
마루	주변 여자들을 보면, 늘 사랑 이야기를 하고 있더라.
현도	남자들도 그래. 주말에 여자랑 놀러 갈 이야기만 한다니까.
마루	그러네. 남자들끼리만 있으면 야한 이야기만 엄청 하지 않아?
현도	동호회 MT 같은 데 가면 아주 실컷 하게 되지.
마루	여자들이 없는 데선 다들 경쟁하듯 야한 이야기를 하던데. 자랑하는 건가?
현도	어디까지가 진짜인지 모르겠는 이야기여도 대화에 안 끼면 재미없다고 무시당할 것 같아.
마루	맞아. 이야기를 억지로 지어내서 하는 사람들도 많지 않을까?
현도	여자들은 평소에 누구를 좋아한다는 연애 이야기를 많이 하겠지?

철학, 이토록 나에게 도움이 될 줄이야

마루   적어도 남자들 앞에서는 야한 이야기는 안 하는데, 뒤에서는 어떨
       지 모르지. 상상하니까 좀 무섭다.

현도   어떤 자리든 개의치 않고 야한 이야기를 하는 사람들을 보면 남녀
       를 떠나서 진저리가 나더라.

마루   당연하지. 결국 성과 관련된 이야기는 금기인지, 아니면 너무 과도
       하게 화제가 되고 있는지 잘 모르겠어.

💡 성은 숨겨야 할 사적이고 개인적인 영역일까, 대중의 관심을 모으는 정치적
   대상일까? 성적인 것은 사회와 어떤 관계가 있을까?

성의 억압 가설을 비판하다

가족끼리 텔레비전을 보다가 러브신이 시작되면 분위기가 어색해진
다. 때와 장소를 가리지 않고 성에 대해 이야기를 하는 사람이 있으면 이
상한 사람으로 본다. 이런 경험에 비춰보면 성과 관련된 화제는 숨겨야
할 것만 같다. 대중의 면전에서 화제로 삼는 것은 물론 타인에게 성 경험
을 노골적으로 질문하면 예의 없는 행동으로 여긴다. 성에 대한 이야기는
친한 사이에서만 종종 나누고, 평소에는 숨긴다. 이런 점에서 성은 현대
의 금기인 듯하다.

오래전, 즉 근대 이전만 해도 공공연하게 성을 화제로 삼았고 성적 금
기도 거의 없었다. 그러나 인간 사회가 진보하면서 성적인 화제와 행위는
숨겨야 할 대상이 되어갔다. 사람들은 동물적 본능을 억누르는 인간다운
품위로 성 충동을 억제하게 되었다.

그럴듯하면서도 괴상한 생각이다. 어떤 면에서 괴상한가? 이에 대해 지적한 사상가가 미셸 푸코다. 그는 근대에 이르러 예전보다 성을 억압하고 숨기게 되었다는 시각을 '억압 가설'이라고 부르며 비판했다.

> 17세기는 '부르주아 사회' 특유의 억압이 시작된 시대라고 알려져 있다. 또한 우리는 아직 거기에서 벗어나지 못했다고 인식돼왔다. 섹스(성)를 입에 담기가 점점 어려워지고 성을 이야기하면 대가를 치러야 한다. 성을 통제하려면 가급적 화제로 삼지 못하도록 해야 했다. 성에 대한 글과 담론이 멋대로 퍼지지 않게 하려면 지나치게 노골적인 표현을 없애야 한다. 게다가 성 담론을 금지하면서 그것을 입에 담는 것조차 두려워했다. 굳이 말로 하지 않아도, 근대의 수치심이 어떠했는지는 금지가 지시되었다는 사실에서 확연히 드러난다. 침묵이 침묵을 강요하고 그러면서 검열이 생겨났다.
> 그러나 실제로 3세기 동안 일어난 변화는 이와 전혀 다르다. 성에 대한 담론은 폭발적이라고 해도 좋을 만큼 증가하고 있다.
>
> 푸코, 《성의 역사 1 지식의 의지》, 원서 25쪽

여기서 푸코가 부르주아 사회라고 부른 것은 근·현대사회다. 다시 말해 근대 이후 성에 대한 억압과 금지가 강화되면서 모두가 침묵하게 되었다는 것이다. 성적인 일을 입에 담기조차 꺼렸고 사람들 사이에서 '검열'이라 부를 만한 태도가 보편화되었다. 이것이 통설이다. 그런데 이 설을 두고 푸코는 터무니없는 거짓말이라고 말한다. 실제로 최근 3세기 동안(17세기 후반부터 푸코의 저서가 집필된 1970년대까지) '폭발적'이라고 해

도 될 만큼 사람들은 성에 대해 계속 논의해왔다.

성은 누구 사이에서, 어떤 식으로 이야기되었을까?

과연 푸코의 말은 사실일까? 성을 둘러싼 담론이 얼마만큼 늘어났는지
는 정확히 계산할 길이 없다. 그러니 수적 증가 자체를 문제로 삼기는 어
렵다. 그보다는 성과 둘러싼 어떤 종류의 담론이 누구와 누구 사이에서
무엇을 위해 이루어졌는지에 주목하는 편이 낫다.

> 섹스(성)에 관한 담론은 그 형식과 대상은 다양하지만 계속 증가되어왔
> 다. 특히 18세기 이후 갖가지 담론은 놀라운 기세로 증식했다. 나는 새롭
> 게 생겨난 수치심을 업신여기거나 비웃으려고 성을 노골적으로 입에 담
> 는, 이른바 '비합법적인' 담론, 또는 고의로 법을 어기는 담론을 말하는 것
> 이 아니다. 물론 법도가 까다로워질수록 그에 대한 반발로 천박한 논의가
> 늘어날 가능성도 충분히 있다. 하지만 내가 생각한 담론은 그런 것이 아
> 니다.
>
> 푸코, 위의 책, 원서 26~27쪽

그는 먼저 근대 이후 성 담론이 늘어난 사실을 재확인한다. 이는 성이
금기시된 만큼 그에 대한 반발과 야유가 늘어났다는 뜻이 아니다. 성에 대
한 담론은 근대 사회에 뿌리를 더 깊게 내리고 특유의 역할을 다하고 있
다. 푸코는 이를 바탕으로 '근대 사회'의 본질적 특징을 밝혀내고자 한다.

성 담론이 사회의 여러 권력에서 비롯되었다고?

그렇다면 어떤 담론이 늘어났고 거기에서 무엇이 논의되었을까?

> 제도는 확실하고 명료한 성 담론을, 지극히 세부적인 부분에 이르기까지
> 계속하게 한다. 여러 권력은 그런 담론을 듣고, 또 다른 사람들이 계속 담
> 론하게 만드는 일에 사로잡힌 듯하다.
>
> 푸코, 위의 책, 원서 26~27쪽

갑자기 어려운 이야기가 나왔다고 느낄 수도 있겠다. 아마 '권력', '제
도' 등 언뜻 성과 관련 없어 보이는 단어가 나오기 때문이다. 두 가지 모두
사회의 모습, 사회관계(사람과 사람의 관계)와 관련된 단어다.

여기서 푸코가 무엇을 염두에 두었는지는 구체적인 예를 들어 설명하
는 편이 낫겠다. 이를테면 19세기 유럽에서는 소년의 자위행위에 대한
관심이 커져 '자위는 청소년의 신체 발달을 방해하니 좋지 않다'는 설이
제기되었다. 하지만 푸코는 이 주장을 자위가 나쁜 것이라서 금지했다는
식의 단순한 관점으로 보면 안 된다고 했다.

분명 자위에 대해 불결하다거나 질병의 원인이 된다는 등의 비난은 존
재했다. 하지만 자위행위라는 지극히 사적이고 몰래 하는 행위에 어른들,
심지어 일면식도 없는 사람들이 이것저것 참견하는 데는 나름의 이유가
있었다.

푸코는 이를 두고 자위는 입구 또는 계기에 지나지 않는다고 했다. 감
당하기 어려운 소년들, 사회 규율을 따르지 않고 제멋대로 행동하곤 하는

아이들을 통제하는 데, 그들의 성만큼 실마리로 삼기 편한 것은 없었다. 소년들의 성생활을 자세히 파악하고 간섭하는 일은 그들의 삶 전반을 감시하고 그들이 규율을 따르게 하는 구실을 톡톡히 했다.

다른 예도 있다. 자위행위에 간섭하려는 시도가 이루어졌을 무렵, 부부가 가지는 자녀의 수는 자연에 맡기자는 주장이 제기됐다. 당시 유럽은 출산율은 높았지만 영유아 사망률도 높아 태어난 아이들이 차례차례로 죽어갔다.

이렇듯 '가난한 사람은 자식이 많은' 현상을 없애기 위해 일반 대중에게 피임과 절도 있는 성생활을 호소했다. 태어난 아이가 죽는 이유는 생활이 궁핍한데도 성행위를 자제하지 않거나 피임을 하지 못해 잇따라 아이를 낳는, 빈곤 가정의 부부 성 행동 탓이라고들 여겼다.

푸코는 이에 대해서도 단순히 성생활의 절제, 즉 '금지'가 일방적인 강요가 아니라고 주장한다. 사람들의 성 행동을 파악하고 그것을 바꾸는 것은 그들의 생활 스타일 구석구석을 간섭하고 통제하는 계기가 되었다.

이를테면 근로자는 어떤 집에 살고 방은 어떻게 배정되어 있는가, 근로자 가족은 하루 일과가 어떻고, 급여는 어떻게 소비하는가, 누가 어떤 지출에 주도권을 쥐고 있는가. 이런 일들은 사람들의 성 행동과 맞물려 있다.

지출 형태에는 부부 간의 힘 관계와 생활양식 등도 반영된다. 이러한 성적 사항은 사람들의 행동 전반을 파악하여 생활 스타일을 유도하고 관리하는 계기가 되었다.

성은 개인적이거나 비밀스럽지 않다

이를 먼 옛날의 이야기로만 치부할 수 있을까. 사실 성을 둘러싼 정치에 대한 이야기는 현대를 사는 우리와도 깊은 연관이 있다.

예컨대 '저출산'에 대해 생각해보자. 저출산, 즉 아이 수의 감소는 비혼화와 만혼화로 아이를 낳지 않는 사람이 증가했기 때문이라고들 한다. 이에 대해서 저출산이 여성만의 문제가 아닌데도 모두 여성의 탓으로 돌리는 것은 이상하다는 비판도 있다.

여기서는 누구 잘못이냐가 아니라, 어떤 종류의 문제인가에 초점을 맞추고자 한다. 아이를 낳을지 여부, 결혼은 몇 살에 할 것인가에 대한 이야기는 언뜻 굉장히 '사적'이고 개인적인 일이다. 그런데 국회에서 화두가 되면서 정부가 대책을 강구하고 있다는 사실에 아무도 의문을 품지 않는 이유는 무엇인가.

이를테면 2015년 일본 고등학교 보건 과목의 부교재로 쓰인 '임신 가능성과 연령' 그래프가 화제가 되었다(다음 페이지 참고). 이 그래프에서는 여성의 임신 가능성이 22세에 정점을 찍고 25세 무렵부터 급격하게 떨어지며 꺾은선을 그리고 있다. 그런데 이 그래프는 1960년대까지 해외에서 이루어진 몇 가지 조사를 바탕으로 추정된 1970년대 논문의 통계를 가공한 수치임이 밝혀졌다.

아이를 낳을지 여부는 개인의 선택이다. 한편으로 사회 전반과 관련된 정치적 문제이기도 하다. 그래서 정부와 지자체 주도로 대책을 세워 출산과 결혼을 장려하고 결혼을 위한 만남을 주선하는 일 등이 당연시된다.

마찬가지로 개인도 무관심으로 일관할 수는 없다. 언제, 어떤 식으로

철학, 이토록 나에게 도움이 될 줄이야

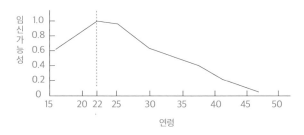

여성의 연령에 따른 임신 가능성의 변화*

22세의 임신 가능성을 1.0로 본다
의학적으로 볼 때 여성이 임신하기 적합한 시기는 20대이며 30대부터 서서히 임신
능력이 떨어지기 시작해 일반적으로 40세를 넘으면 임신하기 어려워집니다.

이성과 만나 어느 타이밍에 어떤 성관계를 가지고 결혼할 것인가. 그리고
몇 살까지는 아이를 가져야겠다, 결혼하고 3년이 됐는데 아이가 안 생겨
서 불임치료를 고려해야겠다 등 걱정거리가 끊이지 않는다.

이는 모두 성을 둘러싼 '정치'이며 '권력'의 작용이다. 가장 개인적이며
가장 감추기 마련인 '성'이라는 영역은 푸코가 지적한 17세기부터 현재
에 이르기까지 사회의 관심 대상이었으며 정치적 간섭을 받아왔다. 성에
관한 고민과 관심, 욕망도 그런 '권력 관계' 속에 있다. 성은 결코 개인의
마음에 숨겨진 비밀이 아니다.

---

* 일본 문부과학성, 《건강하게 생활하려면》 (고등학생용)(2015.08), 40쪽

◈ 알아두면 쓸모 있는 철학 포인트

근현대에서,

> 성은 억압되고 있다?
> 성은 과도하게 논의되고 있다?

→ 어느 쪽도 아니지만
성을 둘러싼 다양한 담론이 등장

성을 둘러싼 담론을 통해 이루어진 일은?
⇨ 성을 통해 인간의 생활·활동을 관리하고 통제함

◈ 나만의 철학 세우기

- 우리가 성적인 담론을 듣고 흥미를 가지도록 유도되는 면이 있다면 '성적 자유'란 무엇을 뜻할까?
- 일상의 지극히 사적인 일 가운데 사람들에 대한 사회의 관리, 통제와 관련이 있는 것은 무엇일까?

오늘의 철학자

미셸 푸코(Michel Foucault, 1926~1984)

20세기 프랑스의 철학자. 민머리에 터틀넥 스웨터 차림으로 유명하다. 《말과 사물》(1966)은 철학서로는 이례적으로 베스트셀러가 되어 프랑스 1968년 학생운동에 헌신한 투사들이 주머니에 넣고 다녔다(단, 너무 난해해서 아무도 이해할 수 없었다)고 한다. 1970년대에는 교도소 개혁 운동에 뛰어들어 《감시와 처벌》(1975)을 집필했다. 스스로 동성애자임을 밝히고 게이 잡지의 취재에서 명언을 남겼다. 인간의 사고와 행위는 권력의 작용으로 형성되고 재형성된다고 주장하며 궁극적으로 자신을 위한 자유의 철학을 구축하고자 했다.

(오모다 소노에)

철학, 이토록 나에게 도움이 될 줄이야

PART 2 철학, 이토록 사회에 도움이 될 줄이야

세상을 돕는 철학 질문 15

살다 보면 분쟁에 휘말릴 때도 있고 재난을 만날 때도 있다. 그럴 때면 무엇이 옳은 걸까 생각해보게 되는데, 도통 단번에 풀리지 않는 문제들뿐이다.

PART 2에서는 사회에 도움이 되는 철학을 만나볼 것이다. '사회' 하면 딱딱하게 들리지만, 한마디로 '함께 사는 세상'에 대해 생각해보자는 뜻이다. 애덤 스미스와 함께 '자유경쟁이란 무엇인가'란 물음을 윤리 면에서 접근해보거나, 현대 철학자 존 롤스, 경제학자 아마르티아 센과 함께 격차와 불평등 문제를 다각도로 살펴볼 수도 있다. 다양한 관점에서 우리가 사는 사회를 생각해보자.

아무리 괴로워도 살아갈 의미를 찾을 수 있을까?

빅터 프랭클 《밤과 안개》
현대 사상 ★ 지금 여기서, 사는 의미

남보다 내 괴로움이 더 크게 느껴진다

지우   방금 뉴스에서 봤는데, C라는 나라에서 무력으로 정권을 잡으려는 쿠데타가 일어난 모양이야. 다른 종교를 가진 소수민족이라는 이유만으로 체포하고 수용소에 보내서 억지로 일하게 한대.

태주   그게 문제가 아니거든. 난 어제 농구 동호회에서 자책점을 냈다고. 한참 이기고 있었는데 그런 실수를 하다니. 나 같은 놈은 없는 편이 나아.

지우   그게 문제가 아니라고?! 그 나라에 사는 사람들한테는 엄청난 일이라고. 이렇게 말도 안 되는 일이 벌어지고 있는데 넌 무슨 말을 그렇게 하니!

태주   게다가 모의시험은 다가오지, 내야 할 레포트도 몇 개나 되지. 하기 싫은 일투성이야. 진짜 짜증 나.

지우   짜증 난다고? 그렇게 자기만 생각하면 그만이야? 온 세상이 떠들 썩한데. 그곳 사람들의 입장이 돼보란 말이야. 어떤 생각이 들어?

태주   너무 괴로워서 미치겠어, 의욕도 없고. 그냥 잊어버릴까. 내일 자고 일어났을 때 다들 내 실수를 잊어버렸으면 좋겠다. 게임이나 한 판 해야겠어, 다 잊어버리게.

지우   또 시작했구나, 하여간 비관적이야. 전부 잊어버려도 현실은 변하지 않아. 그래도 괜찮겠어? 그리고 너, 정말 아무 상관없다고? 그 사람들 입장이 돼보라니까. 너 너무 이기적인 거 아니니?

태주   내 몸 하나 챙기기도 벅차거든. 내일까지 시합 준비도 해야 해. 새벽 훈련도 있고. 아, 또 의욕 떨어진다. 미치겠어. 다 싫다. 네가 부러워. 똑똑하니까 실수 따위 안 하겠지.

지우   나답게 살려면 다른 사람과 비교하면 안 돼. 남과 비교하다 보면 한도 끝도 없잖아.

태주   그건 네 생각이지. 난 사실을 말한 것뿐이거든. 내일은 일요일이니까, 내일 하루 정도는 잠 좀 자게 내버려줘. 내일은 아무것도 안 할 거고 아무 생각도 안 할 작정이야.

지우   너, 진짜 이기적이다. C 나라 사람들 생각 좀 하라니까?

태주   C 나라는 무슨. 내가 얼마나 괴로운지 진심으로 알아주는 사람이 없는 것도 매한가지야.

지우   그런 식으로 말하면 세상에 이기적인 사람밖에 없는 것 같잖아.

💡 괴로움에 처하게 되면 나 자신밖에 눈에 안 들어온다. 자신만 챙기기에도 벅찬 경우가 많다. 그럴 때 우리는 어떻게 행동해야 할까?

우리는 언제까지 '인간다움'을 유지할 수 있을까

　절망적 상황을 맞닥뜨렸을 때 우리는 어떤 모습일까. 나의 생사가 타인의 손에 좌지우지되고 주위 사람들이 잇따라 죽어가며 매일 끼니마다 먹을 식사도 충분치 않을 때, 이렇게 미래를 꿈꿀 수 없는 상황에도 우리는 '인간다움'을 유지할 수 있을까?

　빅터 프랭클의《밤과 안개》는 그런 참혹한 상황을 경험한 정신과 의사의 기록이다. '밤과 안개'란 늦은 밤, 어둠과 안개 속에서 사람들이 어디론가 끌려가 사라지는 광경을 표현한 말이다. 저자인 프랭클은 2차 세계대전 때 유대인이라는 이유만으로 나치 강제수용소로 끌려갔다. 이 책에서 그는 수용소 수감, 그곳 생활, 자유라는 세 단계로 나누어 자신의 경험을 상세히 남겼다.

　수용소에 끌려간 사람들 중 90%는 도착 직후 가스실 등에서 살해당했다. 가스실로 보낼지, 수용소로 보낼지는 장교가 사람들의 체격 등을 보고 판단한 후 집게손가락으로 왼쪽 혹은 오른쪽을 가리켜서 정했다고 한다. 운 좋게 살아남아 수용소에 갇힌 사람들은 이름이 아닌 번호로 불렸다. 프랭클은 119104호였다. 온몸의 털이 깎인 채 알몸으로 입소했다. 아무것도 가지고 들어가지 못하게 했다.

　가스실에 보내지지 않은 사람들도 절망적인 상황 속에서 각양각색의 고난을 겪었다. 강제노동을 게을리하면 교수형에 처해졌다. 계속 굶주림에 시달려 영양 상태도 나빴다. 건더기라곤 볼 수 없는, 거의 물에 가까운 스프만 나오니 식사를 둘러싸고 다툼이 일어났다. 생명을 부지하는 것이 가장 중요한 목적이었다.

시설 안에는 조금 전까지만 해도 살아 있던 사람들의 시체가 널려 있었다. 발진티푸스 같은 병이 악화돼 죽는가 하면 온전한 정신을 유지할 수 없어 스스로 목숨을 끊는 사람도 있었다.

삶의 의미에 대한 방향을 전환하다

참혹한 사태가 계속되는 가운데 1944년 성탄절부터 1945년 초까지 수용소에서는 사망자가 대거 발생했다. 노동과 영양 상태, 날씨, 전염병 만으로는 설명할 수 없는 수치였다. 이 시기에 다른 때보다 많은 사람이 죽은 까닭은 무엇일까? 그 원인을 두고 프랭클은 성탄절에는 일시적으로 귀가가 허용될 줄 알았던 사람들이 귀가를 금지당하자 실망과 낙담으로 저항력이 약해진 것이 아닐까 추측했다. 그렇다면 살아남은 사람들이 좌절하지 않고 살아남은 이유는 무엇일까. 프랭클은 삶의 의미에 대한 방향 전환이 생사를 갈랐다고 생각했다. (아래 인용문에서 [ ] 속은 그 문장의 보충 설명이다.)

'삶에 아무것도 기대할 수 없다.'
이 말에 어떤 대답을 내놓아야 할까. 무엇보다 삶의 의미에 대한 물음을 180도 전환해야 한다. 우리가 생에 아직 기대할 만한 것이 남아 있는가는 전혀 문제가 되지 않는다. 문제는 생이 우리에게 무엇을 기대하고 있는가에 있다. 우리는 이 사실을 깨닫고 절망에 빠진 이들에게 전해야 한다. 철학 용어로 표현한다면 코페르니쿠스적 전환이 필요하다. 더 이상 삶의 의미를 묻지 말고 우리 자신이 물음 앞에 서 있다는 사실을 깨달아야 한다.

철학, 이토록 사회에 도움이 될 줄이야

(중략) [그럼 어떻게 해야 그 문제에 대한 답을 찾을 수 있을까.] 생각에 잠기거나 말을 늘어놓는 것이 아니라 오직 행동으로, 적절한 태도로 올바른 답을 찾을 수 있다. 삶이란 삶에 대한 물음에 올바르게 답할 의무, 삶이 각자에게 던져준 과제를 완수할 의무, 시시각각으로 주어진 요청을 충족할 의무를 받아들이는 것이다.

빅터 프랭클, 《밤과 안개》

프랭클은 '삶에 아무것도 기대할 수 없다'를 '삶이 우리에게 무엇을 기대하는가'라는 물음으로 바꾸는 것이 중요하다고 했다. '삶'은 수동적인 우리에게 아무것도 주지 않는다. 지금 우리가 사는 곳에서 우리가 처하는 상황을 올바르게 마주하고 행동하다 보면 삶의 의미를 찾을 수 있다고 생각했다.

다시 말해 삶의 의미를 찾는 방법이야말로 생과 사의 갈림길이 된다고 여겼다.

삶의 과제는 늘 변한다

살아 있는 한 우리에 대한 기대는 계속 변한다. 프랭클도 수용소에 끌려가기 전에는 정신분석의 창시자인 프로이트와 개인심리학을 주창한 아들러를 사사하고 독자적 이론을 발표하는 것이 사명이라고 생각했다. 그러나 수용소에 수감되고 나서는 수용소 생활을 자신의 이론을 검증하는 기회로 여겼다. 앞서 인용한 구절에 따르면 수용소에서 살아남는 것, 그곳의 삶이야말로 그의 사명이었다.

프랭클은 참혹한 상황 속에서도 자신에게만 집중하지 않고 타인을 배려하는 사람도 있었다고 전했다. 주위에 살가운 말을 건네고 마지막 빵까지 아낌없이 주는 인간다움을 잃지 않는 사람도 있었다. 이런 사람들은 삶의 현장에서 그때마다 주어진 요청에 구체적인 행동과 태도로 응한 사람들이다.

> 이 요청(삶이 우리에게 주는 요청)과 존재의 의미는 사람마다, 순간마다 변화한다. 따라서 삶의 의미는 일반론으로 이야기할 수는 없으며, 의미에 대한 물음에 일반론으로 답할 수도 없다. 여기서 삶이란 결코 막연하지 않고 늘 구체적이며 따라서 삶이 우리에게 주는 요청도 지극히 구체적이다. (중략) 구체적 상황은 어떤 때에는 운명을 스스로 나아가 개척하라고 요구하며, 어떤 때에는 인생을 음미하며 진가를 발휘할 기회를 주며, 또 어떤 때에는 담담히 운명을 감내하라고 요구한다. 하지만 모든 상황은 단 한 번, 둘도 없는 방식으로 나타나며 그때마다 물음에 대한 단 하나의 올바른 '답'만 받아들인다. 그리고 그 답은 구체적인 상황 속에 이미 준비돼 있다.
>
> 빅터 프랭클, 위의 책

프랭클은 어떤 절망 가운데서도 수동적인 자세를 취하지 않고 그 상황이 주는 물음에 답할 수 있다고 했다. 그것이야말로 인간의 마지막 자유이며 어떤 절망 속에서도 빼앗기지 않을 자유다. 인간이 가진 이 자유를 그는 다른 장에서 '기대', '미래'라는 말로 표현했다.

철학, 이토록 사회에 도움이 될 줄이야

고통을 받아들이다

하지만 냉혹한 상황에서 '이미 준비된 답'을 모든 이가 얻기는 어렵지 않을까. 미래를 잃어버리면 몸과 마음 전부 무너지지 않을까. 이에 대해 프랭클은 비참한 상황이 주는 운명을 똑바로 마주하다 보면 전 우주에서 자기에게만 주어진 삶의 가치를 깨달을 수 있다고 했다.

> 구체적인 운명이 인간을 괴롭힌다면 사람은 이 고통을 단 한 번 부과되는 책무로 여겨야 한다. 인간은 고통과 마주하고 고통으로 가득한 운명과 함께 전 우주에서 단 한 번, 둘도 없는 방식으로 존재한다는 생각에 이르러야 한다. 아무도 그 사람의 고통을 없애줄 수는 없다. 아무도 그 사람 대신 고통에 시달릴 수는 없다. 이 운명을 타고난 그 사람 스스로가 이 고통을 받아들임으로써 뭔가를 이룰 단 하나의 가능성이 생기기 때문이다.
> 강제수용소에 갇혀 있던 우리에게 이 모든 것은 결코 비현실적 사유가 아니었다. 우리에게 이러한 생각은 하나만 남은 마지막 희망이었다. (중략) 우리에게 삶의 의미란 죽음까지 포함한 삶 전체를 의미했고 '살아 있다'는 의미에 국한되지 않은, 고통과 죽음을 포함한 총체적인 삶의 의미였다. 그 의미를 찾으려 우리는 발버둥 쳤다.
>
> 빅터 프랭클, 위의 책

고통은 오직 '당사자'만 겪을 수 있다. 프랭클이 추구한 것은 단순한 삶의 의미가 아니다. 자기 나름대로 고통, 죽음과 올바로 마주하고 행동함으로써 얻을 수 있는, 고통과 죽음까지 포함한 '총체적 삶'의 의미다. 여기에는 삶을 쉽게 포기하면 안 된다는 그의 생각이 담겨 있다.

프랭클이 겪은 것은 상상 이상으로 가혹했다. 하지만 좋은 인생을 살아가기 위해 삶의 의미를 중시한다는 그의 생각이 수용소 생활에서 비롯되었다는 지적은 옳지 않다. 프랭클은 강제수용소 경험을 특권화하지 않았다. 이미 수용소에 끌려가기 전에 '의미' 구축을 중심으로 정신 건강을 되찾는 심리 치료(로고 테라피)를 확립한 상태였다.

일반적으로 참혹한 경험은 심리적 외상(트라우마)이 되고 종종 불안과 불면증 등의 과도한 상태, 심리적 외상과 관련된 사물을 회피하는 경향, 충격적인 사건에 대한 간접 체험 등 '외상 후 스트레스 장애(PTSD)'로 진행된다. 이렇듯 일상의 스트레스를 넘어선 가혹한 경험은 인간의 기능을 손상시키는 해로운 사건인 경우가 대부분이다. 그런 사태는 가급적 피하는 편이 정신 건강에 이롭다.

하지만 최근 심리적 외상이라는, 극히 가혹한 경험이 나쁜 결과만 남기지는 않는다는 연구가 하나둘 나오기 시작했다. 참혹한 경험을 한 후 그것을 계기로 자신이 변했고 성장했다는 느낌, 외상 후 성장(PTG)으로 이어지는 사례도 있기 때문이다. 프랭클도 만년에는 수용소를 경험했기에 지금의 자신이 존재한다는 말을 남겼다. 하지만 그런 깨달음을 얻으려면 꽤 오랜 세월이 필요할 듯하다.

고뇌를 안고 살아가다

프랭클은 여느 사람들보다 훨씬 가혹한 경험을 했다. 그리고 그런 가혹한 상황 속에서도 '지금 여기서' 자신이 할 수 있는 것, 자신만이 이룰 수 있는 지금을 살아야 한다고 강조했다. 고통스러운 일이다.

우리가 일상에서 경험하는 '고통'에 초점을 맞춰보자. 삶에서 겪는 사건은 감당할 수 없는 불안, 분노, 우울, 사고 곤란과 같은 스트레스 반응을 일으키곤 한다.

그럴 때면 본문 제목처럼 '아무리 괴로워도 살아갈 의미를 찾을 수 있을까?'라는 물음이 마음속을 스칠지도 모른다. 프랭클 식으로 말하면 이 물음에 대한 답은 '어떤 고난 속에서도 삶의 의미를 찾아야 한다'가 되겠다. 삶의 의미에는 삶뿐 아니라 고통과 죽음의 의미도 포함되므로 어떤 상황에서도 의미를 찾을 수 있다는 말이다.

눈앞에 있는 상황 때문에 무너질 것만 같을 때 우리는 어떻게 행동해야 할까. 죽음과 고통에서 의미를 찾고 고뇌를 의무로 받아들인 프랭클처럼 행동하지는 못하겠다고 생각하는 사람도 있을 수 있다. 넘어지고 고뇌하며 살아갈 수밖에 없다고 하는 사람도 많을 것이다. 행동 방식은 사람에 따라 다르다. 하지만 주어진 환경 속에서 꼼짝도 하지 못하고 고뇌를 안고 살아가는 모습은 우리와 무관하지 않다. 아니, 많든 적든 그런 고뇌를 안고 사는 것이 보통의 삶이다. 인생에서 지금 여기 눈앞에 닥친 상황을 얼마만큼 마주하며 살아가느냐, 이것이야말로 우리에게 던져진 물음이 아닐까.

⊕ 알아두면 쓸모 있는 철학 포인트

아무리 괴로워도

살아갈 의미를 찾을 수 있는가?

↓ (물음의 전환)

찾아야 한다
상황을 마주함으로써 자기만의 생의 가치(= 의미)를 깨달을 수 있다.
삶은 상황 속에서 어떻게 행동할 것인가를 당신에게 늘 묻는다.

⊗ 나만의 철학 세우기

• 당신은 일상생활 속에서 괴로운 일을 어떻게 마주하는가. 괴로운 경험을 잊기 위해 애쓰는 건 바람직하지 않은 행동일까?
• 내가 괴로운 일을 겪고 있는 와중에도 타인을 배려할 수 있을까?

오늘의 철학자

빅터 프랭클(Viktor Frankl, 1905~1997)
오스트리아 빈 출생. 아들러, 프로이트를 사사하며 정신의학을 배웠다.
2차 세계대전 중 나치 강제수용소에 끌려간 경험을 엮어 《밤과 안개》를
펴냈다. 이 책은 수많은 언어로 옮겨져 각국에서 높은 평가를 받았다. 유
머와 재치를 사랑하는 쾌활한 인물로 알려져 있다.

(후지우 히데유키)

철학, 이토록 사회에 도움이 될 줄이야

굳이 폭설 지역에 사는
이유는 뭘까?

스즈키 보쿠시 《북월설보》
일본 사상 ★ 죽음, 비일상, 인간 세계

눈이 녹으면 봄이 된다

(수십 년에 한 번 온다는 폭설이 내렸다. 그 이튿날 윤수가 아버지를 도와 눈을 치우고 있다.)

아버지　윤수, 수고했어. 이쯤에서 마무리하고 점심 먹자.

윤수　네. 이웃들한테 도움이 좀 됐으려나.

아버지　이 근처엔 어르신이 많이 사시니 10대 후반 남자아이가 있으면 엄청 도움이 되지. 차가 지나다닐 수 있게 얼른 치우자. 우리 집 앞만 치워봤자 소용없어.

윤수　또 내리면 곤란한데.

아버지　이쪽은 당분간 괜찮을 거다. 내 고향 쪽 시골은 이만한 눈이 며칠, 몇 달이나 계속되니 정말 큰일이야.

윤수 그러게요. 몇 번 도와주러 간 적 있는데, 사방이 새하얗더라고요. 아무리 치워도 눈이 없어지질 않고.

아버지 그래도 옛날보단 훨씬 나아. 제설차도 오고, 도로 밑에 파이프를 묻어서 눈을 녹이니까 차도 쓸 수 있잖아.

윤수 옛날엔 그런 거 없었어요?

아버지 그럼. 고도성장 전, 그러니까 50년쯤 전까지는 다들 쌓인 눈 위를 걸어 다녔던 것 같은데.

윤수 어떻게 그런 데서 살지? 앗, 너무 함부로 말했나?

아버지 그런 말은 실례지, 특히 지금 살고 있는 사람들한테. 편리한 세상이 되긴 했지만 지금도 똑같아. 눈보라 때문에 차가 못 다니거나 눈사태에 휩쓸리고, 또 눈을 흘려보내는 수로에 애들이 떨어지기도 하거든.

윤수 윽, 죽음과 관련된 이야기들뿐이네.

아버지 꼭 그렇게 볼 필요는 없지만, 언제든 죽을지도 모른다는 생각을 할 수밖에 없는 곳이긴 하지.

윤수 현존재가 '죽음을 향한 존재'라고 한 이야기가 생각나요.

아버지 하이데거의 실존철학이구나. 존재라는 관점으로 보면 눈이 많이 오는 곳은 사람이 홀로 고립된 채 존재할 수 있는 세계가 아니지. 일본 에도 시대 말경에 미나미우오누마라고 지금은 스키와 쌀로 유명한 지역이 있는데, 그 지역 출신이 쓴 《북월설보》라는 책이 있어. 거기서 눈의 홍수라는 표현이 나와. 눈이 강의 흐름을 막아 물이 넘쳤을 때 모두 필사적으로 눈을 파내서 수로를 열었다고 하더구나. 민가에서 한참 떨어진 곳에서 눈보라를 만나 길가에 쓰러졌다는 이야기도 나와. 반대로 눈이 쌓인 산속에서 곰 덕분에 목숨을

철학, 이토록 사회에 도움이 될 줄이야

전졌다는 일화도 담겨 있지.

윤수　그 책 재미있겠다.

아버지　어떻게 그런 데서 사냐고, 네가 아까 그랬잖아. 한번 읽어봐. 눈이
　　　녹으면 봄이 된다는 말이 무슨 뜻인지 조금은 알게 될 거다.

윤수　그게 뭐예요?

아버지　수수께끼가 있거든. 얼음이 녹으면 물이 되지요. 눈이 녹으면 무엇
　　　이 될까요? 정답은 봄이 됩니다.

윤수　오, 진짜 그러네.

💡 폭설 지대에서 사는 것은 어떤 삶일까. 그런 삶은 폭설 지대가 아닌 곳에서
　사는 사람과 아무런 관련이 없을까?

스즈키 보쿠시 《북월설보(北越雪譜)》

내가 사는 시오사와에서 그리 멀지 않은 마을에 한 농부가 살았다. 성실
하고 효심이 지극하던 그는 스물둘 되는 해 겨울, 20리 떨어진 마을에서
자란 열아홉 살짜리 처녀를 아내로 맞이했다. 예쁘고 착한 데다 베 짜는
솜씨도 빼어난 아내는 시부모에게 사랑받았고 부부 금슬도 좋아 온 가족
이 화목한 가운데 봄을 맞이했다. 그해 9월 초에는 남자아이를 순산해 온
집안이 귀한 보물을 얻은 듯 기뻐했다. 아내의 몸도 회복되고 모유가 잘
나와 아이는 무럭무럭 자라났으며 아이에게 복스러운 이름을 지어주고
장수를 기원했다. 가족이 하나같이 성실해 부지런히 농사짓고 베를 짜 규
모는 작아도 궁핍하지는 않아 아들 하나 잘 키워 참한 색시를 들이고 귀

한 손주를 얻었다며 마을 사람들이 늘 부러워했다. 이렇게 선량한 일가에 하늘이 재난을 내리다니, 도대체 어찌 된 일인가.

출산하고 얼마 후, 연일 내리던 눈도 그치고 날도 따스한 날, 아내가 남편에게 오늘은 친정에 가고 싶은데 가도 괜찮은지 물었다. 곁에 있던 시아버지가 마침 잘되었구나, 너도 같이 가서 사돈에게 손주를 보여주면 기뻐하시겠지, 둘이 같이 가서 자랑하고 오라고 했다. 며느리가 방긋 웃으며 시어머니에게 그리 전하자 시어머니는 서둘러 보낼 선물을 준비했다. 그동안 며느리는 머리를 가지런히 묶고 옷을 챙겨 입었다. 눈의 고장에서 쓰는, 솜을 덧댄 무명 모자도 잘 어울렸다. 아이를 품에 안으려는 며느리에게 시어머니가 일렀다. 젖을 제대로 먹이고 안아라, 가는 길에 먹이기는 어려울 테니. 손주에 대한 깊은 사랑을 엿볼 수 있는 말이었다. 남편은 도롱이를 입고 삿갓을 쓰고 짚으로 만든 각반(정강이에 감는 방한구)에 눈길용 짚신을 신었다. 눈의 고장에 사는 농부는 날씨가 좋은 날도 짚을 두른다. 선물을 싼 작은 짐을 등에 지고 부모에게 인사를 한 부부는 기분 좋게 집을 나섰다. 부모 자식의 마지막 순간이자, 비탄의 시작이었다.

남편이 앞서고 아내가 뒤에서 따라 걸어가는데 남편이 아내에게 말했다. 오늘은 오랜만에 날씨가 좋구료, 참 잘 생각했소. 장모님과 장인어른은 오늘 우리 부부가 손주를 데리고 갈 줄 모르시겠지. 손주 얼굴을 보시면 얼마나 좋아하실까. 참, 장인어른은 요전에 오셨지만 장모님은 한 번도 못 보셨으니 더 기뻐하시겠지. 아내는 남편에게 늦게 도착하면 자고 가도 될까요, 당신도 자고 가요, 했다. 이에 남편은 대답했다. 아니, 둘 다 자고 가면 우리 부모님이 걱정하실 테니 나는 돌아가겠소. 이야기를 나누는 중간에 칭얼대기 시작한 아이에게 젖을 물리며 둘은 발걸음을 재촉했다. 미사

철학, 이토록 사회에 도움이 될 줄이야

시마라는 들판 한가운데쯤 이르렀을 때 갑자기 날씨가 변하더니 하늘이 먹구름으로 뒤덮였다. 눈의 고장에서는 흔한 일이다. 하늘을 보고 크게 놀란 남편이 어쩌지, 눈보라가 치겠어, 하며 망설이는 동안 돌풍이 눈을 흩뿌리고 회오리바람이 눈을 몰고 휘몰아쳤다. 마치 큰 파도가 바위를 넘고 흰 용이 봉우리에 올라타는 듯했다. 한가로웠던 하늘과 땅이 순식간에 사나워지며 차가운 바람이 살갗을 파고들고 차갑게 얼어버린 눈은 살을 에는 듯했다. 매서운 바람에 남편의 도롱이와 삿갓은 날아갔고, 아내의 모자는 찢어지고 머리카락도 엉망이 되었다. 눈 깜짝할 사이에 눈과 입, 옷깃, 소매는 물론 옷자락에도 눈이 들어왔다. 온몸이 떨리고 숨 쉬기도 괴로운데 하반신은 이미 눈 속에 묻혀 있었다. 생사의 갈림길에서 부부는 여보시오, 누구 없소, 큰소리로 울부짖었다. 그러나 지나가는 사람도 없고 인가에서 멀리 떨어진 곳이라 도와줄 사람 하나 없었다. 손발이 언 채 고목처럼 폭풍에 밀려 쓰러진 부부는 나란히 눈 속에 쓰러져 죽었다.

눈보라는 해가 질 무렵에야 그쳤다. 맑게 갠 이튿날, 이웃 마을 사람 네다섯 명이 이곳을 지나가는데, 부부의 시신은 눈 속에 파묻혀 보이지 않았지만 아기 울음소리가 눈 속에서 들려왔다. 사람들은 몹시 괴이하게 여겼다. 무서워서 도망치려는 사람도 있었으나, 용감한 사람이 나서서 눈을 파보니 여인의 머리카락이 눈 속에서 보이기 시작했다. 어제 눈보라를 만나 변을 당했나 보구먼, 하며 다 같이 눈을 파서 시신을 확인해보니 부부가 손을 맞잡은 채 죽어 있었다. 아이는 어미 품에 안겨 있었다. 어미가 소매로 아이 머리를 감싼 덕에 아이 몸에 눈이 닿지 않아 숨이 붙은 채 죽은 부모 곁에서 울고 있었다. 눈 속에 묻힌 시신 덕분에 산 셈이다. 마침 그 부부를 알아본 사람이 있어 그 부부임을 확인했다. 자식을 살리려고 소매로 감싼 채 손을 꼭 붙잡고 죽은 부부의 이야기를 듣고, 젊은이들조차 그 마음에 감동해 눈물을 흘렸다. 마을 사람들은 품에 아이를 안고 도롱이로 싼 시신을 등에 지고 남편의 집으로 향했다. 남편의 부모는 며느리 집에 머물고 있을 줄만 알았던 부부의 시신을 보자마자 부부의 시신을 붙들고 얼굴을 부비며 대성통곡했다. 안타까운 모습이었다. 한 남자가 품에서 아이를 꺼내 건네자 시어머니는 슬픔과 기쁨의 눈물을 흘렸다고 한다.

무례하지 않게 물으려면?

'왜 굳이 폭설이 내리는 지역에 사는가?'라는 물음은 경우에 따라 아주 무례한 질문이 될 수 있다. 무례하지 않게 물으려면 어떻게 해야 할까. 우선 실제로 폭설 지대에 살던 사람이나 지금 그곳에서 살고 있는 사람의 마음을 헤아리려고 노력해야 한다. 그런 다음 그 물음을 내가 받았다고 생각하고 답을 고민해보자. 스즈키 보쿠시의 《북월설보》는 그런 입장에서 생각하게 해주는 책이다.

스즈키 보쿠시는 가업인 전당포와 그 고장 특산물인 직물, 지지미(일본산 베)의 거간을 생업으로 삼았으며 일본 전통 시 하이카이(俳諧), 서화 등의 학문과 예술에 능한 사람이었다. 사업차 에도에 가는 일도 있어 당시의 문인인 산토 교덴 등과 교류했다. 결국 교덴의 동생 교잔의 출판 중개로 눈의 고장 에치고 미나미우오누마 지방 사람들의 생활을 그곳에 사는 사람의 입장에서 기록한 책을 남기기에 이르렀다.

어쩌면 천천히 죽음에 다가가는 삶

보쿠시는 책의 서두에서 눈의 고장에서 지내는 삶은 '천신만고'의 연속이라고 표현했다. 그런데 눈의 고장에서 나고 자란 이들은 '눈을 눈으로 여기지 않는다'고 한다. 일 때문에 에도에 나가 살던 사람들도 '열 중 일곱'은 고향으로 돌아온다고 한다. 눈에 대비해 함께 고민하고 힘을 합쳐 대응하면 눈 속에서도 살아갈 수 있기 때문이다. 집을 보수하고 뜰에는 나무를 둘러싸 울타리를 만들고 식량과 연료를 쌓아놓는다. 지붕에 눈이 쌓이면 그때마다 '눈 쓸기'를 해서 지붕에서 눈을 치운다. 이 밖에도 다양한 해결책을 궁리해 눈 내리는 반년을 지낸다.

단, 이는 눈으로 인한 각양각색의 위험, 생명의 위기에 노출된 일상이기도 하다. 사고사와 같은 비일상적 사태에 천천히 다가간 일상생활이다. 앞에서 소개한 '눈보라 때문에 쓰러져 죽은 사건'은 일상 속에 갑자기 등장하는 비일상적 사태의 극단적인 예다. 한 아기를 구해낸 이 이야기에서 눈의 고장 사람 특유의 배려와 이해심을 엿볼 수 있다.

비일상과 마주하는 일상

아들 부부를 잃은 부모는 차라리 내가 대신 죽을 수만 있다면 하는 심정일 것이다. 그러나 부부가 길을 나서기 전 시어머니가 며느리에게 '젖을 제대로 먹이고 가라'고 한 한마디야말로 아기의 생명을 구한 요인 중 하나였다. 또한 이튿날 그곳을 지나간 이웃 마을 사람들은 전날 몰아친 눈보라가 이런 사태를 초래할 가능성을 염두에 두고 있었다. 그렇기에 눈

속에서 들려온 아기 울음소리를 괴이하게 여기고 눈을 파본 것이다. 그들은 죽은 부부나 구출된 아기에게서 자신에게 일어났을지도 모를 죽음, 또는 삶을 보지 않았을까.

이 책에는 행방불명된 사람이 눈사태에 휘말렸을까 봐 무너진 눈 더미 위에 닭을 풀어 찾는 이야기도 실려 있다. 풀어놓은 닭이 날개를 파닥거리며 큰소리로 우는 모습에 그 부분을 필사적으로 파보니 하얀 눈이 군데군데 핏빛으로 물들어 있고 그 밑에서 한쪽 팔과 목이 찢겨나간 시신이 발견되었다고 한다. 윤수와 아버지의 대화에서는 곰에게 구출된 사람에 대한 이야기가 잠깐 나온다. 땔나무를 찾으러 눈 덮인 산에 갔다가 발을 헛디뎌 골짜기 밑으로 떨어졌는데 정신을 차려보니 곰이 머무는 곳이었다. 결국 곰 덕분에 수십 일을 살 수 있었다고 한다.

이곳에는 눈으로 인한 뜻밖의 죽음, 그리고 뜻밖의 삶이 공존한다. 늘 비일상과 마주하는 일상이 눈의 고장에서는 반년 동안 계속된다.

눈 자체는 유해하지 않다

당연한 말이지만, 눈 자체는 유해한 물질이 아니다. 눈은 녹으면 물리적으로 물이 된다. 그뿐이다. 물은 인간의 생존에 없어서는 안 되는 요소다.

보쿠시는 이 책 중간쯤에 눈의 유익함도 열거했다. 몇 가지 소개하자면 먼저 '눈썰매의 편리함'이 있다. 눈썰매는 운반, 교통은 물론 놀이에도 사용되었다고 한다. 그리고 '지지미 제작'에 좋다. 이 대목에서는 실을 꼬는 데 눈으로 인한 습기가 적절하다는 점, 직물을 바래는 데 맑은 겨울의 설원이 최적이고 그 풍경이 아름답다는 점 등을 자세히 설명해놓았다.

철학, 이토록 사회에 도움이 될 줄이야

'눈 동굴'도 있다. 눈으로 만들어진 동굴인데 사냥용으로, 그리고 아이들 놀이용으로 쓰였던 모양이다. 또한 시골에서는 연극 무대와 관람석 같은 시설을 모두 눈으로 만들 수 있었다. 게다가 쌓인 눈이 집을 뒤덮어 오히려 추위를 막아주었다. 더불어 눈은 녹아 강과 시냇물 등 풍요로운 수자원이 되는데, 이는 여름 농사가 성공하는 근원이기도 하다.

결국 '삼라만상' 중 버릴 것은 없으며 버려야 할 것은 오직 '나쁜 사람뿐'이라고 보쿠시는 적었다.

스스로에게 던질 수 있는 산 질문을 할 것

《북월설보》 말미에는 본격적인 봄을 맞아 쌓인 눈을 치우면 햇빛이 밝게 비추어 비로소 '인간 세계'에 온 듯하다는 구절이 나온다. 하늘이 낮게 드리운 반년간의 겨울은 인간 세계가 아닌 것만 같았다는 생생한 체험담이다.

눈이 사라진 후 밝은 일상을 회복하는 모습은 극적이다. 하지만 눈에 둘러싸인 비일상적 일상인 반년의 겨울을 지내야만 찾아오는 광경이기도 하다. 해마다 만감이 교차하는 가운데 밝은 일상을 맞이하며 '인간 세계'로 나가는 기쁨을 맛보는 것은 반년간 천신만고의 겨울을 버티고 계속 살아간 자에게만 허용되는 특권인지도 모른다.

그런 환경에서 살지 않는 사람이 어떤 삶인지 상상해보지도 않고 남의 일처럼 '왜 폭설 지대에 살까?' 묻는다면 그것은 죽은 질문이다. 이 질문은 이내 '왜 그런 곳에 살까'라는 반어적 의미로 바뀌고 동시에 '그런 곳에 안 살면 그만'이라는 답이 나오기 때문이다.

'굳이 폭설 지역에 사는 이유는 뭘까?' 이 물음을, 《북월설보》를 읽은 후 다시 던져보자. 내가 그런 곳에 산다면 어떨까 생각하며 스스로에게 질문을 던진다면 그것은 어디까지나 산 질문이다.

이 책 후반부에는 '모모키가 이르기를'로 시작하는, 없는 편이 나았을 뻔한 대목이 군데군데 등장한다. 이 책의 출판을 중개하고 본문 전체를 교정한 산토 교잔, 본명 이와세 모모키가 쓴 글인데 그의 견문과 여름에 에치고를 여행한 경험담 등이 적혀 있다. 출판하는 과정에서 필요해서 넣은 부분인 듯하다.

그렇다면 교잔은 '왜 그런 곳에 사는가'라는 물음에 자신을 대입해봤을까? 그런 식으로 본문을 다시 읽다 보면 나의 현재 위치가 명확해질지도 모른다.

💿 알아두면 쓸모 있는 철학 포인트

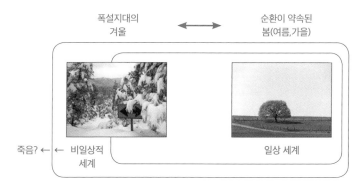

폭설지대의
겨울

순환이 약속된
봄(여름,가을)

죽음? ← 비일상적
세계

일상 세계

철학, 이토록 사회에 도움이 될 줄이야

⚙️ 나만의 철학 세우기

- 스즈키 보쿠시가 스키나 스케이트 등 오늘날의 겨울 스포츠를 본다면 어떻게 느낄지 상상해보자.
- 나는 지금 이 곳에서 왜 살고 있는가, 또한 앞으로 나는 어디에 살고 왜 그곳에서 살려고 하는가 생각해보자.

오늘의 철학자

스즈키 보쿠시(鈴木牧之, 1770~1842)

에도 시대 에치고 시오사와 출신 문인. 전당포와 지지미 거간을 생업으로 삼았다. 주요 저서인 《북월설보》가 출간되기까지 여러 출판사에게 연달아 거절당하는 등 거의 사십 년을 고생했다고 한다.

(야마우치 하루미쓰)

미나마타병의 고통이란
어떤 것일까?

이시무레 미치코《슬픈 미나마타》

현대 사상 ★★ 공해, 차별

미나마타병은 다 지난 일?

세호   어제 텔레비전에서 미나마타병이 나오는 걸 봤거든. 지금도 아마존 지역에서 환자가 나온대서 충격받았어.

명수   뭐? 미나마타병은 옛날에 해결된 문제 아니었어?

세호   해결이 안 됐더라고. 미나마타병은 유기수은 중독 때문에 걸리는 병인데, 지금도 아마존뿐 아니라 세계 각지에서 걸리고 있어서 'MINAMATA'라는 말이 전 세계에서 통용된대.

명수   지, 진짜야? 지금도?

세호   응. 지금도 그 병 때문에 고통받는 사람이 많고 보상도 충분하지 않아.

명수   너무하네. 그런데 애초에 일본에서 미나마타병이 왜 발생했지?

세호	미나마타에 위치한 칫소라는 회사가 유기수은이 포함된 폐수를 오랫동안 바다에 버렸어.
명수	중간에 못 버리게 막으면 되잖아?
세호	막으려는 사람들도 있었지. 그런데 폐수가 병의 원인이라는 사실을 과학적으로 확실하게 증명하기가 어려웠대. 폐수가 병과 관련이 있다는 사실은 초반부터 추측했다고 하지만.
명수	확실한 증명이 필요하다니, 때와 상황에 따라 다르지 않아?
세호	그러게. 그런데 그게 다가 아니야. 칫소 제품은 일본 전체에 큰 이익을 가져다줬거든. 그래서 쉬쉬하다 보니 더 폐수를 막기가 어려웠어.
명수	미나마타병, 그거 완전 끔찍한 병 아니야? 그런데도 경제적 이익을 우선시했다고?
세호	그랬다니까. 경제적 이익을 추구하는 사람들 입장에서는 칫소가 조업을 계속하는 편이 유리했거든. 그래서 심지어는 환자한테 미나마타병에 대해 밝히지 말라고 강요하는 일도 꽤 있었대. 미나마타병 환자가 차별을 당하기도 했어.
명수	심하다. 아까 미나마타병이 지금도 아마존 같은 데서 발생한다고 했지? 그러면 앞으로 미나마타병이 다시는 발생하지 않게 하려면 어떻게 해야 하는지 심각하게 고민해봐야겠네.

💡 공해의 원인을 제공한 기업의 제품이 사회에 막대한 부를 가져다주는 경우에는 피해자 구제에 관심이 쏠리기 어렵다. 따라서 피해자는 신체적 고통에 시달릴 뿐 아니라 사회, 고향 사람들에게 차가운 시선과 차별을 받게 된다. 이러한 문제에 어떻게 대처해야 할까?

이시무레 미치코 《슬픈 미나마타》

미나마타병은 어떻게 비참한 것인가

새로운 미나마타 특별병동의 2층 복도는 아지랑이가 피어오르는 초여름 햇살이 비추고 있음에도 마치 비린내가 풍기는 동굴 같았다. 뭐라 형용할 수 없는, '울부짖는 소리' 때문일지도 모른다.

'유기수은의 일종' 때문에 말과 목소리를 빼앗긴 사람들의 목소리를 의학 적으로는 '개가 짖는 듯한 아우성'을 친다는 식으로 기술한다. 실제로 그 런 목소리가 병실에서 새어 나와 높고 낮은 아우성이 복도에 울린다. 사 람들이 쥐어짜낸 마지막 기력 같은 것이 병동 전체에 퍼진 탓에 미나마타 병 병동은 비린내 나는 동굴 같았다.

특히 가마 쓰루마쓰의 병실은 그냥 지나칠 수가 없었다.

원서 142~143쪽

미나마타병을 목격하고 느끼는 책임

고이 잠드십시오, 이런 말은 종종 산 자들의 기만을 위해 쓰인다.

이때 가마 쓰루마쓰의 죽어가는 눈빛은 혼백이 이 세상에 머무른 채 결코 편안히 저 세상으로 갈 수 없는 눈빛이었다.

그때만 해도 나는 미나마타강의 하류 가까이에 사는 가난한 주부였다. 베 트남과 인도네시아, 당나라, 인도를 생각하는 시를 하늘을 보며 중얼거렸 고, 하늘을 향해 거품을 내뿜으며 노니는 작은 게들을 벗 삼아 무수한 불 빛이 깜빡이는 개펄을 바라보며 살아가다 보면 마음은 조금 무겁지만 이 나라 여성의 평균 수명인 일흔, 여든 해를 채우고 생을 마감할 수 있다고

철학, 이토록 사회에 도움이 될 줄이야

생각했다.

이날은 나 자신이 인간이라는 사실이 혐오스러워 견딜 수 없었다. 가마쓰루마쓰의 슬픈 염소, 아니면 물고기 같은 눈동자, 그리고 떠내려가는 나무 같은 자세, 결코 저 세상에 이르지 못할 혼백은 이날을 기점으로 모두 내 마음속으로 옮겨왔다.

원서 147쪽

미나마타병을 향한 차별

그 순간 비틀거리며 바람에 날리는 듯 휘청거리며 부인 한 명이 앞마당에 나타났다.

"여보!"

이렇게 외치자마자 현관 입구에 주저앉더니 크게 오열하기 시작했다. 심하게 엉클어진 머리카락과 양 어깨가 드러난 속옷 차림 때문에 잠시 못 알아봤지만, 데쓰키 주택 중증환자인 다가야시 기미 씨(48세)다.

"왜 그래! 무슨 일이야!"

야마모토 씨는 상체를 숙이고 소리쳤다.

"여보, 이제, 이제 돈은 한 푼도 필요 없어요! 지금까지 시민을 위해서, 회사를 위해서 미나마타병에 대해서는 말하지 않겠다고, 꾹 참아왔는데. 이러다간 시민들 여론에 우리가 당하겠어요! 여보, 이번엔 틀림없이 여론 때문에 죽을 거예요."

다시 보니 맨발이다.

"그게 무슨 말이야! 이제 곧 회사하고 보상 협상에 들어갈 건데 무슨 말이야. 누가 뭐라고 했어?"

"다들 대놓고 말한다고요. 회사는 끝장이다, 너희들 때문에 미나마타시는 망할 거다, 그러면 돈 좀 빌려달라, 2천만 엔 받는다고 들었다. 이제 우리는 끝났어요, 여보."

원서 343~344쪽

미나마타병의 원인 규명이 늦어진 이유

'공해의 원점'이라 불리는 미나마타병은 시라누이해 연안에서 발생한 병이다. 공식적으로는 1956년 5월 1일 구마모토현 미나마타시에서 발생했다. 공식적으로 확인된 시기는 1956년이었지만 미나마타병이 확산된 것은 그 전부터였다. 얼마 후 병의 원인은 당시의 신일본질소비료 주식회사(1965년 칫소 주식회사로 사명 변경. 이하 '칫소')가 버린 폐수에 포함된 유기수은, 메틸수은이라는 사실이 밝혀졌다. 아세트알데히드라는 화학물질을 생산하는 과정에서 생기는 물질이다.

칫소 측은 과학적으로 완전히 증명되지 않았다는 이유로 공장 폐수가 원인이라는 사실을 오랫동안 인정하지 않았다. 아세트알데히드를 생산하는 다른 지역 공장 주변에서는 아예 미나마타병이 발생하지 않았다는 점, 공장 폐수에 들어 있는 어떤 물질이 원인인지 처음에는 과학적으로 밝히지 못했다는 점, 일부 과학자가 다른 원인을 내세웠다는 점 등을 들어 자신들이 가해자라는 증거는 없다고 주장했다. 그리고 구마모토 대학 의학부 의사 등이 공장 현장을 검사하는 것조차 거부했다.

한편 칫소에서는 은밀히 실험을 진행해 폐수가 미나마타병의 원인임을 확인한 상태였다. 또한 구마모토 대학 의학부 연구팀 등에서도 비교적

이른 시기에 공장 폐수에 포함된 유기수은이 원인이라고 지적했다.

하지만 원인 물질의 특정과 발병 메커니즘의 규명은 순조롭지 않았다. 미나마타병의 경우 유기수은이 먹이 사슬을 통해 생선에 축적되었고 그 생선을 먹은 주민이 병에 걸렸는데, 이러한 발병 경로는 역사상 유례를 찾을 수가 없어서 인과 관계를 정확히 밝히기가 쉽지 않았다.

과학적인 규명의 어려움은 유기수은 화합물이 원인 물질이라는 사실이 거의 확실시된 후에도 나타났다. 태아성 미나마타병, 즉 모체를 통해 태아가 미나마타병에 감염되었는지를 규명하기가 어려웠던 것이다. 당시에는 독물이 모체의 태반을 통과하지 않는다는 것이 과학적 상식이었기 때문에 태아와 어린아이들에게 미나마타병이라고 진단할 수 없었다. 얼마 후 사망한 아이들을 해부하는 과정 등을 거치며 태아성 미나마타병의 정체가 밝혀졌다.

피해자에 대한 대응은 왜 늦어졌는가

일본 정부는 1968년이 되어서야 병의 원인을 칫소 미나마타 공장이 버린 폐수에 포함된 메틸수은 화합물로 결론짓고 공표했다. 칫소가 아세트알데히드 제조를 중지한 후였다. 그때까지 칫소와 정부가 성의를 다해 미나마타병 피해자에게 대응했다고 말하기는 어렵다. 이를테면 칫소는 환자들의 생활고를 이용해(훗날 재판에서 '미풍양속에 위배된다'고 선언할 만한 조건이었다) 환자들과 위로금 계약을 맺었다. 원인 규명은 물론 피해자에 대한 대응까지 늦어지고 말았다.

이렇듯 피해자에 대한 대응이 늦어진 배경에는 경제 발전을 우선시하는 생각이 자리하고 있다. 칫소 또는 칫소의 제조물은 당시 일본의 경제 발전에 크게 기여했다. 많은 국민이 바라는 경제 발전을 위해 칫소 공장의 조업은 멈추면 안 된다는 의견이 있었다고 한다. 경제 발전을 우선시하는 사고방식은 국가 차원뿐 아니라 미나마타시에서도 자주 볼 수 있었다. 미나마타시는 칫소의 주변 도시라는 표현이 쓰일 만큼 고용과 세수를 칫소에 의존했다. 공장이 멈추거나 회사가 파산하면 미나마타의 수많은 주민이 경제적으로 곤경에 빠진다고들 생각했다.

결국 미나마타 내부에서도 갈등이 일어났다. 미나마타병 환자 중 일부가 칫소와 정부를 거세게 비판하며 고소하려고 나서는 한편, 칫소를 옹호하고 미나마타병 환자를 비방하는 시민도 존재했다. 또한 미나마타병 환자이면서도 미나마타 지역의 경제 발전과 시민 생활 안정을 위해, 또는 이웃의 생활을 위해 병에 걸렸다는 사실을 감추는 사람도 있었다. 미나마타병 환자라는 사실이 밝혀지면 칫소 공장에 조업 정지를 요구하는 목소리가 높아질 뿐 아니라, 미나마타에서 잡힌 생선이 팔리지 않아 생계를 유지할 수 없게 되는 사람도 많았기 때문이다.

육체적 고통에 사회적 차별이 더해지다

미나마타병에 걸리면 육체적인 고통도 컸지만 이처럼 고향 사람들에게 비난과 차별을 받으며 사회적·심리적 고통에 시달리기도 했다. 미나마타병에 걸린 사람들은 중심지에서 멀리 떨어진, 결코 경제적으로 풍요롭지 않은 지역에 살았다. 거기에 병으로 인한 육체적 고통과 사회적 차별이 더해졌으니 환자의 절망은 상상을 초월했을 터다.

철학, 이토록 사회에 도움이 될 줄이야

하지만 고통과 차별은 더욱 심해졌다. 정부와 행정기관에서 대부분의 환자를 미나마타병 환자로 인정하지 않았고 지금도 적극적으로는 인정하지 않는다. 미나마타병 판단 기준이 엄격하기 때문이다.

이렇게 된 배경에는 몇 가지 요인이 있다. 미나마타병의 증상에는 감각 장애, 운동 실조, 시야 협착, 평행 기능 장애 등이 있는데, 환자마다 다른 증상을 보인다. 다양한 증상은 미나마타병의 특징 중 하나다. 그만큼 진단 기준을 마련하기가 어렵다. 게다가 미나마타병이 문제가 되기 시작했을 무렵에는 단기간에 목숨을 잃는 급성 중증 환자가 주목을 받으면서 중증 환자만 미나마타병이라는 잘못된 인식을 불러오기 쉬운 상황이었다. 한편 칫소는 지급할 보상금이 불어날 것을 우려했고, 정부와 행정기관에서도 원폭 피해자와 관련된 보상 규모까지 확대될까 두려워 미나마타병을 광범위하게 인정하는 데 소극적이었다고 추측된다. 대법원이 행정 인정 기준을 개정하라고 압박해도 행정 기관의 대응은 느렸다. 이러한 상황 속에서 미나마타병으로 인정된 사람과 인정받지 못한 사람들 사이에 다툼이 벌어졌다. 가짜 미나마타병 환자라고 매도된 사람도 있었다. 분쟁과 차별이 또다시 일어난 것이다.

일본 정부는 아직도 많은 사람을 미나마타병으로 인정하지 않는다. 이 문제를 둘러싼 재판도 아직 끝나지 않았다. 칫소의 책임을 어디까지 추궁해야 하는가, 미나마타 지역을 어떻게 재건해야 하는가. 정부의 환자 구제가 미흡한 가운데 다양한 대책이 모색되고 있다. 그중 하나가 '관계 재생'이다. '관계 재생(もやしなおし, 모야시나오시)'이란 배와 배를 연결하는 '모야우(もやう)'에서 유래한 말로, 미나마타병을 둘러싼 혼란과 갈등에 휩싸인 미나마타 시민의 유대를 다시 활성화하자는 시도다. 미나마타병이 공

식적으로 확인된 지 반세기가 지난 지금도 해결되지 않은 문제가 많다.

그러므로 우리는 앞으로도 이 문제에 진지하게 대처해야 한다. 그러다 보면 유사한 문제가 발생했을 때 그 피해를 최소화할 수 있을 것이다.

⊕ 알아두면 쓸모 있는 철학 포인트

미나마타병 환자는 어떤 경험을 했을까?
- 격심한 육체적 고통에 시달림
- 질병에 대한 보상을 받지 못함
- 가족, 지역과 관계가 단절됨
- 미나마타병 환자라는 사실을 숨기라고 강요당함
- 미나마타병 환자임을 인정받지 못함
- 직장을 잃음
- 경제 발전에 방해된다는 말을 들음

◈ 나만의 철학 세우기

- 현재 미나마타병 사건과 유사한 사회 문제는 없을까?
- 미나마타병 사건에 대해 일본의 현지 주민, 기업, 행정 기관, 정부는 어떤 상황에서 어떻게 행동해야 했을까?

오늘의 철학자

이시무레 미치코(石牟禮道子, 1927~)

일본 아마쿠사에서 출생해 얼마 후 미나마타로 이주했다. 초등학교 졸업 후에는 방직 공장에서 일할 생각이었지만 교사의 추천으로 3년제 실무학교(현 마나마타 고등학교)에 진학했다. 16세 때 초등학교 대리교사가 되었다가 퇴직하고 결혼했다. 살림을 하는 틈틈이 일본 전통 시 단가(短歌)를 창작하다가 이윽고 시와 산문 등으로 관심 분야가 넓어졌다. 그 후 미나마타병 피해자 구제 운동에 깊이 관여하였고, 《슬픈 미나마타》를 집필해 미나마타병의 참상을 세상에 알린다. 일본을 대표하는 시인, 작가 중 한 사람으로 파킨슨병에 걸린 지금도 꾸준히 글을 쓰고 있다. 스스로 화장실에 갈 수 없는 상태가 되면 생을 마감해도 좋다고 생각한다.

(아사미 쇼고)

과연 영원한
평화라는 건 있을까?

칸트《영원한 평화를 위하여》
서양 사상 ★★★ 평화, 총력전, 국제연맹

세계대전에서 세계평화까지

세호   명수야, 같이 읽기로 한 세계사 책, 진도 어디까지 나갔어? 나는
      지금 20세기에 진입했거든. 아마 이번 주는 2차 세계대전까지밖에
      못 읽을 것 같아.

명수   1차 세계대전 시작했어. 대국들의 대립이 한 사건 때문에 순식간
      에 전쟁으로 번진 느낌이야.

세호   1915년 사라예보 사건 말이지? 그러고 보니 1차 세계대전이 시작
      된 지 벌써 100년도 넘었네.

명수   2차 세계대전에 비하면 1차 세계대전은 머나먼 유럽에서 오래 전
      에 벌어진 전쟁 같아.

세호   그렇지도 않아. 최근에는 1차 세계대전이야말로 현대 세계의 다양

한 문제를 낳은 원점이 아닐까, 하는 시각도 나오고 있대.

명수 무슨 말이야?

세호 19세기까지의 전쟁들은 왕이 선택한 외교 수단의 일종이어서 한정된 범위에만 영향을 미쳤어. 그런데 20세기부터는 그 범위가 커졌지. 1차 세계대전은 교전국이 전쟁에 자국의 힘을 전부 쏟아 부은 총력전 체제였어. 또 첨단 과학으로 개발한 신무기를 사용했지. 이런 경향은 2차 세계대전 때 더 심각해졌대.

명수 그러니까 전쟁은 국제 문제를 해결하기는커녕 인간 사회 전체를 멸망시킬 수 있다는 뼈아픈 교훈을 1차 세계대전으로 인류가 얻은 셈이네.

세호 그렇지. 1차 세계대전 후 세계 평화를 유지할 목적으로 세계 최초의 국제조직인 국제연맹이 창설됐어. 지금의 국제연합의 모체인 셈이야.

명수 당시 미국 대통령 윌슨이 창설을 제안했다고 배웠는데, 정말 윌슨 대통령의 생각일까?

세호 아니, 국제연맹의 원형은 18세기 철학자 칸트가 쓴 《영원한 평화를 위하여》라는 책에 있어.

명수 그렇구나.

세호 칸트는 유럽 북동부 외곽에서 프랑스 혁명을 겪었어. 격동기를 살아간 사람이야. 하지만 칸트의 평화 사상이 1차 세계대전이 끝난 시기에 더 주목을 받은 이유는 시대를 넘어서 와닿는 뭔가가 있었기 때문이겠지. 21세기인 지금도 충분히 도움이 되는 내용일걸.

💡 평화의 영속이라는 목표를 실현하기 위해 해야 할 일과 하면 안 되는 일은

철학, 이토록 사회에 도움이 될 줄이야

무엇인가. 칸트의 말을 살펴보며 생각해보자.

칸트 《영원한 평화를 위하여》(1795년, 2쇄 1796년)

제1장 국가들 사이의 영원한 평화를 위한 예비조항

1 장래의 전쟁의 불씨를 비밀로 유보한 채 체결한 조약은 평화조약으로 간주해서는 안 된다.

2 독립국가(크고 작음은 문제가 되지 않는다)를 상속, 교환, 매수와 증여로 다른 국가가 획득해서는 안 된다.

3 상비군은 차차 전폐되어야 한다.

4 국가의 대외적 분쟁과 관련해 어떤 형태로도 국가의 부채가 발생해서는 안 된다.

5 어떤 나라도 다른 나라의 체제와 통치에 폭력으로 개입해서는 안 된다.

6 어떤 나라도 다른 나라와의 전쟁에서 향후 평화 시기에 상호 신뢰를 불가능하게 할 적대 행위는 결코 해서는 안 된다. 예컨대 암살자나 독살자를 고용하거나 항복 협정을 어기는 일 등이 이에 해당한다.

제2장 국가들 사이의 영원한 평화를 위한 확정조항

영원한 평화를 위한 제1 확정조항. 모든 국가의 시민 체제는 공화적이어야 한다.

영원한 평화를 위한 제2 확정조항. 국제법은 모든 자유국가의 연합에 토대를 두어야 한다.

영원한 평화를 위한 제3 확정조항. 세계 시민의 법과 권리는 언제, 어디에서, 어떤 상대와도 우호적으로 교류한다는 조건으로 제한돼야 한다.

제1 추가조항. 영원한 평화의 보장에 관하여

제2 추가조항[초판에는 없음]. 영원한 평화를 위한 비밀조항.

[①] '공법(公法) 체결 협상의 비밀조항은 객관적으로, (중략) 모순이다. [공개적인 법을 뜻하는 공법이 비밀리에 탄생하는 것은 모순이므로] 그러나 주관적, 곧 그 비밀조항을 구두로 지시하는 인물의 자질에 따라 판단한다면 비밀이 성립할 수 있다. 그 인물은 자신이 그 조항을 제안했다고 공표하면 큰 피해를 입는다는 사실을 스스로 알고 있기 때문이다.

이런 종류의 유일한 비밀조항은 다음의 명제에 포함된다. 공적 평화를 가능케 하는 조건에 대한 철학자들의 지침[준칙, Maxime]을 전쟁 준비를 갖춘 국가들은 조언으로 받아들여야 한다는 명제다.'

부록 1 영원한 평화라는 의도에서 봤을 경우 도덕과 정치의 불일치에 관하여

2 공법·공권의 초월론적 이해에 따른 도덕과 정치의 일치에 관하여

[②] '(중략) 법과 권리와 관련된 모든 요구는 공표를 감당하는 성질을 지니고 있어야 한다. (중략) 국법과 국제법의 개념이 포함된 (중략) 모든 경험적인 것이 도외시될 경우 다음의 명제는 공적 법과 권리의 초월론적 공식이라 부를 수 있다. '타인의 권리에 관련된 행위로 그 지침[준칙]이 공표되는 것이 곤란하다면 전부 부정행위다.''

위에 있는 목차대로 칸트는《영원한 평화를 위하여》를 조약문 형식으로 적었다. 그 무렵의 평화조약은 이른바 준비 작업을 위한 '예비조약'이 선행되기도 했다. 예비조항과 확정조항을 구별한 대목에서 당시의 관습을 엿볼 수 있다.

철학, 이토록 사회에 도움이 될 줄이야

예비조항과 확정조항

우선 제1장은 전쟁이 계속되는 현실을 감안한 상태에서 평화를 이루기 위해 해서는 안 되는 일의 목록이다. 여섯 가지 예비조항에는 당장 실행해야 할 3개 조항(1, 5, 6)과 실행 시기를 다소 연기해도 되는 3개 조항(2, 3, 4)이 있다. 상비군을 두면 안 된다는 유명한 주장은 후자에 포함된다.

이어서 제2장에는 평화의 실현과 영속을 위해 자발적으로 해야 할 일이 3개 확정조항으로 열거돼 있다. 첫째는 각국의 국법(내정) 차원에서 '공화제'를 실현해야 한다는 내용이다. 여기서 공화제는 국민의 대표자를 통한 국가 운영 시스템, 그리고 권력 분립에 대부분 해당된다. 국제연맹에 대한 발상은 국제법을 언급한 둘째 확정조항에서 찾을 수 있다.

확정조항 셋째에 있는 '세계 시민의 법과 권리(독일어로 법과 권리는 같은 말이다)는 제한되어야 한다'는 말은, 신중한 표현과는 달리 지금 봐도 진보적인 조항이다. 어느 나라의 국민이든 같은 세계에 사는 시민인 이상 지구상 어디든 우호적으로 방문할 권리가 있다는 뜻이다. 이 주장은 둥근 지구의 표면은 유한하며, 근본적으로 전 인류가 공유한다는 칸트의 시각 (《도덕 형이상학·법론》)에 근거한다.

'하나의 철학적 기획'

여기까지는 평화에 대해 깊이 고민해본 사람이라면 누구나 생각할 법한 조항이긴 하다. 예컨대 (유럽) 국가의 연합으로 평화를 실현하자는 생각은 한 프랑스의 기독교 성직자가 이미 제안한 바 있다. 칸트도 루소

(1712~1778)의 사상을 통해 알고 있었던 모양이다.

사실《영원한 평화를 위하여》에는 '하나의 철학적 기획'이라는 부제가 달려 있다. 다시 말해 칸트는 신학이나 정치학과는 다른, 자신의 철학에 입각해 이 책을 썼다. 분량을 보면 세 가지 확정조항이 끝나는 대목은 전체의 절반에도 못 미친다. 즉 이 책은 목적 실현을 위한 기술론에서 끝나는 것이 아니다. 철학서로서의 특징은 오히려 후반부에 있다. 중요한 것은 지금부터다.

전쟁은 필요악인가

원서에 따르면 제1 추가조항에서 칸트는 언뜻 민감해 보이는 논의를 시작한다. '자연'은 인간과 모든 사물을 스스로 조직하는 '위대한 기교가'다. 모든 민족을 싸우게 만들어서 인간의 터전을 땅끝까지 확장했으며 전쟁을 계기로 서로 법적 관계를 맺도록 했다. 전쟁의 역할을 긍정적으로 보는 듯한 대목이다.

그러나 잘 읽어보면 전쟁을 이런 식으로 언급한 것은 어디까지나 '동물 중 하나인 인류', 즉 인간의 이성적 본질을 무시한, 본능적인 동물인 인류에 관해 이야기할 때뿐이다. 칸트는 한결같이 외딴 지역이나 전근대 유럽의 '미개인'을 인용했다. '미개인'은 이전에 칸트가《계몽이란 무엇인가에 대한 답변》(1784)에서 언급한, 후견인에게서 독립해 지성을 활용할 용기를 갖는 데 무관심해 보이는 사람을 가리킨다.

그렇다면 문화 발전을 이루고 이상적인 국가 체제인 '공화제'를 확립한 근현대인이 '전쟁은 인간성을 고귀하게 만든다고 칭찬한다'면, 이성을

철학, 이토록 사회에 도움이 될 줄이야

모욕하고 스스로를 '미개인'으로 여기는 것이나 다름없다. 칸트는 실제 이 단계의 국가들 사이에서는 국제법과 세계 시민법뿐 아니라 모든 국민의 이기심이 요구하는 상업 교류의 긴밀화(전쟁과 양립하지 않는다)를 통해 평화가 촉진된다고 강조한다.

계몽의 주체가 평화를 이룩한다

여기서 칸트의 생각을 알 수 있다. 즉, 자발적으로 생각할 줄 아는 개인이야말로 평화 실현 목표인 국가연합을 구성하는 나라들을 존재하게 한다. 평화를 이루기 위해 할 일을 하고 하지 말아야 할 일을 하지 않으려면, 선입관에 얽매이지 않고 스스로 이치를 따지며 생각할 줄 아는 '계몽'의 주체를 확립해야 한다.

분명 쉬운 일은 아니다. 칸트가 말한 '모든 적의(敵意)의 종식', 즉 평화를 실현하려면 몇 세대에 걸친 꾸준한 노력이 필요하다. 어렵기는 해도 불가능을 의미하지는 않는다.

또한 주요 저서인 《순수이성비판》(1781)에서는 '내용 없는 사고는 공허하다'고 선언했다. 사고의 소재를 제공하는 정보에 대한 접근이 국민의 '후견인'인 척하는 권력자의 기분에 통제되어서는 안 된다는 이야기다. 칸트는 이 문제와 관련해 마주한 현실을 고발한다. 《영원한 평화를 위하여》의 부록 1에 이렇게 적었다.

내각이 발의한 법규를 따른다고 일컫는 국제법은 실제로는 내용 없는 말에 불과하며, 조약을 따르기는 하나 조약을 체결하는 행위 자체, 또한 동시에 조약을 위반하기 위한 비밀이 유보된다.

이 책이 품절되고 이듬해 증쇄된 2쇄에 추가된 제2 추가조항에서는 이 점을 주제로 다뤘다. 위의 자료에서 인용문 ①을 보자. 여기서 공법이란 국제 공법, 즉 조약을 말한다. 비밀조항이란 조약에 관해 협상할 때 협상 상대는 물론 자국민에게조차 감추고 싶은 대응 매뉴얼, 예상 문답집 따위를 가리킨다. 배후에서 이런 비밀을 조종하는 권력자의 성향을 칸트는 꼬집는다.

이어서 국가는 자국의 철학자에게 공개적으로 자유롭게 토론하도록 해(이를 위해서는 우선 스스로 생각할 줄 아는 주체성을 키울 수 있도록 사회 환경을 조성해야 한다) 타국과 협상할 때 귀를 기울이라고 주장한다. 관료 주도의 외교를 비판하고 외교 과정의 투명화를 촉구하는 내용으로, 자국의 외교 매뉴얼에 (본래 있어서는 안 되는) 비밀조항을 추가하자는 역설적 제안인 셈이다.

도덕과 일치하는 정치

정치는 깨끗하지 않다는 대중의 인식 변화를 칸트는 경계한다. 부록 2에서 그는 내정이건 외교이건 제대로 된 정책이라면 도덕(누구나 의식하는 '도덕법칙'으로 표현된다)과 일치한다는 점을 '공법·권리의 초월론적 이해'로 알 수 있다고 했다. 여기서 초월론적이란 법과 권리의 내용과 상관없이 그 형식 자체만 고찰하는 태도를 가리킨다. 이 형식은 [자료]의 인용문 ②에서 말하는 '공표'성이다. 공표성을 척도로 놓고 보면 당사자인 동시에 생각하는 주체인 국민에게 널리 알리고 공표할 수 없는 정책 (과정)은 적절하지 않다는 사실을 알 수 있다는 뜻이다.

윌슨은 1차 세계대전의 종식을 위해 비밀 외교를 폐지해야 한다고 주장하기도 했다. 그로부터 100년이 지난 21세기, 세계는 계몽이라는 관점에서 얼마나 진보했을까.

⊕ 알아두면 쓸모 있는 철학 포인트

> **칸트의 생각**
> 평화 실현의 원동력은 선입관에 얽매이지 않은 상태에서 타인이 시켜서가 아니라 스스로 자진해서 사물을 생각하는 데 있다. 여기서 핵심은 ① 스스로, ② 모든 타인의 입장에서, ③ 처음부터 끝까지 일관되게 생각하는 것이다(《판단력 비판》 중에서).

◈ 나만의 철학 세우기

- 칸트는 자발적으로 생각할 줄 아는 개인이 중요하다고 생각했다. 세계 평화와 깨끗한 정치를 위해서는 이 밖에도 또 어떤 것들이 필요할까?
- 정책 과정에 존재하는 비밀과 국민의 권리는 어떤 관계라고 볼 수 있을까?

(야마네 유이치로)

부정부패를 저지른 사람에게 똑같이 앙갚음해도 될까?

플라톤《크리톤》
그리스 철학 ★ 정의, 부정, 선한 삶

보복하고 싶은데 참아야 할까?

마루   왜 그렇게 화가 났어? 혹시 어제 그 심판 때문이야?

현도   응. 넌 분명 발에 걸려서 넘어졌는데, 심판이 상대 팀한테 파울을 안 줬잖아.

마루   파울을 줘야 할 상황이긴 했지.

현도   완전 오판 아니냐? 그런데 너 엄청 차분하다? 내가 더 흥분하는 것 같네.

마루   오판이라도 판정은 절대적이거든.

현도   그거 소크라테스가 한 말인가? '악법도 법이다'라는 말.

마루   아니, 소크라테스는 그런 말 안 했대.

현도   그래? 어쨌든 소크라테스는 그냥 살지 말고 '착하게 사는 게 중요하다, 부정한 방법으로 되갚으면 안 된다'고 했지?

마루   잘 아네.

현도   웬만한 건 인터넷에 다 나오거든. 그런데 소크라테스 말야. 사람이 너무 착하네, 최소한 당한 대로 갚아줘야지.

마루   과연 그럴까? 그럼 보복이 무한정 계속될 텐데. 게다가 심판한테 보복이라니, 할 수도 없고 해서도 안 돼. 상대방한테 일부러 파울을 저지르는 것도 마찬가지고.

현도   하긴 규칙 위반이지.

마루   만약 '명백한 오판'으로 자기 팀이 유리한 판정을 얻었다면 항의를 안 해도 될까?

현도   그럴 때 항의하면 별종이지. 착하기만 해가지고.

마루   이익을 얻은 부정은 눈감아주고 손해를 본 경우만 부정이라고 비판해야 한다면 부정은 손해라는 뜻인가? 정의는 이익이고?

현도   아니, 정의와 이익은 다르지. 부정한 방법으로 이익을 얻으면 '약았다', '치사하다'고 비난당하잖아.

마루   그렇구나. 그럼 심판은? 심판은 부정한 방법으로 상대 팀이 이익을 얻게 해준 걸까?

현도   심판이 상대 팀을 이기게 하려고 파울인 줄 알면서도 일부러 파울을 안 줬다면 부정이야. 하지만 이기게 하려는 의지가 없었다면 단순한 실수나 오판이 되겠지.

마루   그렇겠네. 하지만 만약 심판이 상대 팀을 이기게 하려고 그 팀에 유리한 판정만 했다면, 그러니까 부정을 저질렀다고 치면 그 심판에게 보복해야 할까? 하고 싶어도 못 하겠지? 그럼 상대 팀에겐 보복해도 될까?

💡 어떤 부정을 당했을 경우라도 보복은 해서는 안 되는 행위일까? 여기서는 소크라테스의 생각을 살펴보자.

플라톤 《크리톤》

(1)

소크라테스 그럼 이 말은 어떤가. 우리에게 확고한지 아닌지 생각해보게. 가장 중요시해야 하는 것은 삶이 아니라 선한 삶이라는 말이네.

크리톤 확고하지.

소크라테스 여기서 '선한'이 '훌륭한' 그리고 '올바른'과 같다는 말은 확고한가, 그렇지 않은가.

크리톤 확고하네.

(2)

소크라테스 우리는 결코 고의로 부정을 저질러서는 안 된다고 주장해야 할까. 아니면 어떤 방식으로는 부정을 저질러도 되지만, 어떤 방식으로는 하면 안 된다고 주장해야 할까. 혹은 부정행위를 하는 것은 우리가 여러 번, 방금 전에도 동의한 대로 결코 선하지도, 훌륭하지도 않은 일일까. 우리가 예전에 동의한 건 다 조금만 시간이 흐르면 사라져버릴까. 크리톤, 그때 우리는 이렇게 나이 먹은 성인으로서 진지하게 이야기를 나눴지만, 우리도 어린아이와 다를 바가 없다는 사실을 깨닫지 않았던가. 아니면 그때 우리가 동의했듯이 진정 절대적인 것인가. 사람들이 찬성하건 반대하건, 우리가 더 어려운 상황에 있건 더 쉬운 상황에 있건 어쨌거나 부정행위는 부정을 저지르는 사람에게 반드시 악이고 수치라고. 우리는 그렇게 주장해야 할까. 아니면 하지 말아야 할까.

크리톤 그렇게 주장해야지.

소크라테스 그럼 부정을 결코 저질러서는 안 되겠군.

크리톤 물론이지, 절대로 안 되네.

소크라테스 그렇다면 사람들의 생각과는 달리 부정한 일을 당하더라도 부정으로 되갚아서는 안 된다는 뜻이 되겠군. 부정은 결코 저질러서는 안 되는 일이니까.

크리톤 그렇지.

소크라테스 이건 어떤가, 크리톤. 악한 일을 해야 할까, 해서는 안 될까.

크리톤 해서는 안 되지, 소크라테스.

소크라테스 그렇다면 악한 일을 당하고 악으로 갚는 것은 사람들의 말처럼 옳은 일일까, 아니면 옳지 않은 일일까.

크리톤 당연히 옳지 않은 일이네.

소크라테스 사람들에게 악을 행하는 것은 부정을 저지르는 것과 조금도 다르지 않기 때문이지.

크리톤 그렇고말고.

소크라테스 그렇다면 부정을 부정으로 갚거나 어떤 사람에게든 악을 행해서는 안 된다네. 설령 그 사람에게서 피해를 입었다고 해도 말일세.

부정은 갚되 부정한 방법으로 하면 안 된다

'절대로 부정을 행해서는 안 된다. 설령 그 사람에게 부정한 일을 당했더라도 부정으로 갚아서는 안 된다.' 소크라테스의 이 말은 얼마만큼 사람들의 마음을 움직일까. 사람이 너무 좋다는 소크라테스에 대한 현도의 평은 사실 틀린 말이 아니다. 당시의 사람들도 그렇게 여겼기 때문이다 (《국가》 1권).

소크라테스의 각오는 남달랐다. 하지만 대중의 의견과 전혀 다른 의견을 유지하는 것은 매우 어려웠다. 우선 '부정을 보복해서는 안 된다'는 그의 생각이 당시의 일반적인 생각과 정반대였기 때문이다. 당시 그리스인에게 정의란 '친구에게는 선을 베풀고 적에게는 악을 행한다'는 것이었다.

둘째, 당시 아테나이(아테네)의 정치 상황 때문이다. 소크라테스가 재판에 회부되었을 때 아테네는 펠로폰네소스 전쟁에 패해 정치적 혼란기가 시작된 시기였다. 기원전 404년 민주제가 무너지고 일부 '우수한' 사람들만 정치를 하는 30인 과두제로 돌아섰다. 반대파를 숙청하고 독재정치를 한 이 체제의 구성원에는 소크라테스와 친한 사람들도 포함돼 있었다. 30인 과두제는 반년 만에 붕괴하고 민주제가 부활했는데, 보복은 하지 않는다는 규칙이 있었음에도 과두제파로 지목된 소크라테스는 아뉴토스를 포함한 민주제파에게 고발되어 죽음에 내몰린다. 즉, '설령 부정한 일을 당해도 부정으로 갚아서는 안 된다'는 생각은 당시의 정치 상황이나 대중의 상식과도 동떨어진 것이었다.

단, 소크라테스는 부정을 감수해야 한다고 주장하지는 않는다. 부정은 갚아야 한다. 하지만 부정한 방법으로 하면 안 된다. 이것이 소크라테스의 주장이다.

'악을 행하는 것은 부정을 저지르는 것과 조금도 다르지 않다'

소크라테스가 결코 행해서는 안 된다고 주장하는 부정이란 무엇일까? 법과 규칙을 따르지 않는다는 뜻일까, 그렇다면 정의란 법과 규칙을 따르는 것일까.

법 자체에서 규정된 벌과 죄가 균형을 이루고 있지 않다면 그 법은 '악법'이며 정의에서 벗어난 것이다. 빅토르 위고의 《레 미제라블》에서 빵 하나를 훔친 죄로 19년을 감옥에서 보낸 장 발장이 한 예다. 소크라테스도 '본래의 정의로 국가를 설득하는'(《크리톤》) 일, 즉 합당하지 않은 법을 개정할 가능성을 인정했다. 정의를 바탕으로 법률을 개정해야 한다는 말은 법과 정의가 완전히 일치하지 않는다는 뜻이기도 하다. 그렇다면 법이 정하는 죄와 벌의 균형이 크게 무너지지 않았다면 법과 정의가 일치한다고 봐야 할까.

소크라테스는 친구 크리톤이 탈옥을 권유하자 거절했다. 탈옥이라는 행위가 국가와 법 전체를 파괴한다는 이유에서였다. 이러한 소크라테스의 말과 행동에서 소크라테스는 법과 정의가 합치한다고 믿은 사람이 아닐까 추측할 수도 있다. 하지만 법을 지키는 것만이 정의라면 소크라테스를 고발하고 죽음으로 내몬 아뉘토스 같은 인물이 정당하다는 결론이 나온다. 그들은 정식 절차를 밟아 소크라테스를 재판에 회부했고 아테네의 재판은 당시 절차대로 엄중하게 진행되었으며, 그 결과 소크라테스는 다수결로 사형 판결을 받아 형이 엄정하게 집행되었기 때문이다. 소크라테스는 아뉘토스 일행을 '정의에 반해 사람을 죽이려고 획책했다'고 비난했다(《소크라테스의 변명》).

왜 정의에 반하는 일일까.《크리톤》속 소크라테스와 크리톤의 대화에서처럼 '사람들에게 악을 행하는 것은 부정을 저지르는 것과 조금도 다르지 않기 때문'이다. 동의할 만한 대목이다. 살인과 강도는 사람에게 악을 행하는 것이지만, 법에서 범죄행위라고 정했을 뿐 아니라 우리도 부정하다고 여기는 행위이다. 이처럼 타인에게 해악을 끼치는 일이 부정이므로 죄 없는 사람에게 법을 이용해 해악을 끼치는 것이야말로 심각한 부정이 아닐까.

타인의 부정에 분노하지 않고 이를 바로잡는 법

법을 이용해 타인에게 해악을 끼치는 것은 있을 수 없는 일이라고 한다면 그야말로 순진한 생각이다. 한 번이라도 벌어진 일은 '있을 수 없다'는 생각을 완전히 부정하기 때문이다.

그렇다면 아뉴토스가 소크라테스를 죽음으로 내몬 이유는 무엇일까. 플라톤에 따르면 아뉴토스는 자기가 존경하는 정치가를 소크라테스가 험담했다고 오해하고 소크라테스에게 화를 냈다고 한다(《메논》).

고작 그거 하나 때문에 그럴까라는 의문이 드는가? 하지만 앞서 언급한, 과두제파와 민주제파가 갈등했던 당시의 정치 상황을 상상해보라. '우리 의견에 반대하는 사람은 물론이고 조금이라도 꼬투리를 잡는 녀석은 적'이라며 성내고 흥분하는 사람들의 의견이 득세하던 시절이었다.

분노에 사로잡힌 사람은 아뉴토스뿐만이 아니었을 것이다. 웬만한 일에는 화가 나지 않는 사람도 있겠지만, 부당한 일을 당했을 때 화낸 적이 없는 사람은 거의 없지 않을까. 자신은 물론 자신이 속한 집단이 부당한 일을 당했다고 판단한 경우에도 분노할 수 있다. 그 판단에는 정의에 대한 의식이 어느 정도 잠재돼 있다. 분노라는 감정과 정의에 대한 생각은 연관성이 강하다.

물론 화가 난 사람의 '부당해!'라는 판단이 늘 옳지는 않다. 부당한 일을 당했다는 사람의 주장을 들으면 그 정도는 아니라고 생각되는 경우도 있다.

예로부터 분노는 이성적인 판단을 흐린다고 여겼다. 분노에 사로잡힌 사람은 부당한 일을 당했다고 인식하지만 분노 탓에 잘못 인식한 것일 수도 있다. 그렇다면 부당한 일을 당해 분노가 끓어올랐을 때 다른 사람들에게 자신은 정의라고 믿는 부정한 보복을 하지 않으려면 어떻게 해야 할까? 올바른 판단을 잃지 않고 부정을 바로잡으려면 어떻게 하는 것이 좋을까.

여기서도 소크라테스가 본보기가 될 듯하다. 소크라테스는 자신에게 해를 가하려는 아뉴토스의 부정을 비난하면서도 아뉴토스에게는 그다지 화가 나지 않았다고 밝혔기 때문이다. 어째서 소크라테스는 타인의 부정에 분노하지 않을 수 있었을까. 소크라테스에 따르면 본래 우월한 사람은 열등한 사람에게 해악을 끼칠 수 없기 때문이다. 어쩌면 이 주장에 담긴 일종의 오만함을 보고 소크라테스에게 반감을 느끼는 사람도 있을 수 있다. 하지만 의도적으로 소크라테스에게 부정을 행한 아뉴토스가, 의도적으로 부정을 행한 적이 없는 소크라테스보다 비열하며 따라서 열등하다는 것은 분명하지 않은가. 결국 부정한 일을 당해도 화내지 않고 부정을 바로잡을 수 있게 되려면 '우월한 사람'이 되어야 한다는 이야기다. 여기서 '우월한 사람'이란 대체 어떤 사람일까? 아직 우리가 생각해야 할 것이 많은 듯하다.

⊕ 알아두면 쓸모 있는 철학 포인트

사람이 너무 좋다? 소크라테스의 생각
- 절대로 부정을 행해서는 안 된다.
- 설령 부정한 일을 당한다 해도 부정으로 보복해서는 안 된다.
  (당시의 정치적 상황이나 사람들의 상식과 동떨어져 있는 생각)

부정이란 무엇인가? 그리고 정의란 무엇인가?
- 소크라테스 재판의 핵심은?
  '사람들에게 악을 행하는 것은 부정을 저지르는 것과 조금도 다르지 않다.'
- 애초에 소크라테스가 고발당한 이유는 무엇인가?
  아뉴토스가 분노해서. 그러나 분노는 이성적인 판단을 흐린다.
- 우리의 과제는?
  올바른 판단을 잃지 않고 부정을 바로잡기 위해서는 무엇이 필요할지 생각해보자.

◐ 나만의 철학 세우기

- '보복'과 재판은 어떤 점에서 다른가, 또는 본질적으로 다른 것인가 생각해보자.
- 내가 '부당해!'라고 생각한 일은 무엇인가. 그리고 그 생각을 어떻게 해소했는가.

오늘의 철학자

소크라테스(기원전 469~399)
무지를 자각하고 사람들과의 대화를 통해 선과 아름다움, 정의와 덕의 본질을 탐구한 그리스 철학자. 국가가 인정하는 신을 인정하지 않아 청년을 타락시켰다고 고발당해 사형당했다.

플라톤(기원전 427~347)
소크라테스를 주인공으로 한 대화편을 다수 집필한 고대 그리스 철학자. 현상의 이면에 영원불멸한 이데아가 있다고 주장한 이데아론, 그리고 철학자가 정치를 해야 한다는 철인 정치 등으로 유명하다.

(다카하시 마사토)

철학, 이토록 사회에 도움이 될 줄이야

신을 믿는 이들에게
정의란 무엇일까?

《쿠란(코란)》
이슬람 ★ 공정, 평등

'정의'는 문화에 따라 어떤 의미로 쓰일까?

미미   '다른 문화의 이해' 세미나 레포트, 어떡할 거야?

소라   글쎄. 대학 들어와서 하는 첫 레포트잖아. 잘 모르겠어. 넌?

미미   난 일단 '이슬람에서의 정의'로 하려고. 교수님에게 여쭤봤더니 재미있는 주제라고 하셨어.

소라   빠른걸. 재미있을 것 같아. 그런데 왜 그걸 골랐어?

미미   고등학교 때 윤리 선생님이 '정의'는 하나가 아니고, 주관적인 경우가 많다고 했잖아. 문화와 사회에 따라 다르고 특히 종교적인 요인과 상관있을 때가 있다고. 그게 생각났어. 우리나라와 완전 다른 이슬람의 가치관에선 정의가 어떤 의미일까 궁금해졌거든.

소라   흐음, 그런 식으로 주제를 정했구나. 왠지 느낌상으로는 이슬람에서는 유일한 절대신 알라만 정의고, 그 정의에서는 종종 폭력이 수반될 것 같아, 실제로는 어때?

미미   그런 인상이 있을 수도 있겠구나. 그런데 종교와 상관없이 폭력에 대항하기 위한 폭력이 정의라고 생각하는 사람도 있어. 또 이슬람교도라고 해서 다 폭력적이진 않을 거 같은데?

소라   그렇긴 하지. 레포트 쓰려면 자료는 어떻게 하려고? 이슬람을 다룬 책 별로 없을 것 같은데.

미미   진짜 그렇더라. 그래서 경전인 쿠란을 활용하려고.

소라   '쿠란'이라니, '코란' 말이지? 뭐가 진짜야?

미미   아랍어 발음은 '쿠란'이래.

소라   아하! 알라가 한 말을 그대로 기록한 책이라고 배운 기억이 나.

미미   응, 예언자 무함마드의 입을 통해 나온 말이 사람들에게 전해졌댔어. 그걸 기록한 책이라서 그런지 너무 어려워서 난감하던 참이야.

소라   아마 7세기경 아라비아반도에서 일어난 일이었지? 지금의 사상이랑 관계가 있나?

미미   관계가 있더라고. 레포트 완성되면 한번 읽어봐.

💡 '정의'란 절대적인 것일까, 아니면 문화와 사회에 따라 다른 상대적인 것일까? 이슬람 경전 '쿠란'을 활용해 '정의'가 무엇인지 생각해보자.

정의에는 정당한 분배를 추구한다는 의미가 담겨 있다

'정의'라는 말을 들으면 무엇이 생각나는가? '올바른' 것을 추구하는 긍정적인 이미지가 떠오르는가? 정의라는 이름으로 자신의 욕망을 밀어

붙이는 부정적인 이미지가 떠오를 수도 있다. 워낙 넓은 의미가 담긴 말이므로 첫 단계로 '정의의 사도'라는 말에 대해 생각해보자.

여러분에게 '정의의 사도'는 누구인가. 나는 〈독수리 오형제〉 같은 TV 프로그램에 등장한 히어로가 연상된다. 히어로는 어려움에 처한 약자 편에 서서 강하고 나쁜 녀석들을 혼쭐 내는 존재로 묘사된다. 그렇다면 '약자'가 '정의'일까? 물론 단언할 수는 없다. 단 '나쁜 녀석들'이 '불의'임은 분명하다. 약자가 나쁜 녀석들에게 부당한 일을 당하고 있기에 '정의의 사도'가 그들을 도와 바로잡아 주는 것이다. 이것이 핵심이다. '정의'라는 말에는 부당한 상황을 각각의 상황에 맞게 적절한 상황으로 만들어준다는 의미가 있다.

서양 사상에서 말하는 정의도 마찬가지다. 정의에는 기본적으로 '정당한 분배'를 추구한다는 의미가 담겨 있다. 일부만 부당한 이익을 얻고 다른 사람들이 불합리한 곤경에 처하지 않도록 각자에게 알맞은 것을 공정하게 제공하려면 어떻게 해야 하는가, 이것이야말로 정의의 논점이다.

공평함을 강조하는 이슬람의 정의

이슬람 사상에서는 '정의 = 균형을 이룸 = 공평(평등)' 이렇게 보는 시각이 더 강하다. 이는 이슬람교의 창시 과정과 큰 관련이 있다.

이슬람의 예언자 무함마드는 6세기 후반에 메카에서 태어나 고아로 자란 뒤 상인으로 반생을 지냈다. 예언자가 된 시기는 40세 무렵으로, 그때부터 유일신인 알라의 계시를 받기 시작했다.

계시는 메카의 당시 상황을 반영한 내용으로, 빈부 격차라는 불평등과 그것을 조장하는 배금주의를 비판하고 신 아래 만인의 평등성을 주장하는 것이었다. 이는 이슬람이 탄생한 커다란 원동력 중 하나다.

그러므로 이슬람의 가르침에서는 일상생활의 정의를 강조한다. 이를테면 당시 사람들의 관심사 중 하나는 분쟁 해결과 장사 거래가 정의, 즉 공정함에 바탕을 두는지 여부였다. 이 주제는 쿠란에서 여러 차례 다양한 문맥에서 언급된다.

> 신은 잠시 맡고 있는 남의 물건을 원래 주인에게 돌려주라고 명했다. 또한 다른 사람들 사이에 일어난 일을 심판할 때에는 공정하게 심판하라고 명했다.
>
> 4장(여성) 58절

다음 구절은 다소 길지만 《구약성경》에 등장하는 다윗을 통해 이슬람의 정의에 대한 가르침을 논한 흥미로운 내용이다. 다윗은 알라에게 왕권과 지혜, 심판의 힘을 부여받았다. 어느 날 두 남자가 그에게 찾아와 이렇게 말했다.

> "저희 두 사람이 고발하고 싶은 것이 있어 찾아왔습니다. 둘 중 한 명이 부당한 행위를 하고 있습니다. 진리를 토대로 우리를 심판해주십시오. 결코 부당하게 심판하지 말아주십시오. 그리고 공평한 길로 인도해주십시오. 사실 이쪽은 제 형입니다. 암양 99마리를 가지고 있는데, 저는 한 마리밖에 없습니다. 그런데도 형은 '이 암양 한 마리도 내놓으라'며 말다툼을 벌여 저를 꺾고 말았습니다."

이에 다윗은 대답했다. "형이 네 암양 한 마리를 그가 가진 많은 암양에 더하라고 요구했구나. 이는 이미 부당한 행위에 해당한다. 공동으로 뭔가를 행하는 자는 서로 해치게 마련이다. 단, 신앙을 통해 선을 이루는 자만은 그러하지 않으나, 그런 자는 많지 않다."

38장(사드) 22~24절

여기서는 99마리의 암양을 소유한 탐욕스러운 형과 한 마리의 암양밖에 없는 데다 언쟁에서 지고 만 약한 동생이 대비된다. 다윗은 그들의 고발을 받아들여 약자의 편을 드는 심판을 내렸다. 이것이 이슬람교도가 이상으로 여기는 정의다.

또한 무함마드 자신도 상인이었던 점이 반영되어 쿠란에는 장사상의 정의, 즉 공정성이 자주 등장한다.

너희들이 사물을 헤아릴 때에는 눈금을 충분히 계량하라. 또한 정확한 저울을 사용하라. 그 편이 훌륭하며 좋은 결과인 [내세 중 천국]을 가져온다.

17장(밤 여행) 35절

우리 [알라]는 인간이 공정하게 행동하도록 저울을 내렸다.

57장(철) 25절

이 구절에 나오는 '저울'(천칭)은 이슬람 사회에서 정의의 상징으로 쓰인다. 현재의 이슬람 국가에서는 '정의부'의 로고로 저울이 사용되기도 한다. 저울이란 균형의 상징이다. 다시 말해 공정함, 그리고 균형을 이루는 것을 정의로 본다.

신 앞에서 매듭짓다, 알라의 정의

이슬람교의 가르침에 따르면 궁극적으로는 알라의 정의로 공정함이 관철된다. 이는 현세와 내세에서 행해지는데, 현세에서 알라는 선행을 하는 자에게 상을 주고 악행을 저지르는 자에게 엄벌을 내린다. 또한 알라는 악행을 저질렀어도 회개한 자에게는 관용을 베풀어 용서하는 일도 있다고 한다.

하지만 현세에서는 정의가 늘 현실이 되거나, 모든 사람이 각자의 행위에 맞는 결론을 얻을 수는 없다. 악인이 잘되는 경우도 많다. 이런 경우 이슬람교에서는 내세에 가면 천국 혹은 지옥에 간다는 생각 아래 신 앞에서 매듭짓는다는 개념으로 해결하려고 한다.

> 너희들은 모두 신 곁으로 돌아간다. 이는 신의 약속이다. 신은 스스로 창조하고 이윽고 '죽음으로' 다시 처음으로 되돌린다. 이는 신앙을 통해 선행을 행한 자에게 공정하게 보상하기 위한 것이다. 하지만 불신자에게는 신앙을 등진 벌로 펄펄 끓는 물을 붓고 징벌을 내린다.
>
> 10장(유누스) 4절

현세에서 올바른 삶을 산 자는 천국에서 편안한 삶을 허락받는다. 하지만 현세에서 악을 행한 자는 지옥에서 영원히 가혹한 고통을 맛보게 된다. 이렇듯 현세 행위에 따라 각자에게 알맞은 보상이 주어진다. 이것

철학, 이토록 사회에 도움이 될 줄이야

이야말로 이슬람의 세계관에서 공정, 즉 정의가 관철되는 방식이다.

이러한 정의관을 지닌 이슬람교도에게 압정은 불의를 뜻한다. 현실에서도 사람들은 이슬람교의 가르침을 바탕으로 정의, 즉 공정한 사회를 추구한다. 이는 무함마드가 이슬람교를 창시한 상황과 일치한다.

신에 대해 거짓을 말하고 아무것도 모르면서 사람들을 현혹시키는 것만큼 심각한 불의가 있겠느냐. 참으로 신은 불의한 자들을 인도하지는 않는다.

6장(가축) 144절

쿠란에 언급된 '불의'는 주룸이라는 아랍어에서 파생되어 현재까지 '불의'와 '부정', 나아가 '압정'이라는 뜻으로 쓰인다. 반대말은 아도르(정의, 공정)이다. 그들은 유일신 알라 아래 정의가 가능하다고 여기며 이를 바탕으로 공정한 사회를 추구한다.

다양성을 인정하다

이렇게 해서 이슬람교의 가르침에서 말하는 정의는 실현되었다. 그런데 알라를 믿지 않는 사람, 즉 이슬람교도가 아닌 사람에게는 어떨까? 이슬람교는 이슬람교도가 아닌 사람들도 공정하게 대해야 한다고 가르친다. 유대교와 기독교의 경우 같은 유일신을 믿는 종교이므로, 이 종교를 믿는 사람들은 이슬람교도는 아니어도 현세에서 선행을 쌓으면 내세에서 천국에 갈 수 있다고 한다.

즉, 이슬람교의 가르침에서도 다른 종교의 다양성에 대해 한정적이기는 하지만 관용의 원칙이 적용된다. 단, 다신교와 무교, 무신론은 해당되지 않는다.

　이처럼 이슬람교의 가르침에서도 종교의 보편성과 다양성, 정의와 관용은 이어져 있다. 이슬람교가 특정 지역과 민족이라는 틀을 넘어 세계적인 종교가 된 까닭이기도 하다. 그러나 동시에 한 문화체계가 지닌 정의관의 한계를 엿볼 수 있다. 단순한 문제가 아니므로 앞으로 종교와 다양성에 대해 더 깊이 생각해야 하겠다.

⊕ 알아두면 쓸모 있는 철학 포인트

정의가 무엇인가에 대한 이야기는 다양하지만, 공통점이 있다. 개개인에게 적절하고 공평한 상황을 만들어주는 것, 즉 정당하게 분배한다는 점이다. 이슬람교의 가르침에서 '공평 = 정의'로 정의를 이해하는 것은 이 종교의 창시 과정 자체와 관련이 있다. 다시 말해 알라신의 보살핌으로 정의가 가능하다고 생각하고 공정한 사회를 추구한다. 정의에는 보편성(공통성)과 상대성(개별성)이 있다고 볼 수 있다.

⊗ 나만의 철학 세우기

- 공정한 부의 분배가 정의라는 생각이 시대별·지역별로 늘 존재해왔다고 한다면 정의는 문화에 따라 다른 것이 아닐까?
- 정의를 위해 싸우는 것은 옳은 일일까, 옳지 않은 일일까. 예를 들어 생각해보자.

(오카와 레이코)

어떤 사고방식이든
존중해야 할까?

로크 《관용에 관한 편지》
서양 사상 ★ 관용, 자유, 차별, 소수 집단

표현의 자유는 어디까지 용납될 수 있을까?

지우   할아버지, 요즘도 술 많이 드세요?

할아버지   아니, 오늘은 그냥 옛 친구들과 점심을 먹었단다.

지우   아, 친구분들과 드셨구나. 저 얼마 전에 남자애 때문에 진짜 열 받
          은 적 있어요. 글쎄 저더러 정숙하지 못하다는 거예요. 여자는 정
          숙해야 한다니, 그런 거 편견인데. 남이 싫어하는 말을 할 권리는
          아무도 없잖아요!

할아버지   어이구, 우리 지우가 화가 많이 난 모양이구나. 무슨 말인 줄은
          알겠지만, 너도 그 아이가 싫어하는 소리를 무심결에 했을 수도
          있어.

지우   그런가, 전 잘 모르겠어요.

할아버지   싫은 소리라도 남의 의견은 일단 존중하는 편이 좋단다. 그렇다고 무슨 말을 해도 된다는 뜻은 아니야.

지우   아, 얼마 전부터 신문에 혐오 발언이라는 말이 나오더라고요. 그래서 할아버지가 뛰었던 축구팀 서포터가 외국인 차별 발언이 담긴 현수막을 걸어서 문제가 됐을 때가 생각났어요. 할아버지, 엄청 화냈었는데.

할아버지   혐오 발언은 인종과 민족, 성 관련 소수파를 비롯한 약자에게 차별 감정과 증오를 노골적으로 표출한 공격적 발언이야. 차별을 선동하는 셈인데, 스포츠의 페어플레이 정신과 제일 거리가 먼 행동이지.

지우   저도 그렇게 생각해요. 그런데 차별 발언을 하는 사람은 헌법으로 표현의 자유가 보장되니 무슨 말을 해도 된다고 생각하는 걸까요?

할아버지   표현의 자유도 중요하지만, 혐오 발언은 언어폭력에 머무르지 않고 물리적 폭력으로 이어질 때도 있어. 독일 나치도 그랬지. 광신적인 반유대주의를 외치며 2차 세계대전 중에 유대인을 대량으로 학살했단다. 심지어 아직 혐오 발언이라는 말도 생기기 전인데 말이지.

지우   무작정 차별받고 공격당한다면……. 무서울 것 같아요.

할아버지   그래서 독일은 종전 후에 혐오 발언처럼 인간의 존엄성을 공격하는 행위를 법률로 규제하기 시작했단다. 하지만 우리나라에서는 아직 차별적인 말을 퍼뜨리는 사람들이 있지. 그런 사람들을 내버려둬선 안 돼.

지우   표현의 자유가 있기는 하지만 용납되지 않는 언동도 있다, 이거죠? 예전에 그 서포터가 했던 행동은 큰 문제가 돼서 다음 홈 게임은 관객 없이 열었잖아요, 이거 처벌 아니에요?

할아버지   그렇지. 차별에 대해서는 관용을 베풀 수 없다는 말이야.

지우   응. 그런데 과음하지 마시라는 말은 좀 다른 것 같아요.

할아버지   그건 차별이라기보단 애정이긴 하지(쓴웃음).

💡 인간의 생각은 저마다 다르므로, 그러한 다양성을 서로 존중하는 관용이 필요하다. 그런데 과연 인간의 존엄성을 짓밟는 생각과 언동도 허용될까?

앞의 대화에서는 의견 차이와 표현의 자유를 어떻게 생각해야 하는가가 문제였다. 이 문제를 깊이 이해하는 데 실마리를 주는 책이 존 로크의《관용에 관한 편지》다. 300년도 더 전에 쓰인 저서이긴 하지만, 사람들이 신앙과 예배의 자유를 절실하게 추구해야 했던 당시의 모습을 상상하며 저서 속에서 사고의 실마리를 찾아보자.

로크는 왜 '관용'을 생각해보게 되었을까?

오늘날에는 종교의 자유와 정교 분리가 헌법으로 보장돼 있다. 모든 사람은 종교 행위에 참가하라고 강요받지 않으며 종교 단체의 정치권력 행사나 국가의 종교 활동은 법으로 금지돼 있다. 또한 공적 재산을 종교 조직을 위해 지출해서는 안 된다는 조항이 헌법에 명시돼 있다.

이러한 제도의 기틀이 된 생각은 16세기 무렵부터 서구에서 형성된 뒤 오랜 시간을 거치며 세계 각지로 확산된 사상적 유산이다. 1689년 네덜란드에서 출간된 로크의《관용에 관한 편지》는 그런 사상이 형성되는 데 매우 중요한 의미를 지닌 저서다.

《관용에 관한 편지》는 1689년에 출간되었지만 로크가 집필하기 시작한 것은 1685년 겨울, 네덜란드에서였다. 영국에서는 국왕 찰스 2세가 세상을 떠나고 왕의 동생이 제임스 2세로 즉위한 해다. 이 두 왕은 의회를 무시하고 제멋대로 정치를 행하거나 국민이 믿어야 할 종교를 독단으로 결정하려고 획책한 인물들이었다. 로크는 그런 상황을 타파할 새 정치를 추구하다가 왕의 밀정에게 감시받는 처지가 되었고, 체포당할까 두려워 1683년 영국에서 네덜란드로 도피하게 되었다. 이후 가명으로 숨어 살게 된 로크가 망명생활 중에 '관용'에 대한 생각을 편지 형식으로 친구에게 보내게 된 데서 이 책은 시작되었다.

무관용은 무엇을 초래하는가?

편지에는 종교 박해라는 무관용 때문에 민중이 고통받는 당시의 사회상이 적혀 있다.

> 기독교 세계에서 종교를 둘러싼 분쟁과 전쟁의 원인은 대부분 의견 차이가 아닌, 다른 의견을 가진 사람들에 대한 관용을 거부한 데 있었다. 당시 탐욕과 지배욕으로 가득 찬 교회의 지도자들은, 야심에 사로잡혀 자제심을 잃은 위정자와 융통성 없이 신앙을 받아들이는 분별없는 민중을 온갖 수단으로 도발하고 선동해 이단자들을 박해하도록 부추겼다. (중략) 이로 인해 그들은 교회와 국가라는 전혀 다른 두 가지를 혼동해버렸다.
>
> 로크, 《관용에 관한 편지》

요컨대 종교 분쟁을 초래한 것은 '의견 차이'를 인정하지 않는 무관용적 태도였다. 국가와 교회가 하나가 되어 민중을 억압했고, 이에 사람들

철학, 이토록 사회에 도움이 될 줄이야

이 결집해 종교 박해에 대항하는 반란을 일으켰다. 어떤 종교 단체가 특히나 공격적이라서가 아니다. 인간이라면 본능적으로 부당한 탄압에서 벗어나려고 하기 때문이다. 로크는 그렇게 생각했다.

정교 분리의 중요성 — 국가와 교회는 어떻게 다른가

당시의 사회는 신앙과 예배에 관해 기존의 것과는 다른 의견들을 절대 용납하지 않았다. 사회를 개혁하기 위해서는 정치와 종교를 명확하게 구별해 국가와 교회 사이에 확실한 경계를 설정하는 것이 시급한 과제였다. 로크는 우선 국가에 관해 이렇게 적었다.

> 국가란 시민의 재산을 유지하기 위해서만 조직된 인간의 집단이라고 나는 생각한다. 여기서 시민의 재산이란 생명, 자유, 몸의 건강과 고통 해방, 그리고 토지와 화폐, 가구, 기타 외적 사물의 소유를 말한다. (중략) 모든 국가 권력은 시민의 재산만을 다루고 현세의 일에 대한 배려에 한정되며, 내세의 일과 관련 있는 것은 전혀 다루지 않는다.
>
> 로크, 위의 책

국가는 현세의 일에만 관여하므로 국가가 내세의 일, 즉 개인의 영혼 구제와 관련된 일에 참견하는 것은 권한 밖이라는 것이다. 이를테면 국가가 특정 종교를 국민에게 억지로 강요하는 행위가 이에 해당하는데, 로크가 주장하는 관용은 그런 힘을 제외하는 것을 뜻한다. 로크에 따르면 영혼의 구제는 신 앞에서 개인의 내면에 품은 자율적인 신념을 통해서만 가능하며, 이 영역에는 국가 권력도 관여할 수 없고 관여해서도 안 된다. 그렇다면 교회에 대해서는 뭐라고 했을까?

교회란 신이 인간을 받아들이고 인간이 신에게 구원받을 수 있다고 믿는 방식으로 신을 공적으로 예배하기 위해 자발적으로 모인 자유로운 집단이라고 나는 생각한다. 이른바 자유롭고 자발적인 결사인 셈이다. (중략) 이 결사는 시민적, 즉 현세적인 재산 소유에 대해서는 전혀 다루지 않으며 다룰 수도 없다. 여기서는 이유를 막론하고 어떤 국가 권력도 행사해서는 안 된다. 국가 권력은 모두 세상의 위정자에게 속한 것이며, 외적 재산의 소유와 사용은 위정자의 지배하에 있다.

로크, 위의 책

교회라는 종교적 결사의 목적은 신에 대한 공적 예배와 그에 따른 영혼의 구제이며, 교회의 모든 규율은 이 목적에만 부합되어야 한다. 따라서 교회가 현세적인 재산의 소유에 대한 강제력을 행사하는 것은 국가가 영혼 구제와 관련된 영역을 침범하는 것과 마찬가지로 권한을 벗어난 행위였다.

로크는 이러한 국가와 교회의 구별을 바탕으로 영혼의 구제에 관한 다양한 생각을 존중해야 한다고 주장하며 박해에 시달린 사람들을 위해 관용이 얼마나 중요한지 이야기했다.

철학, 이토록 사회에 도움이 될 줄이야

신앙을 전제로 한 로크의 관용

단, 로크가 주장하는 관용은 무조건적인 것이 아니었다. 로크는 관용의 대상에서 제외해야 할 사례가 있다고 생각했기 때문이다. 우선 국가와 교회, 정치와 종교라는 '전혀 다른 두 가지를 혼동'해서 자신과 생각이 다른 사람을 힘으로 지배하려고 하는 관용 없는 사람들은 관용의 대상에서 제외된다.

> 다른 사람을 제쳐놓고 신앙이 깊은 종교적이고 정통한 자, 즉 자신에게 현세의 일과 관련된 특권과 권력을 부여하는 사람들은 위정자에게 관용적인 대우를 받을 권리가 없다. 또한 자신들의 교회 조직에 속하지 않은 자, 어떤 방법이든 그 조직과 인연을 끊은 자에게 종교를 구실로 지배권을 요구하는 사람도 마찬가지다.
>
> 로크, 위의 책

이러한 무관용적인 사람들에게는 무관용으로 대항할 수밖에 없다. 따라서 그들은 제외되어야 한다고 로크는 생각했을 것이다. 불합리한 방법으로 특정 집단을 차별하고 공격하는 오늘날의 혐오 발언 문제에도 시사하는 바가 크다.

다음은 가톨릭 신자를 염두에 두고 쓴 것으로 보이는 구절이다.

> 어느 종파의 교회 신자는 모두 그 교회에 참여함과 동시에 사실상 타국의 군주에게 보호받는 대상이며 그 군주에게 복종한다. 그렇다면 그 교회는

그 나라의 위정자에 대해 관용적인 대우를 받을 권리를 요구할 수 없다. 이런 방식을 취할 경우 위정자는 자신의 영토와 도시 가운데 외국의 지배권이 미치는 장소를 제공하게 되며, 자국민 중에서 그가 통치하는 국가를 배반하는 병사가 등록되는 것을 허용하게 되기 때문이다.

로크, 위의 책

가톨릭 신자는 자국의 위정자보다 이른바 타국의 주권자인 로마 교황에게 복종을 맹세하므로 그들의 생각을 용인하면 결국 국가 안에 다른 국가를 끌어들이게 되면서 통치 기반이 흔들린다. 그러므로 위정자는 가톨릭 신자에게 관용을 베풀면 안 된다는 것이 로크의 논리다. 무신론자도 관용의 대상에서 제외된다.

신의 존재를 부정하는 사람들에게는 결코 관용을 베풀어서는 안 된다. 인간 사회의 연결고리인 약속이나 계약, 서약 등은 무신론자에게 견고하고 신성한 것이 아니기 때문이다. 단순한 의견에 불과할지라도 신의 존재를 부정하면 이런 것들은 허물어지고 만다.

로크, 위의 책

로크에 따르면 무신론자는 '인간 사회의 연결고리'에 얽매이지 않으므로 신의 존재를 부정하면 그러한 세속 사회의 연결고리는 모두 해체되고 만다. 무신론으로 온갖 종교를 근본부터 파괴하는 사람은 종교의 이름으로 스스로에 대한 관용 특권을 요구하면 안 된다는 것이 로크의 생각이었다. 즉, 로크의 사상적 토대는 신의 존재를 결코 의심하지 않는 기독교

철학, 이토록 사회에 도움이 될 줄이야

인이 지닌 종교적 신조이며 《관용에 관한 편지》에서 주장한 관용은 어디까지나 신앙을 전제로 한다.

무조건적인 관용은 존재하는가

이처럼 로크는 영혼의 구원에 관한 다양한 생각을 존중하는 입장에서 종교의 자유를 주장하고 관용의 소중함을 논하는 한편, 가톨릭 신자와 무신론자를 관용의 대상에서 제외하고 관용을 제한했다. 제외한 이유에는 위정자의 통치 방식을 중시하는 관점이 크게 반영됐으며, 이것이야말로 관용 사상의 특징이다.

그러나 영혼의 구제와 관련된 생각의 다양성을 중시해야 한다면 어째서 가톨릭 신자는 관용을 요구하면 안 되는가? 무신론자를 관용의 대상에서 제외해야 하는 이유는 무엇인가? 로크의 논리를 객관적인 시선으로 바라보면 이러한 의문을 떨칠 수 없다. 게다가 로크의 대응 방식은 어느한 시대의 일부 지역에 한정된 것에 불과하다. 이렇듯 로크의 관용 사상에는 한계가 있다. 그러나 사람에게 관용적 태도를 취하는 중요성과 어려움을 이야기하며 동시에 무조건적인 관용이 존재하는가에 대한 물음을 오늘날의 우리에게 던져준다.

《관용에 관한 편지》의 주요 과제: 정교 분리 → '종교의 자유' 보장
국가(정치) ← [권한 구별] → 교회(종교)

(세속적 재산의 유지·촉진)   (신에 대한 공적 예배와 영혼의 구원)

예: 국가가 힘으로 특정 종교를 국민에게 강요하는 것은 권한 밖이다
↔ 관용을 베푼다는 것은 그러한 힘을 뺏겠다는 것!

그러나 관용을 베풀면 안 되는 경우가 있다

예: 신앙과 예배에 대한 생각이 다른 자를 차별하고
권력으로 지배하려는 사람 ↔ 무관용에는 무관용으로 대항한다!

◉ 나만의 철학 세우기

• 용인할 수 있는 생각과 그렇지 않은 생각의 경계에 관해 함께 이야기해보자.
• 모든 사고방식을 존중해야 한다는 생각을 철저히 지킬 경우 구체적으로 어떤 결과가 생기고 또 그 결과에 어떻게 대응해야 할까. 혐오 발언 등을 생각해보자.

오늘의 철학자

존 로크(John Locke, 1632~1704)
철학, 정치, 종교, 교육 등 폭 넓은 분야에서 활약한 근대의 영국 사상가.
의학 연구에서 출발해 의사로도 활동했다. 인식론에서는 인간의 마음은
백지와 같으며, 무지와 관념은 경험으로 얻을 수 있다고 주장하며 데카
르트가 제시한 본유관념*을 부정했다. 정치론에서는 왕권신수설을 비판
하고 주권은 국민에게 있다는 사회계약설을 주창했다. 병약했던 탓인지
평생 독신으로 지냈지만 연애와 인연이 없지는 않았다. 만년에는 한때
연인이었던 마샴 부인의 저택에서 그녀의 가족과 함께 살았다.

(후쿠시마 기요노리)

* 감각이나 경험에 의해서가 아니고 나면서부터 가지고 있는 선천적 관념.

나는 타인의 잘못을
어디까지 용서할 수 있을까?

이토 진사이 《어맹자의》

일본 사상 ★ 정의, 충성과 용서, 신용, 책임

도저히 용서할 마음이 생기지 않는다면?

세호   어제 선생님이 날 부르시더니 이제 그만 준호를 용서해주라고 하시더라.

명수   우리 역사 연구회가 발표 신청을 안 했다고 거짓말해서 우리가 축제에서 발표를 못 하게 됐잖아. 그걸 용서하라고?

세호   그래. 그런데 준호가 직접 자기가 착각했다고 사과했으니까 용서해줄 때도 되지 않았냐고 하시던데.

명수   그럴 순 없지. 착각은 무슨, 우리 역사 연구회를 일부러 괴롭힌 거잖아. 용서할 필요 없어.

세호   하지만 누구나 실수는 하는 법이라고, 준호가 두 번 다시는 안 그러겠다고 했다면서 용서해주라셔.

명수　걔가 하는 말을 어떻게 믿어. 또 이런 짓을 할 게 뻔해.

세호　나도 그렇다고 생각은 하는데, 선생님이 자꾸 용서하라고 하시니까 귀찮고, 이제 아무려면 어떠냐 싶기도 해.

명수　하여튼 그 선생님은 늘 그런 식으로 다 원만하게 마무리하려고 하시더라. 넌 정말 괜찮겠어? 난 안 괜찮거든.

세호　나도 너랑 똑같지. 준호가 잘못했으니까. 걔는 대체 왜 그랬을까.

명수　자기가 기획한 전시 발표나 연극에 사람을 모으고 싶었겠지.

세호　하지만 우리 발표는 교실을 하나 써서 일본 메이지 시대부터 제2차 세계대전까지의 역사를 되돌아보자는 기획이었잖아. 그걸 막는다고 연극에 사람이 모이겠어?

명수　네가 분명히 준호한테 발표회 기획서를 냈는데도 취소됐다면서. 아무리 착각이고 실수였대도 책임을 져야지.

세호　뭐, 그렇긴 하지. 그래서 나름대로 반성하고 있다는 게 선생님 말씀이었어.

명수　제대로 책임을 지진 않았잖아.

세호　그야 그렇지. 바로 전시 전날까지 아무 소식도 듣지 못했으니까. 그리고 잘 생각해보면 그런 무책임한 행동이 모여서 역사가 되는 거잖아. 그런 녀석한테 책임을 지게 한들 아무 소용도 없을 것 같아.

명수　역사 마니아인 너다운 말이다. 그렇게까지는 생각 안 해도 될 것 같지만.

💡 다른 사람에게 해를 입었을 때 어떤 상대는 용서할 수 있고 어떤 상대는 용서할 수 없는 이유는 무엇일까? 과실을 범한 인간을 정말로 용서해도 될까? 나쁜 행동에 대한 책임을 지지 않아도 괜찮을까? 정의란 선과 악을 분명히 따져

서 악한 행동을 범한 인간에게 책임을 추궁하는 것이다. 그런데 정의는 모든 것에 우선하는 개념일까? 에도 시대 유학자였던 이토 진사이의 글을 보며 생각해보자.

이토 진사이 《어맹자의(語孟字義)》—'충서(忠恕)'

타인의 마음을 전력으로 헤아리다

더 이상 할 수 없는 정도까지 죽을힘을 다하는 것을 '충(忠)', 타인의 마음을 전력으로 헤아리는 것은 '서(恕)'라고 한다. (중략)

인간은 자신의 취향은 잘 알아도 타인의 취향에는 전혀 관심을 두지 않는다. 그래서 타인과 늘 멀리 떨어져 있고 때로는 심하게 미워하거나 무례한 태도를 취하기도 한다. 일면식도 없는 타인이 살쪘거나 말랐거나 아무 상관없듯, 친구나 친척이 괴로운 일을 당해도 멍하니 쳐다보기만 할 뿐, 불쌍히 여기지 않는다. 그래서 사랑과 정의를 잊어버리는 사람이 대부분이다.

하지만 타인을 접할 때 그 사람의 취향은 어떤지, 그 사람의 입장이나 직업은 무엇인지를 전력으로 헤아려서 그 사람의 몸과 마음을 내 몸과 마음처럼 생각하고 세심하게 살피며 상상력을 발휘해보면 타인의 과실은 어쩔 수 없는 이유 또는 다른 방도가 없어서 범한 것이며 끝까지 미워할 수만은 없는 사정이 있다는 사실을 깨닫게 된다.

그러면 순식간에 마음이 누그러지며 평온해지고 늘 너그러운 마음으로 타인을 용서하도록 노력하게 되며 냉담한 태도로 타인을 접하지 못하게 된다. 타인이 곤란한 상황에 처하면 어떻게든 도움을 주고 싶은 기분을 억누를 수 없게 된다. 헤아릴 수 없을 만큼 위대한 행위다. '죽을 때까지 충서를 실천하라'는 공자의 말도 있지 않은가.

원서 151-152쪽

타인을 어떻게 접해야 하는가

이상적인 사람이 되는 데 사랑과 정의보다 중요한 것은 없다. 그런데도 공자의 제자인 증자는 '선생님이 중요시하는 것은 충서뿐이다'라고 했다. 또한 공자도 '죽을 때까지 실천해야 하는 것을 한마디로 말하면 그것은 서(용서)다'라고 했다. 왜일까.

이상적인 사람이 되는 방법은 타인과 사물을 어떻게 접하고 이해해야 하는가를 생각하는 것이며, 그저 마음속에 꼼짝 않고 틀어박힌 채 타인을 경애하자고 생각하는 것은 아니기 때문이다.

원서 156쪽

사랑과 정의

사랑과 정의는 무엇보다 소중하며, 충서 또한 사랑과 정의에 기초하지 않으면 달성할 수 없다. 하지만 타인과 사물을 접할 때에는 언제나 충서가 더 중요하다. (중략) 그러므로 충과 서를 실행하면 마음이 넓어지고 올바른 것을 실천하며 결국에는 사랑에 도달할 수 있다.

위와 동일

충서란 무엇인가

이토 진사이의《어맹자의》에는 '충서'라는 말이 질릴 정도로 자주 등장한다. '충'이란 충성처럼 더 이상 할 수 없을 만큼 상대방에게 죽을힘을 다할 때를 가리키며 '서'란 상대방에게 관용적인 태도를 취하는 것을 의미한다. 따라서 진사이의 '충서'란 필사적으로 상대방의 마음을 헤아리는 온화함을 뜻한다.

그렇다면 '충서'를 중시한 진사이가 세호와 명수의 대화를 듣게 된다면 뭐라고 할까?

'인간은 자신의 취향은 잘 알아도 타인의 취향에는 전혀 관심을 두지 않는다.' 그러니 여러분도 준호의 심정은 알 수 없다. 만약 여러분이 준호의 '몸과 마음을 제 몸과 마음처럼 생각하고 세심하게 살피며 상상력을 발휘해보면' 준호가 '어쩔 수 없는 이유 또는 다른 방도가 없어서 범한' 과실이라는 것을 알게 되고 준호에게 '끝까지 미워할 수만은 없는 사정이 있음을 깨닫게' 된다. 그러면 준호에 대한 마음이 '순식간에 누그러지며 평온해지고 늘 너그러운 마음으로 용서하도록 노력하게 되며 냉담한 태도로 접하지 못하게 된다.' 그것이야말로 '충서'의 가르침이라고 말하지 않을까.

반론도 나올 수 있다. 이를테면 '말로만 사과하는 그런 녀석 따위 신용할 수 없다, 절대 용서 못 한다' 또는 '준호가 비록 사과는 했을지 모르지만 신청을 안 했다는 거짓말에 대한 책임은 져야 하는 것 아닌가요?' 이렇게 말이다.

책임을 질 줄 아는 성숙한 어른이라면

반론에 등장한 '신용'과 '책임'이라는 말은 정의의 문제를 생각할 때 무시할 수 없는 중요한 개념이다. '신용할 수 없는 사람을 용서할 수는 없는 법'이고, '책임도 지지 않는 성의 없는 사람을 용서할 수는 없다'는 생각이 일반적이다. 우리는 '사과'라는 상대방의 직접적 반응으로 용서할지 여부를 결정하지 않는다. 보통은 상대방이 정말로 신용할 만한 사람인지, 책임을 지는 사람인지에 따라 용서할지 여부를 결정한다.

예컨대 아이가 싸우다가 상대방을 울리면 '미안하다'는 사과 한마디로 용서받는다. 하지만 성인이 누군가에게 상처를 주거나 해를 끼치면 '미안해요' 한마디로는 충분치 않다고들 생각한다. 왜일까?

우리 모두 어린아이는 '제 몫을 못 하고 책임을 지지 못하는 미숙한 사람'으로 보는 반면, 성인은 '제 몫을 다하고 책임을 질 줄 아는 인격자'로 보기 때문이다. 즉, 책임을 질 줄 아는 성숙한 어른이 상대방에게 상처를 주거나 해를 끼쳤을 경우 제대로 책임져야 할 의무가 있다고 생각한다는 뜻이다.

응답해야 할 의무가 있다

서양에서 '책임(responsibility)'이라는 말은 response와 같은 어원에서 유래된 말로, 원래는 가면을 쓴 배우가 상대 배우의 움직임에 호응한다는 '응답'을 뜻했다. 서양에서는 대면한 상대에게 제대로 응답할 필요가 있으며, 이때 자신의 응답에 책임을 져야 한다. 만약 책임을 지지 않는

철학, 이토록 사회에 도움이 될 줄이야

다면, 그것은 상대방에게 응답하기를 거부한다는 뜻이다.

하지만 '쑥스러워서' 혹은 '내성적이어서' 등의 이유로 상대방과 눈을 맞추지 않거나 인사를 받아놓고 무시하는 경우를 주변에서 흔히 볼 수 있다. 인사 같은 사소한 것이라면 별 상관없다. 그런데 상대방에게 상처를 주거나 해를 끼치는 심각한 문제가 일어났을 때 '쑥스러워서' 혹은 '내성적이어서' 등의 이유로 상대방에게 '응답'을 거부한 행동은 용서받지 못한다. 성숙한 어른이라면 자신의 행동과 상대방의 응답에 제대로 책임을 져야 한다. 이것이야말로 어른이 지켜야 할 의무다.

왜 '정의'보다 '충서'가 중요한가

이토 진사이의 글에는 '충서'만 나오고 '책임'이라는 말은 전혀 등장하지 않는다. 왜일까? 성숙한 어른에게 상처를 받고 큰 손해를 입은 경우 상대방의 '책임'을 추궁하지 않아도 된다는 말일까?

진사이는 '사랑과 정의는 무엇보다 소중하며, 충서 또한 사랑과 정의에 바탕을 두지 않으면 달성할 수 없다. 하지만 타인과 사물을 접할 때에는 언제나 충서가 더 중요하다'고 했다. 진사이는 아무나 용서하자고 한 것이 아니다. 인간은 상대방을 사랑하는 능력과 선악을 명확히 가려 책임을 추궁하는 능력을 갖추고 있지만, '타인을 접할 때에는 언제나 충서가 더 중요하다'고 한 것이다.

성숙한 어른이라면 상대방을 접할 때 확실하게 응답해야 할 의무가 있다. 이때 사랑과 정의보다는 충서라는 관대한 마음으로 상대방을 용납하는 것이 중요하다고 했다. 어떤 상황에서건 상대방을 신뢰하고, 그 사람이 반드시 책임을 질 줄 아는 인격자임을 끝까지 믿는다는 뜻이다. 그런 신념이 있기에 진사이의 글에 '책임'이라는 말이 등장하지 않은 듯하다.

◉ 알아두면 쓸모 있는 철학 포인트

친구를 '용서할 수 없다'고 생각했을 때,

→ 그 사람에 대해 얼마나 진지하게 생각하는가?

> 감정에 치우치기 전에 다시 한번 이성적으로 생각해본다.
> 그 사람은 왜 그런 행동을 했을까? 마음을 헤아리고 이해하려는 노력이 필요하다.

↓

그렇다면 타인의 마음을 파악하는 데 가장 유용한 방법은 뭘까?

◉ 나만의 철학 세우기

- 우리가 피해자가 됐을 때 가해자인 상대방을 '충서'의 마음가짐으로 접할 수 있을까? 그 랬을 때 과연 상대방은 '사랑'이라는 마음으로 응답해줄까.
- 진사이가 주장한 인간에 대한 궁극의 관용적 태도는 현대 사회에서도 통하는 사고방식 일까?

오늘의 철학자

이토 진사이(伊藤仁齋, 1627~1705)
교토의 상공인 계급 출신으로 평생 관직에 오르지 않고 서민 유학자로 사설 글방인 고의당을 열었다. 공자의 가르침을 인륜일용(人倫日用), 즉 일상생활의 가르침으로 삼고 인간관계를 중시하는 윤리사상을 주장했다. 저서로는 《어맹자의》, 《동자문》 등이 있다.

(이노우에 아쓰시)

다수의 행복을 위해서
소수의 희생자가 생겨도 괜찮을까?

밀《공리주의》, 칸트《실천이성비판》
서양 사상 ★★ 공리주의, 최대 다수의 최대 행복, 인간의 존엄성

'모두의 행복'이란 건 가능할까?

미미   우리 이제 선거권 행사할 수 있잖아. 첫 선거인데 너는 어떤 사람
            한테 투표할 거야?

소라   나는 일본의 히로시마랑 후쿠시마 사건을 잊지 않는, 그래서 핵무
            기 폐기와 탈원전을 위해 진심으로 노력하는 사람한테 표를 줄 생
            각이야. *

미미   넌 원전 사고 이후로 원자력 문제에 관심이 많았지. 일본은 후쿠시
            마 원전 사고 때 다른 지역으로 피난 갔다가 지금껏 고향으로 못
            돌아가고 있는 사람이 많다면서?

---

*   히로시마는 1945년 8월 6일 원자폭탄을 맞은 지역이며, 후쿠시마는 2011년 3월 지진과 쓰나미
     로 원자력 발전소가 폭발한 곳이다. - 옮긴이

소라	그래. 이런 비극이 어디 있니? 그런데 아무도 관심 없다니까.
미미	으음. 하지만 나라 전체의 발전을 위해 원전이 필요하다는 주장도 이해는 가. 지구 온난화를 생각하면 이산화탄소를 많이 배출하는 석유나 석탄에만 의존할 수는 없잖아. 온난화로 사라질지도 모른다는 투발루 국민의 행복을 생각해서라도 원전은 필요하지 않을까?
소라	또 사고가 터지면 어떡해. 심지어 원전에서 나오는 방사성 폐기물을 처리할 기술도 아직 없어. 장기적으로 봤을 때 인류의 행복에 도움이 된다고 단정할 수는 없어.
미미	그런가. 사고가 발생할 확률은 그렇게 안 높잖아. 땅속 깊숙이 파묻으면 방사능을 막을 수 있다면서.
소라	그럼 100번 양보해서 원전이 인류의 행복에 도움이 된다고 치자. 만약 사고가 터지면 누군가는 희생돼. 모든 사람의 행복을 위해서 희생자가 생겨도 괜찮다는 이야기야?
미미	으음, 희생자가 생기면 안 되지. 하지만 교통사고를 생각해봐. 교통사고 사망자 수는 한 해 약 4,000명 정도고 매년 감소하는 추세야. 하지만 자동차가 존재하는 한 교통사고가 사라질 수는 없어. 그런데도 자동차를 금지하지 않는 이유는 모두의 쾌적한 생활을 우선시하기 때문이 아닐까?
소라	다수의 행복을 위해 소수의 희생을 감수하고 있는 셈이네.
미미	거봐. 자동차는 사고 희생자가 나와도 어쩔 수 없다고 다들 받아들이잖아.
소라	교통사고를 당하고 싶지 않으면 평소부터 사고를 막으려고 노력할 수도 있고 보험도 있어. 원전과는 완전 다르잖아.
미미	그건 그렇지. 원전 사고는 각자 노력한다고 막을 수 있는 게 아니

철학, 이토록 사회에 도움이 될 줄이야

니까. 전력회사가 사고 방지를 위해 노력할 수는 있어도.

소라　하지만 원전은 일단 사고가 일어나면 근처에 사는 사람들이 희생
　　　돼. 역시 '모두의 행복'이란 건 어렵구나. 모두의 행복이라고들 하
　　　지만 결국 모두가 행복하지 않아서 문제 아니야?

미미　그러네. 그럼 '모든 사람이 수긍하고 받아들일 수 있다'가 올바른
　　　결정 기준일까?

💡 모든 사람의 행복을 추구하는 것은 언뜻 좋은 일처럼 보인다. 모두의 행복을
기준으로 '옳은(해야 마땅한) 행위'와 '그른(하지 않아야 마땅한) 행위'가 결정되
는 경우도 많다. 그러나 미미와 소라의 대화처럼 쉽게 결론을 낼 수 없는 사
례도 있다. 모든 사람의 행복을 옳은 행위의 기준으로 삼을 수 있을까? 옳은
행위의 기준은 무엇인지 생각해보자.

밀의 공리주의 원리

예컨대 거짓말을 하는 것은 윤리적으로 나쁘다고들 한다. 왜 나쁠까?
이 물음에 대답하려면 선과 악(또는 옳고 그름)의 기준, 즉 윤리의 원리를
밝혀야 한다. 〈'모든 사람의 행복'이야말로 윤리의 원리다〉라는 윤리학적
입장은 공리주의라 불리며 '최대 다수의 최대 행복'이라는 말로 유명하다.

공리주의에서는 어떤 행위가 관계자 전원의 행복 총량을 늘리는 데 도
움이 될수록 그 행위는 옳고(선하고), 그 반대일수록 옳지 않다(그르다).
거짓말이 나쁜 까닭은 다수의 행복이 줄어들기 때문이라는 이야기다. 이
입장을 대표하는 존 스튜어트 밀의 문헌을 살펴보자.

〈공리의 원리〉 또는 〈최대 행복의 원리〉를 도덕의 기틀로 받아들이는 신조에 따르면 행위란 행복을 촉진하는 경향에 비례해서 옳으며 행복과 반대인 것을 생성하는 경향에 비례해서 그르다. 행복이란 곧 즐거움[쾌락]이며, 동시에 괴로움[고통]이 존재하지 않는 상태다. 불행이란 곧 괴로움[고통]이며 동시에 즐거움[쾌락]이 존재하지 않는 상태다. 이 논리를 바탕으로 세울 수 있는 도덕적 기준을 명확히 설명하려면 수많은 것에 대해 언급해야 한다. 특히 고통과 쾌락이라는 개념에 무엇이 포함되는가, 얼마만큼 고려할 여지가 있는 문제인가를 이야기해야 한다. 그러나 이러한 보충 설명은 이 도덕설이 기초한 인생관 ― 즉, 쾌락과 고통의 부재가 목적으로 삼기에 바람직한 유일한 인생관, 더불어 모든 바람직한 것(다른 도덕 이론과 마찬가지로 공리주의에도 무수히 존재한다)은 그 안에 포함된 쾌락을 위해 또는 쾌락을 촉진하고 고통을 방지하는 수단으로서 바람직하다고 보는 인생관 ― 에는 영향을 끼치지 않는다.

밀, 《공리주의》 2장

공리주의의 난점

이 윤리 원리에 따르면 모든 사람의 행복을 증진하기 위한 거짓말은 옳으며 모든 사람의 행복이 줄어들지 않는 거짓말은 부정이 아니다. 이 원리에 대해 '거짓말도 방편'이라며 수긍하는 사람이 있는가 하면 어딘가 이상하다고 느끼는 사람도 있을 것이다. 예를 들어 학생 한 명을 모두가 따돌려서 자신이 따돌림당할 가능성은 사라지고 심지어 학급 내 결속이 단단해졌다고 치자. 이때 따돌림당하는 학생 한 명을 제외한 모두가 쾌적한 학교생활을 보낼 수 있다면 그 따돌림은 옳은 행위가 된다. 이런 사고 방식에 거부감을 느끼는 사람은 적지 않을 듯하다.

공리주의의 난점으로 자주 지적되는 사항인데, 다음과 같이 정리할 수 있다.

(1) 일반적으로 옳지 않은 것으로 인식되는 것이 옳은 일이 될 때가 있다.

(2) 소수의 희생을 정당하다고 볼 때가 있다.

난점 (1)을 피하기 위해 다수의 행복 원리를 개개인의 행위가 아닌, 사회 규칙에 적용하는 공리주의자도 있다. 이를테면 '언제든 마음대로 거짓말해도 된다'는 규칙이 통하는 사회보다 '가능한 한 거짓말하면 안 된다'는 규칙이 통하는 사회가 전반적으로 행복하다는 식이다. 다수의 행복 원리를 행위에 적용하는 공리주의를 '행위 공리주의', 사회 규칙에 적용하는 공리주의를 '규칙 공리주의'라고 부르기도 한다.

또한 공리주의에 아래와 같이 근본적인 의문을 던지는 사람도 있다.

(3) 행복의 양을 계산할 수는 없지 않은가.

공리주의를 바탕으로 A라는 행위를 할지, B라는 행위를 해야 할지 결정하려면 A를 행했을 때와 B를 행했을 때 모든 사람의 행복을 양적으로 계산해서 비교해야 한다. 사람은 저마다 느끼고 사고하는 방식이 다른데 행복 총량을 계산할 수 있을까.

공리주의의 장점

그러나 공리주의에는 커다란 장점이 있다. 우리는 대개 일상생활에서 어떻게 하면 좋을까 고민될 때 많은 사람이 행복해지는 쪽을 선택한다.

국가도 가급적 많은 국민의 행복 증진에 기여하는 정책을 결정(해야만)한다. 이처럼 공리주의는 상식적 윤리관과 일치하며 명쾌하고 설득력이 있는 윤리학적 관점 중 하나다. 대화 속에서 미미가 원전 반대를 망설인 까닭도 이런 입장이기 때문이다.

칸트, 행복주의를 비판하다

그런데 밀이 태어나기 직전 이 세상을 떠난 임마누엘 칸트는 행복을 윤리적 원리로 보는 입장을 '행복주의'라 부르며 거세게 비판했다. 행복주의에 대한 그의 비판을 그대로 공리주의에 적용해볼 수 있다. 그 대목이 확연히 드러난 문헌을 살펴보자.

> 행복의 원리에 행동방침(준칙, Maxime)을 부여할 수는 있다. 하지만 모든 사람들에게 적용되는 행복을 고찰 대상으로 삼았다고 해도 이 원리는 의지의 법칙으로 유용한 행동방침을 제공하지는 못한다. 즉, 행복에 대한 인식은 절대적으로 경험에 기초하며 행복에 관한 개인의 판단은 개인 스스로의 의견에 크게 좌우되기 때문이다.
>
> 게다가 각 개인의 의견 자체도 때에 따라 크게 바뀔 가능성이 있으므로 행복에 관한 일반적[평균적으로 흔히 통용되는] 규칙은 있을 수 있어도, 보편적[언제나 반드시 통용되는] 규칙은 없다. 바꿔 말하면 평균적으로 가장 잘 들어맞는 규칙은 있어도 언제나 반드시 통용되는 규칙은 없으므로 어떤 실천 법칙도 이 행복의 원리에 기초할 수는 없다는 뜻이다.
>
> 그러므로 이 원리는 (중략) 이성을 지닌 모든 존재에 단 하나의 실천 법칙

철학, 이토록 사회에 도움이 될 줄이야

을 지정하지 않는다. 그러나 도덕법칙은 이성과 의지를 지닌 모든 사람에게 타당해야 하므로 객관적으로 필연성이 있다고 간주된다.

칸트, 《실천이성비판》 1부 1편 1장

칸트는 행복주의를 비판하며 행복 추구가 나쁘다거나 쓸데없다고 말하지 않았다. 비판의 핵심은, 행복은 모든 인간이 추구하는 소중한 가치임을 인정하되 윤리 원리는 될 수 없다는 데 있다. 이제까지 자주 오해를 산 대목이다.

행복이 윤리 원리가 될 수 없다고 칸트가 생각한 이유는 다음 두 가지로 요약된다.

(1) 행복은 인간의 본능적 욕구이므로 '어떤 행동을 해야 하는가'에 대한 문제를 다루는 윤리의 원리가 될 수는 없다.

(2) 무엇을 행복으로 느끼는가는 사람마다 다르며 같은 사람이라도 때에 따라 달라지므로 모든 사람에게 적용되는 윤리 원리가 될 수 없다.

위의 문헌에서는 이유 (2)가 전면에 드러난다. 사람에 따라 행복의 기준이 다르므로 저마다 자신의 행복관에 따라 행복을 추구할 수 있으며, 자신의 행복관을 기준으로 타인을 행복하게 만들려고 하면 안 된다고 칸트는 입이 아프게 주장했다. 아무도 여러분의 행복을 알 수 없다. 그런데도 다수의 행복을 이야기하기를 원한다면 결국 '누군가의 행복'을 다른 누군가에게 밀어붙이게 된다. 그러므로 다수의 행복에 기초한 윤리 원리에는 보편성이 없다.

이유 (1)은 다소 난해할 수도 있지만 이렇게 해석해보자. 모든 인간은 본능적으로 행복을 추구하므로 굳이 다수의 행복을 증대하자고 생각하지 않아도 각자 자신의 행복을 추구하다 보면 저절로 다수의 행복이 최대로 늘어날 것이다. 그런데 현실은 다르다. 모든 사람의 행복, 즉 자신의 행복뿐 아니라 타인의 행복을 굳이 생각해야 한다면 거기에는 행복과는 다른 원리가 작용하고 있다는 뜻이다.

누구든 다수의 행복을 위한 수단이 되어서는 안 된다

그렇다면 칸트에게 윤리 원리란 무엇인가. 《실천이성비판》에 다음과 같이 적혀 있다.

> 당신이 지닌 의지의 행동방침(준칙)이 언제나 보편적 입법 원리로 통용되도록 행동하라.

'보편적'은 '모든 사람에게 적용할 수 있다'로 '입법'은 '행동 원칙을 세우다'로 바꿔 말할 수 있다. 즉 〈모든 사람에게 적용할 수 있는 행동 원칙을 자신의 행동 원칙으로 삼아 그것에 따르며 행동하라〉는 말이다. 이 근본 원리에 맞는 행동 원칙을 칸트는 '도덕법칙'이라 부르고 그것을 설명한 글의 형식을 '정언명령'이라고 불렀다.

손에 잡힐 듯 잡히지 않는 추상적 원리다. 이 원리는 몇 가지로 해석된다. 예컨대 '자신의 행동 원칙만 예외로 간주해서는 안 된다' 또는 '모든 사람이 수긍하고 받아들일 만한 행동 원칙에 따라 행동해야 한다'고 해석할 수 있다. 대화문에서 원전에 반대하던 소라의 입장과 비슷하다.

그러나 이들 해석의 이면에는 공통된 원리가 존재한다. 바로 칸트가

철학, 이토록 사회에 도움이 될 줄이야

주창한 또 하나의 윤리 원리, 〈모든 인간은 동등하며 소중한 가치, 즉 존
엄성을 지닌 존재이므로 결코 누군가의 목적 달성을 위한 수단으로 이용
돼서는 안 된다〉는 내용이다. 다시 말해 누구든 다수의 행복을 위한 수단
으로 이용돼서는 안 되며, 이를 허용하는 행동 원칙은 모든 사람에게 적
용되는 윤리 원리가 될 수 없다는 뜻이다. 이 원리는 《도덕 형이상학의
기초》에 제시돼 있다.

예를 들어 국가의 발전이라는 목적을 위해 소수의 사람들에게 원전에
의한 피해를 감수하라고 강요하는 행위, 학급 학생들의 쾌적한 생활이라
는 목적을 위해 한 학생을 따돌리는 행위는 양쪽 다 특정한 목적을 위해
사람을 수단으로 삼고 있으므로 윤리적으로 그릇된 행위다.

타인의 행복을 촉진하다

칸트는 행복을 윤리 원리로 보는 데는 반대했으나 행복을 촉진하는 것
을 반대하지는 않았다. 예컨대 어려움에 처한 사람을 도와 타인의 행복을
촉진하는 것은 옳다고 여겼다. 단, 모든 사람의 행복이 증진돼서가 아니
다. 어디까지나 모든 사람에게 적용할 수 있는 행동 원칙이기 때문이다.
그리고 타인의 행복을 촉진하는 것은 행복의 총량을 늘리는 행위가 아니
라, 모든 사람이 자신의 행복관에 기초해 자기만의 방식으로 행복을 추구
할 수 있는 환경을 정비하는 행위다.

⊕ 알아두면 쓸모 있는 철학 포인트

윤리의 원리에 대한 밀의 입장(공리주의)

- 행복이란 곧 즐거움(괴로움이 없는 상태)이며, 유일하게 바람직한 것
  → 즉 행복은 옳고 그름의 기준이 되며, 이때 옳다는 것은 '최대 다수의 최대 행복'을 실현한다는 것이다. 한마디로 많은 사람이 크게 행복해지는 것이 윤리 원리가 될 수 있다.

윤리의 원리에 대한 칸트의 입장(보편적 입법)

- 윤리는 옳은 것, 즉 '모든 사람에게 적용할 수 있는 행동 원칙'으로 통용될 만한 것, 즉 '보편적 입법의 원리'로 통용될 만한 것이다. 이때 행복은 사람에 따라 다르므로 '모든 사람에게 적용할 수 있는 행동 원칙'이 될 수 없다. 고로 행복은 옳고 그름의 기준이 될 수 없다.

⊙ 나만의 철학 세우기

- 당신은 밀과 칸트의 윤리 원리 중 어느 쪽에 찬성하는가? 평소 내가 따르는 윤리 원리를 떠올리며 생각해보자.
- 당신에게 행복이란 무엇인가. 스스로 생각해보고 주변 사람들의 의견도 들어보자.

오늘의 철학자

임마누엘 칸트(Immanuel Kant, 1724~1804)

독일(프로이센)의 철학자. 지식과 윤리, 법, 정치, 미(美), 역사, 인간 등 온갖 주제에 대한 철학적 사유로 19세기 이후의 철학과 사상 전반에 지대한 영향을 미쳤다. 성실하고 엄격한 철학자로 알려져 있지만, 사실은 세련되고 유머가 넘치는 인물이었음을 뒷받침할 수 있는 증거가 여러 개 존재한다.
• 칸트 인물 소개는 103쪽에도 있다.

존 스튜어트 밀(John Stuart Mill, 1806~1873)

영국(잉글랜드)의 철학자, 경제학자. 벤담이 주창한 공리주의를 계승한 학자로 알려져 있으나, 개인의 자유에 관한 매력적인 에세이로도 인기가 있다. 사회 개혁에 뜻을 두고 국회의원에 입후보해 당선된 적도 있다. 불륜 관계였던 테일러 부인(해리어트)과의 진지한 사랑도 유명하다.

(데라다 도시로)

철학, 이토록 사회에 도움이 될 줄이야

가난한 사람을
어디까지 도와야 할까?

롤스《정의론》, 아마르티아 센《정의를 생각하다》
현대 사상 ★★ 정의, 등차의 원리, 기본재, 복지, 능력

가난한 사람을 돕는 기준은 뭘까?

유나　우리나라 빈부 격차가 점점 더 심해지고 있는 것 같지 않아?

준호　맞아. 대신 요즘에는 '국민기초생활 보장법'이라는 게 있잖아.

유나　'국민기초생활 보장법'? 뉴스에서 자주 들었어.

준호　생활이 어려운 사람이 나라에서 지원을 받을 수 있는 제도야. 이런 제도가 있으면 일하지 않아도 돈이 들어오니까 다들 게을러지지나 않을까 걱정돼.

유나　그래? 웬만해서는 다들 일해서 돈을 벌잖아.

준호　그렇지 않은 사람도 있으니까 문제지. 돈을 줄지 말지 엄격하게 심사해야 한다고 봐.

유나　하지만 너무 엄격하면 정말 가난한 사람도 돈을 받을 수 없게 되지

않을까? 가난한 사람을 돕는 제도인데 가난한 사람을 구제할 수 없게 되면 더 큰 문제잖아.

준호　확실한 기준을 마련하면 될 것 같은데. 이런 사람은 나라가 도와주고 이런 사람은 못 도와준다는 식으로. 기준을 만들어서 엄격하게 심사하면 돼.

유나　하지만 기준을 어떻게 할지, 어디쯤에서 선을 그을지 결정하기는 굉장히 어려울 것 같아.

준호　그렇지. 구세군 자선냄비처럼 자발적으로 돈을 주는 경우에는 어떤 기준이 돼도 상관없지만, 나라가 시행하는 경우에는 제대로 된 기준이 필요해.

유나　돈을 얼마만큼 갖고 있느냐를 보는 게 제일 쉬워 보이는데.

준호　돈도 중요하지만 사람에 따라 필요한 게 다르겠지.

유나　기초생활 보장 좀 푸짐하게 해주면 안 될까.

준호　기초생활수급비는 나랏돈이라고. 세금에서 나가는 돈이니까 너무 많이는 안 돼.

💡 풍족하지 못한 생활을 하는 사람을 방치하는 나라는 너무 냉혹하다. 그렇다고 모든 사람에게 아낌없이 줄 수는 없다. 그렇다면 어떤 기준으로 가난한 사람을 도와야 할까?

여기서는 가난한 사람, 풍족하지 못한 사람을 얼마나 평등하게 대해야 공정하고 공평하다고 볼 수 있는가에 대해 존 롤스와 아마르티아 센 두 철학자의 생각을 비교해보자.

　철학, 이토록 사회에 도움이 될 줄이야

롤스, 공정으로서의 '정의'

이 세상에는 부유한 사람이 있는가 하면 궁핍한 사람도 있다. 건강한 사람도 있고 병들었거나 장애가 있는 사람도 있다. 이렇듯 다양한 사람들 사이에서 세금으로 거둬들인 돈, 즉 사회 전체의 부를 나눌 때 어떻게 배분하면 공정하고 공평하다고 할 수 있을까? 국가의 세금으로 지급되는 기초생활 지원금을 어떤 기준으로 배분하면 공정하고 공평할까. 여기서는 이러한 사회의 공평과 공정함을 보장하는 기준을 '정의'라 부르기로 하자. 롤스는 정의의 중요성에 대해 《정의론》이라는 책에서 이렇게 설명한다.

> 사물에 대해 생각할 때 진리가 가장 중요하듯 사회 제도에 대해 생각할 때에는 정의가 가장 중요하다. 윤리가 아무리 명백하고 효율적이어도 진리에 반한다면 버리거나 고쳐야 한다. 법과 사회 제도 또한 아무리 효율적이고 잘 정비되어 있어도 정의에 반한다면 바꾸거나 버려야 한다.
>
> 롤스, 《정의론》, 원서 3쪽

다시 말해 사회의 법과 제도가 적절한지 여부를 결정하는 가장 중요한 기준은 공정으로서의 '정의'라는 말이다.

'정의'라는 말을 들으면 예컨대 호빵맨처럼 약자를 돕고 악을 무찌르는 영웅, '정의의 사도'를 떠올릴 수도 있겠다. 단, 호빵맨처럼 선과 악이 처음부터 명확한 경우에는 무엇을 정의로 판단할지 문제가 되지 않는다.

이와는 달리 세금 배분 방법을 결정해야 할 때에는 무엇이 정의인지를 쉽게 결정할 수가 없다. 이러한 점 때문에 다양한 철학자가 정의에 관해 논의해왔다.

행복은 어떻게 배분해야 하는가

롤스가 '정의'에 관해 고찰할 당시에는 앞 장에서 이야기한 공리주의 사상이 한창 유행했다. 여기서는 '최대 다수의 최대 행복'이라는 공리주의의 대표적 주장만 한 번 더 확인해두자. 공리주의에서는 개개인의 만족에 기초한 행복의 정도라는 주관적인 것을 기준으로 삼았다.

롤스는 사람들의 다양한 삶의 가치를 '행복'이라는 하나의 주관적인 기준만으로 계량하기는 어렵다는 점 때문에 공리주의에 의문을 품었다. 또한 공리주의는 사회 정체의 행복 총량이 증대하면 좋다고 보는데, 그것을 사람들에게 어떻게 배분해야 하는가에 대해서는 아무것도 가르쳐주지 않는다. 즉 소수를 희생하더라도 다수의 행복을 조금씩 키우면 사회 전체의 행복이 커지므로 옳은 행위가 된다. 롤스는 이러한 이유로 공리주의를 '정의'의 기준으로 삼는 것은 바람직하지 않다고 봤다.

모든 사람은 침해당할 수 없는 귀중한 것을 가진다

공리주의에 의존할 수 없다고 해서 직관으로 결정할 수도 없다. 그래서 롤스는 자기 스스로 '정의'의 기준을 생각해보기로 했다.

롤스가 생각하는 정의의 핵심은 모든 사람이 권리, 인권 등 침해당할 수 없는 귀중한 것을 갖고 있다는 생각이다.

철학, 이토록 사회에 도움이 될 줄이야

인간은 각자 절대적으로 침해받지 않는 가치를 정의를 바탕으로 지니고 있으며 사회 전체의 복지를 위해서라도 그것을 짓밟을 수는 없다.

롤스, 위의 책, 원서 3쪽

이것은 공리주의를 비판한 큰 이유이기도 했다. 이를 바탕으로 롤스는 '정의의 두 원칙'이라고 불리는 기준을 제안했다.

우선 충족해야 할 기준으로 제시한 것은 다음의 원리다.

제1 원칙 모든 사람은 (정치적 자유·언론의 자유·신체의 자유 등) 기본 자유에 대해 동등한 권리를 가져야 한다. 기본 자유는 다른 모든 사람의 자유와 양립하는 최대 범위여야 한다(평등한 자유의 원칙).

롤스, 위의 책, 원서 266쪽

제1 원칙은 우선 기본 자유를 평등하게 보장하자는 내용이다. 아래의 제2 원칙이 충족되건 사회 전체의 행복 총량이 증대하건 포기해서는 안 되는 대전제다.

제1 원칙이 충족된 경우 그다음 기준으로 롤스는 아래의 제2 원칙을 충족해야 한다고 주장한다.

제2 원칙 사회적·경제적 불평등은 다음의 경우에만 용인된다.

(가) 그 불평등이, 가장 어려운 사람들이 최대의 이익을 얻을 수 있어야 한다는 정의를 미래에 실현 가능케 해야 한다(차등의 원칙).

(나) (출신이나 환경 등) 본인이 선택할 수 없는 이유에서가 아닌, 누구나

획득할 수 있는 일과 지위에서만 생겨나야 한다(공정한 기회균등의 원칙).

롤스, 위의 책, 원서 266쪽

여기서는 특히 (가) '차등의 원칙'이 중요하다. 공리주의에서는 경우에 따라 누군가가 희생양이 될 수밖에 없었지만, 차등의 원칙에서는 가장 어려운 사람들의 상황이 개선되도록 배려한다. 이른바 전반적인 수준을 끌어올리려는 사고방식이다. 예를 들어 국민기초생활 보장법에 차등 원칙을 적용해보자. 그 나라에서 가장 궁핍하게 생활하는 사람의 생활수준이 가장 큰 폭으로 개선될 수 있도록 지원하는 것이 공평하고 정의롭다는 뜻이 된다.

가장 어려운 사람이 최대의 이익을 얻어야 한다는 차등의 원칙

롤스가 정의의 기준으로 이 두 원칙을 적절하다고 여긴 이유는 무엇일까? 이 점에 대해 롤스는 홉스, 로크, 루소, 칸트에 이어 '사회계약'이라는 관점에서 실마리를 얻었다.

만약 어떤 사람이 자신의 출신, 사회적 지위, 재능과 재산 등에 대해 전혀 모르는('무지의 베일'을 쓴) 상태라면 정의의 기준으로 무엇을 선택할까? 롤스는 이를 사회계약론의 '자연 상태'를 본떠 '원초 상태'라고 불렀다. 자신이 처한 상황을 모른다면 자신을 세상에서 가장 부유하다고 여길 수도, 가장 가난하다고 여길 수도 있다. 그런 경우 자신이 부유한 쪽이라고 상상하기보다는 가난하게 태어났을지도 모른다고 걱정하는 사람이 더 많을 것이다. 그렇다면 최악의 경우에 대비해 아무리 가난한 환경에서

　철학, 이토록 사회에 도움이 될 줄이야

태어났어도 가급적 나은 삶을 살 수 있는 기준을 선택할 게 분명하다. 이러한 생각을 바탕으로 롤스는 '가장 어려운 사람이 최대의 이익을 얻어야 한다'는 차등의 원칙을 주창하게 되었다.

그런데 '정의의 두 원칙'이라는 기준은 누구나 수긍할 만한 내용일까. 이상과 같은 롤스의 생각에 근본적인 의문을 던진 인물이 있다. 바로 아마르티아 센이다.

센, 사람들의 살림살이가 나아질 방법을 생각하다

롤스가 생각한 '정의'를 다시 한번 떠올려보자. A가 충족되면 정의지만 A가 충족되지 않으면 정의가 아니라는 식으로 정의를 제도와 규칙에 따르는 상태로 규정했다. 이에 반해 센은 B보다는 C인 쪽이 정의를 촉진한다는 식으로 정의 촉진을 위한 방향성에 관심을 두었다. 완전하지는 않아도 사람들의 살림살이가 나아질 방법을 생각한 것이다. 이에 관해 센은 《정의를 생각하다》라는 저서에서 이렇게 말했다.

> 현대의 정의론은 대부분 '공정한 사회'에 주목하지만, 이 책에서는 정의가 전진했느냐 후퇴했느냐, 즉 무엇이 실현될 것인가에 대해 비교적 관점으로 고찰하려고 한다. (중략) 이 출발점, 특히 답을 제시해야 할 문제 (예컨대 '어떻게 해야 정의가 전진하는가')는 무엇이고 그렇지 않은 문제(예컨대 '어떤 제도가 완전히 정의로운가')는 무엇인가를 가려내는 방법이 중요하다. 이 방침에는 두 가지 효과가 있다. 순수한 이론적 방법보다는 비교론적 방법을 취한다는 점, 또 하나는 제도와 규칙은 물론 사회에서 실제

로 실현하는 데 주목한다는 점이다. 이는 현대 정치철학에서 무엇을 강조하고 있는지를 고려하면 정의론을 논하는 방법에 근본적인 변화를 가져오게 될 것이다.

아마르티아 센, 《정의를 생각하다》, 원서 8~9쪽

센에 따르면 이러한 관점은 애덤 스미스, 벤담, 칼 마르크스, 존 스튜어트 밀 등의 철학자의 생각과 비슷하다. '무지의 베일'(입법자가 자신의 처지를 모르는)이라는 이론적 가정을 바탕으로 선택하는 제도보다는, 실제로 사람들의 살림살이가 어떻게 되는지가 현실적으로는 더 중요할 수도 있다. 무지의 베일을 쓴 사람들의 합의를 통해서가 아닌, 현실 세계에 사는 다양한 사람들에게 의견을 듣고 일을 결정하는 편이 좋다.

사람이 처한 현실에 초점을 맞추다

센은 사람이 실제로 무엇을 할 수 있는가(기능), 그리고 기능을 발휘하기 위한 선택의 폭을 얼마만큼 지녔는가[능력(삶의 폭)]에 주목했다. 공리주의에서는 만족에 기초한 행복이라는 주관적인 것을 기준으로 삼았고, 반대로 롤스가 제시한 정의의 원리에서는 기본적 자유와 소득 같은 객관적인 것(기본재)을 기준으로 삼았다. 이에 비해 센이 말한 능력(capability, 삶의 폭)은 주관적인 동시에 객관적이다. 이는 무엇을 의미할까? 센은 예를 들며 설명했다.

예컨대 음식과 영양을 얻을 수 없다는 점에서, 정치적 또는 종교적인 이유

철학, 이토록 사회에 도움이 될 줄이야

로 스스로 단식하고 있는 사람이 사회적 식량부족의 희생양이 된 사람과 똑같이 보일 때가 있다. 둘 다 영양부족(달성된 기능)이라는 점에서는 똑같아 보이지만, 단식을 선택한 부유한 사람의 능력(삶의 폭)은 빈곤과 궁핍 때문에 원치 않는 굶주림에 처한 사람보다 큰 가능성이 있다. 능력(삶의 폭)이라는 개념은 이 중대한 차이를 적용할 수 있다. 다시 말해 선택 자체(또는 끝난 후)에만 주목하지 않고, 사람들이 가능한 범위에서 다양한 인생을 선택하게 하는 실제 능력인 자유와 기회에 주목하기 때문이다.

아마르티아 센, 위의 책, 원서 237쪽

이처럼 센의 논의는 사회의 법과 제도보다 사람이 처한 현실 상태의 좋고 나쁨(즉, 사람의 '복지')에 초점을 맞춤으로써 공리주의와 롤스의 정의론에 의문을 던진다.

돈보다는 삶의 폭을 넓힐 방법이 더 중요하다

위의 설명만으로는 막연해서 어렵게 느껴질 수도 있다. 여기서는 능력(삶의 폭)에 구체적으로 어떤 '기능'이 포함되는지 살펴보자. 센의 공동 연구자였던 마사 누스바움에 따르면 첫째는 목숨, 둘째는 건강이라고 한다. 이외에도 몇 가지 항목이 있는데 '놀이' 같은 능력도 포함된다. 단, 센은 의도적으로 능력(삶의 폭)의 내용을 정해두지 않아 구체적으로는 잘 와닿지 않는다.

우선 능력(삶의 폭)을 적용할 경우 생활보호의 기준이 어떻게 되는지 생각해보자. 지금의 국민기초생활 보장법은 수입과 자산 등의 객관적 기준을 바탕으로 일정한 금액을 지원하는 방식이다. 하지만 실제로 수입과 자산이 줄고 궁핍해진 원인은 사람에 따라 다양하다. 질병과 장애 때문에 형편이 어려워진 사람이 있는가 하면 교육을 충분히 받지 못해 취업을 못 하는 바람에 가난해진 사람도 있을 것이다. 기초생활 보장의 목적이 어려운 사람을 돕는 데 있다면 돈을 준다고 끝나지 않는다. 어떤 사람에게는 병원 치료가, 다른 사람에게는 학교 교육이 궁핍에서 벗어나기 위해 필요할 수도 있다. 센의 입장에서는 얻을 수 있는 돈의 양보다 삶의 폭을 넓히려는 방법이 더 중요하다.

롤스와 센, 어려운 사람을 도울 방법을 모색하다

마지막으로 이러한 센의 입장을 롤스의 입장과 다시 한번 비교해보자. 롤스가 정의를 생각하며 기준으로 삼은 것은 자유와 수입 등의 객관적 가치(기본재)였다. 반면 센이 복지를 생각할 때 활용한 기준은 기능과 능력(삶의 폭)이라는 객관적이면서도 주관적인 것이었다. 즉, 두 사람의 기준이 다르다.

또한 롤스는 한 국가에서 만장일치로 찬성할 만한 기준을 찾고자 했다. 그에 비해 센이 말하는 능력(삶의 폭)은 주관적인 것도 포함하고 있어 전원의 의견이 일치하기 어렵다. 오히려 저마다의 상황에 따라 필요한 기본적인 사항이 다르다는 생각에 가깝다.

이러한 차이로 인해 빈곤한 개발도상국에 어떤 원조를 해야 하는가를 생각했을 때에도 다른 답이 도출된다. 이를테면 롤스의 입장에서는 인권 보장과 수입 확보 등으로 생활수준을 끌어올리자는 답이 나올 테고, 센의 입장에서는 빈곤의 원인, 즉 나쁜 위생 탓인지, 교육 부족 탓인지, 직장이 없어서인지 등의 처한 상황에 따라 다른 처치가 필요하다는 답이 나올 것이다.

이렇듯 정의에 대한 롤스와 센의 생각은 다르지만, 두 사람 다 어려운 사람을 최대한 도울 수 있는 방안을 진지하게 모색했다. 두 학자가 지닌 사회의 공평과 복지에 대한 강한 문제의식을 어떻게 활용하느냐는 우리 손에 달려 있다.

◈ 알아두면 쓸모 있는 철학 포인트

사회의 공평과 공정함을 보장하는 기준에 대한 공리주의/롤스/센의 생각을 비교해보자.

	기준	성질
공리주의	행복	주관적
롤스	기본재	객관적
센	능력(삶의 폭)	주관적 + 객관적

◈ 나만의 철학 세우기

- 롤스와 센의 생각 중 어느 쪽에 설득력이 있다고 느끼는지 생각해보자.
- 장애인의 대학 진학을 적극 추진하고자 입학시험에서 장애인에게 특별 가산점을 부여하자는 안이 제기되었다면, 롤스와 센은 이 제안에 대해 각각 어떻게 생각할까?

존 롤스(John Rawls, 1921~2002)

미국 하버드대학을 중심으로 활약한 철학자. 전문 분야는 정치와 윤리 관련 철학으로《정의론》의 저자로 유명하다. 2차 세계대전에서는 미 육군으로 참전했다.

아마르티아 센(Amartya Sen, 1933~)

인도 출신의 경제학자, 철학자. 1998년 아시아인으로는 최초로 노벨 경제학상을 수상했으며 현재는 하버드대학 교수다. 9세 때 200만 명이 굶주림으로 사망한 벵갈 기근을 경험했다. 아마르티아라는 이름은 '영원히 사는 자'라는 뜻이다.

(하스미 지로)

고대 그리스부터 정의에 대해 생각하다

정의는 의식하지 못하는 것이다?

'여러분은 정의를 얼마나 의식하며 지내고 있는가?' 누군가 이런 질문을 던지면 어떤 대답이 나올까.

별로 의식하고 있지 않다는 대답이 나올 수도 있다. 나쁜 대답은 아니다. 아니, 오히려 좋은 대답에 가깝다. 건강할 때에는 건강을 의식하지 못하다가도 병에 걸리면 그제서야 건강에 대해 생각하게 되듯이, 정의 또한 이미 실현된 상태에서는 별로 의식하지 못하다가 부정을 목격했을 때에야 비로소 격렬한 감정의 동요를 느끼며 정의감에 사로잡히기 때문이다. 그런 점에서 정의에 대해 별로 의식하지 않는다는 말은, 살면서 부정한 일을 많이 당하지 않았다는 뜻일 수도 있다.

하지만 한편으로 부정은 온 세상에 가득 차 있지 않은가. 매일 들려오는 사회 뉴스를 통해 우리는 도처에서 다양한 부정이 일어나고 있다는 사실을 알 수 있다. 일방적으로 사기와 절도 피해를 당하는 사람도 있고, 불합리한 사회 제도 때문에 양측이 정의를 부르짖으며(본래 한쪽이 옳으면 다른 쪽은 옳지 않을 테지만) 싸움을 벌이는 경우도 있다.

대체 정의란 무엇일까. 이 물음을 갖는 것은 우리뿐이 아니다. 먼 옛날 그리스 사람들도 그랬다. 우선 복수를 주제로 삼은 고대 그리스 비극을 살펴보자.

1. 그리스 비극 : 《아가멤논》

그리스 3대 비극 시인으로 꼽히는 아이스킬로스의 작품에는 '오레스테이아 3부작'이라 불리는 비극 모음이 있다. 부모 자식, 부부 사이에서 벌어지는 복수극을 다룬 작품이다.

10년에 걸친 트로이 전쟁에 나갔다가 집에 돌아온 그리스군 총대장 아가멤논은 목욕탕에서 아내인 클리타임네스트라에게 살해당한다. 클리타임네스트라에게는 남편을 죽일 이유가 있었다. 남편이 딸을 죽였기 때문이다. 아가멤논에게도 이유는 있었다. 그가 트로이 전쟁에 나갈 때 젊은 여자를 바치지 않으면 그리스군 함대가 무사히 트로이에 도착할 수 없다는 신탁을 받았기 때문이다. 이에 아가멤논은 어쩔 수 없이 자신의 딸 이피게네이아를 바치고 말았다. 그러나 클리타임네스트라가 보기에는 어리석은 전쟁 때문에 사랑하는 딸을 죽이는, 용서할 수 없는 행위였다. 10년간 남편에게 앙심을 품었던 아내는 남편이 돌아온 그날 끝내 숙원을 이룬다.

《제주를 바치는 여인들》

아버지는 딸을 죽이고 그 일로 아내가 남편을 살해하다니 참혹한 일이다. 하지만 꼬리에 꼬리를 무는 복수극은 여기서 끝나지 않았다. 어머니 때문에 아버지를 잃은 딸 엘렉트라와 아들 오레스테스는 아버지가 죽은 후 떨어져서 양육되었다가 오랜 시간이 흘러 재회하고 아버지의 원수를 갚기로 결의한다. 그 결과 오레스테스는 아버지를 죽인 어머니를 살해한다. 아들은 아버지의 원한을 풀었다. 동시에 어머니를 죽이고 말았다. 이로 인해 어머니의 원수가 돼버린 오레스테스는 복수의 여신들(에리니에스)에게 쫓기는 신세가 된다.

철학, 이토록 사회에 도움이 될 줄이야

《자비로운 여신들》

복수의 여신들과 오레스테스는 쫓고 쫓기며 아테네에 당도하고 그곳에서 그들은 제각기 자신의 정당함을 아테네 여신에게 호소한다. 양측의 주장이 나름대로 정당하다는 사실을 인정한 아테네는 사건의 옳고 그름을 판가름하는 재판을 열기로 한다. 엄선된 아테네 시민이 재판관이 되어 재판이 진행되었다. 한쪽은 이렇게 말한다.

오레스테스는 유죄다, 어머니를 살해했기 때문이다. 다른 쪽이 주장한다. 오레스테스는 무죄다, 아버지의 원수를 갚았기 때문이다. 이렇게 고발과 변론이 오간 후 아테네는 동수가 나오면 무죄로 간주한다고 선언하고 자신은 무죄에 표를 던진다. 개표 결과 무죄와 유죄가 동수로 나오고 오레스테스는 무죄를 판결받는다. 이 재판 결과에 복수의 여신들은 분개했으나, 아테네의 설득에 수긍해 자비로운 여신들(에우메니데스)로 변한다.

정의란 분노를 버리는 것

먼저 이 비극에서는 복수로는 연속 살인을 막을 수 없다는 데 주목하고 싶다. 딸을 죽인 남편을 죽이고, 아버지를 죽인 어머니를 죽이는 식으로 잇달아 일어나는 가족 간 살인은 복수를 정당하게 여기는 사람들이 벌였다. 클리타임네스트라는 '저 남자가 내 소중한 딸을 죽였으니 원수를 갚겠다'고 결심하고, 오레스테스는 '저 여자가 내 소중한 아버지를 죽였으니 원수를 갚아주겠다'고 결심했다. 그러나 복수는 살인이라는 악에 대해 또 하나의 살인이라는 악으로 보복하는 행위다. 과연 궁극적으로 옳은 일일까. 연속된 복수극을 막기 위해 아테네 여신이 참여한 재판이 열린 것은 복수가 부정하다고 단언할 수는 없더라도 복수와 별개의 정의가 존재한다는 의미가 아닐까.

또 한 가지 주목해야 할 점은 재판 후의 일이다. 아테네의 투표로 오레스테스의 무죄가 결정됐다. 하지만 행복한 결말을 맞이하지는 못했다. 오레스테스의 죄를 추궁하는 복수의 여신들이 인정하지 않았기 때문이다. 복수의 여신들은 재판의 '패배'를 모욕으로 받아들여 분노와 증오를 드러내고, 아테네의 대지와 국민이 화를 면치 못할 것이라고 단언한다. 이에 아테네는 갖은 이야기로 설득한다. 표는 동수로 나왔으니 모욕이 아니다, 그러니 국토를 불모지로 만들고 국민끼리 싸우게 하는 원한과 저주를 아테네에 퍼붓지 말아다오, 아테네에 머물며 국민에게 숭배받고 아테네에 은혜를 베푸는 존재가 되어달라. 이렇게 아테네 여신은 호소했다. 좀처럼 노여움을 풀지 못하던 복수의 여신들도 마침내 아테네의 말을 받아들인다. 복수를 정당한 것으로 여기고 분노와 증오에 사로잡혀 아테네 땅을 불모지로 만들고 사람들에게 분쟁을 심으려던 여신들은 아테네의 설득을 받아들여 분노와 증오를 버린다. 여신들은 자비로운 여신들로 변해 아테네의 정의와 평화에 기여하는 존재가 됐다. 여기서 정의란 분노가 아니라 분노를 버리는 것을 뜻한다고 이해해도 되지 않을까.

오레스테스의 무죄 판결은 옳았을까

하지만 이러한 아이스킬로스의 해결 방식은 우리가 두 손을 들고 찬성할 만한 일일까. 오레스테스가 무죄로 판결된 것이 이해가 안 간다고 느끼는 사람도 있을 터다. 어떤 이유가 됐건 친어머니를 죽인 데 대한 벌을 받지 않았다는 사실을 수긍하기가 어렵기 때문이다. 오레스테스는 벌을 받아 마땅하지 않을까.

절차 면에서는 재판에 문제가 없다. 표가 동수로 나와 무죄로 판결했고 재판 결과를 존중한다고 선언했기 때문이다. 즉, 현대의 재판이 법률에 따라 이루어지듯 규칙에 따라 오레스테스가 저지른 행위의 옳고 그름을 가리는 재판이 이루어졌다는 말이다. 하지만 옳은 결정 방식이었을까. 그리고 그 규칙에 따라 진행된 재판의 판결은 옳았을까.

결국 같은 질문으로 돌아왔다. 도대체 정의란 무엇일까. 생각의 실마리를 풀려면 계속해서 그리스 철학자 아리스토텔레스의 생각을 살펴보자.

2. 아리스토텔레스: 일반적 정의와 특수적 정의

아리스토텔레스에 따르면 정의가 몸에 밴 사람, 즉 올바른 사람이란 타인에게 선을 행하는 사람이다. 인간은 누구나 좋은 것을 갖고 싶어 하고 그런 행동을 취한다. 하지만 한 나라의 지배자건 일반 시민이건 타인에게 베풀 줄 아는 사람은 많지 않다. 그렇기에 정의는 반짝이는 금성으로 비유할 만큼 눈부시고 귀중하다고 아리스토텔레스는 말한다. 반대로 타인에 악을 행하는 사람은 가장 나쁘고 부정한 사람이다. 예컨대 음식이라고 속이고 독을 파는 사람이 있다면 그 사람은 악한 사람이자 부정한 사람이다.

타인을 위해 선을 행하는 사람은 올바른 사람이며 이 사람의 정의는 일반적 정의라 불린다. 하지만 아리스토텔레스는 특수적 정의도 존재한다고 말한다. 타인에게 덕을 행했을 때 얻을 수 있는 쾌락이 있는 경우 특수적이라고 하며, 이러한 특수적 정의를 배분적 정의, 교정적 정의, 교환적 정의의 세 가지로 구분했다.

배분적 정의

배분적 정의란 명예와 재화 등을 배분할 때 각자의 공적에 비례해 배분하는 정의다. 눈앞에 케이크가 있다고 하자. 어떻게 배분해야 할까. 8명이 있다면 8등분으로 나누는 편이 좋다. 모든 사람이 대등하기 때문이다. 만약 이 케이크가 경기의 승리를 축하하기 위한 것이라면 경기에서 활약한 사람에게 더 많이 할당할 수도 있다. A가 B보다 2배 더 기여했다면 A가 B보다 2배 큰 케이크를 받아야 마땅하다. 이렇듯 사람의 기여도에 따라 몫을 나누는 것이 배분적 정의다.

교정적 정의

이에 반해 교정적 정의는 잘못된 상태를 바로잡는 정의다. 예컨대 C가 D를 속여 금전을 갈취했다고 치자. C는 거기서 얻은 이익으로 D가 입은 피해를 보상해야 한다. 보상액은 D가 입은 손해와 동등한 액수여야 하는데, 이를 두고 이익과 손해의 중간이라고 아리스토텔레스는 말한다. 이 예에서 주의할 점이 있다. 아무리 D가 비열한 사람이라도 이익과 손해의 산정과는 무관하다는 점이다. 교정적 정의에서는 이익과 손해의 양만 고려하며, 이익을 얻은 사람과 손해를 입은 사람이 어떤 사람인지는 고려 대상이 아니다. 이것이 교정적 정의의 특징이다.

교환적 정의

교환적 정의란 상품 거래와 관련된 정의다. 아리스토텔레스가 든 예를 활용하자면 목수는 집을, 제화공은 신발을 제공함으로써 양자 사이에 평등이 성립된다. 즉, 적절한 교환이 이루어졌을 때 교환적 정의가 이루어졌다고 본다.

이 교환은 양쪽의 필요에 기초한다고 아리스토텔레스는 설명한다. 목수는 집을 지을 수는 있지만 신발은 만들지 못한다. 하지만 신발이 필요하다. 제화공은 신발을 만들 줄은 알지만 집을 짓지는 못한다. 하지만 집이 필요하다. 서로가 서로를 필요로 하고 이 필요가 둘을 연결한다. 이러한 관계는 목수와 제화공 이외에도 무궁무진하다. 우리가 살아가는 데에는 다양한 것이 필요하고 그것을 제공해주는 타인이 필요하다. 이 필요야말로 공동체를 구성하는 중요한 요소다. 따라서 필요한 것을 교환할 때 정의를 지키지 않으면 공동체는 존속할 수 없게 된다.

그렇다고는 해도 집과 구두를 비교하는 것은 그다지 쉬운 일이 아니다. 게다가 집과 구두뿐 아니라 옷과 음식 등 온갖 것을 비교해야 한다. 또한 누가 언제 무엇을 필요로 할지에 따라 물건의 가치는 변하므로 비교하기가 더욱 어려워진다. 이처럼 간단하게 비교할 수 없는 것을 쉽게 비교할 수 있게 고안한 것이 바로 화폐라고 아리스토텔레스는 말한다. 화폐는 인간이 만든 것이므로 그 가치를 변경하는 것도 무(無)로 만드는 것도 인간의 손에 달려 있다고 아리스토텔레스는 덧붙인다.

3. 정리: 정의에 대해 생각해보자

여기까지 아리스토텔레스의 정의에 대한 생각을 간단하게 정리해봤다. 이 중에서 정의란 무엇인가라는 우리 물음에 대한 답을 얻었는가?

어느 정도는 얻지 않았을까 싶다. 아리스토텔레스의 말처럼 각자의 기여도에 따라 자기 몫을 분배받아야 하고 손해에 상응하는 보상을 해야 하며 물품의 매매는 적절한 가격으로 이루어져야 한다. 이러한 것이 정의라고 말한 아리스토텔레스의 생각에 동의하는 사람도 많을 듯하다.

단, 아리스토텔레스는 '~에 따라', '상응하는', '적절한'이라는 표현이 구체적으로 얼마만큼의 양과 비율인지를 제시하지 않았다. 또한 교정적 정의에서 금전과 물건은 보상과 변상이 가능하지만, 신체와 생명 등 소중한 것은 한 번 잃어버리면 돌이킬 수 없으므로 보상이 어렵다. 남편을 죽여서 딸의 원수를 갚은들 딸은 돌아오지 않을 테니 말이다. 그러니 더 구체적으로 제시해달라는 사람도 있을지 모른다.

하지만 더 구체적인 답을 달라는 것은 아리스토텔레스는 물론 누구에게 해도 가혹한 요구일 것이다. 정의를 판단해야 할 구체적인 상황에는 늘 다양한 요인과 조건이 복잡하게 얽혀 있으므로, 모든 상황을 깔끔히 정리 가능한 풀이 공식은 없기 때문이다(아리스토텔레스도 이에 대해서도 언급했다). 그렇다고 아리스토텔레스의 생각이나 우리가 아이스킬로스의 비극에서 지적한 것이 무의미하다는 이야기는 아니다. 정의에 관해 생각해볼 수 있는 이러한 기본적 논점이 있기에, 구체적인 상황에 대해 찬찬히 생각해볼 수 있다.

(다카하시 마사토)

버티는 삶에 대하여 — 시부사와 에이이치의 '공'과 '사'

사람은 누구나 좌절을 거듭하며 나이 들어간다. 대학 문턱에서 좌절하고 스포츠나 연애, 직장에서 좌절하기도 한다. 꿈과 이상을 좇는 한 좌절을 피할 길은 없다.

좌절하고 절망감에 의욕을 잃고 인생을 포기하고 자포자기하는 사람이 있는가 하면 반대로 좌절과 절망을 새로운 한걸음을 내딛을 에너지로 전환해 인생을 개척하는 사람도 있다. 뜻대로 인생을 펼치지는 못해도 괴로운 상황 속에서 새로운 꿈과 희망을 발견하고 인생을 헤쳐나가려는 자세를 '버티는 삶'의 태도라고 부르기로 하자. 인간은 괴로움 속에서도 끈질기게 몇 번이고 꿈과 이상을 찾을 수 있다. 여기서는 그렇게 살아간 한 인물에게 초점을 맞추고자 한다. 이 인물은 엄격한 신분제가 실시되던 봉건사회 속에서 농민으로 살아갈 숙명이었다. 좌절을 경험하며 인생을 포기하지 않고 미래를 개척한 그 사람의 생의 궤적을 따라가며 버티는 삶의 의미를 생각해보자.

메이지 시대를 대표하는 실업가

그의 이름은 시부사와 에이이치다. 농민 출신이지만 출세해 무사 계층까지 올라갔다. 그는 메이지 유신 후 한때 관직에 몸담았다가 반생을 민간에 종사하며 일본을 대표하는 실업가로 일본 경제를 이끌었다.

시부사와는 자신의 사적 경제활동으로 공공과의 관계를 정립했다. 그는 메이지 시대 실업가 중에서도 독자적 경영철학을 바탕으로 경제활동을 했다는 점에서 독보적이었다.

본디 일본 사회에서는 '사(私)'보다 '공(公)'이 우선하며 '사'를 극복해야 할 것 또는 부정해야 할 대상으로 간주하는 경향이 강했다. 근대에 이르러서도 '공'은 '관'이나 국가와 동일시되고 '사'는 가급적 억제하는 것이 바람직하다고 보는 경우가 대부분이었다.

하지만 시부사와는 강렬한 자아의식에 눈뜨고 '사(자기)'에 틀어박혀 세상과 단절되거나 '공' 앞에서 '사'를 억누르는 것을 옳다고 보지 않았다. 그는 사적 이익의 추구를 공익과 접목하고 긍정했다. 이 사고방식에는 그때까지 대립 관계였던 일본의 공과 사를 '공공 이익'이라는 새로운 개념을 매개로 양립시키고자 하는, 당시 일본에서 거의 볼 수 없었던 새로운 측면이 있다. 그는 사적 이익을 공공의 이익으로 전환함으로써 사적 존재의 정당성을 주장했다.

비굴하게 사는 농민의 실태를 경험하다

시부사와는 1840년 무사시 후카야의 농가에서 장남으로 태어났다. 시부사와 가문은 농업뿐 아니라 쪽잎으로 만든 쪽빛 염료 아이다마의 생산과

268

판매를 큰 규모로 경영해 재산을 축적했으며 농촌의 지도 계층에 속했다. 시부사와의 주변에는 읽기와 쓰기는 물론 일본의 전통 정형시 와카와 짧은 시 하이쿠에 정통하고 유학과 일본 고전을 배우는 농촌 지식인이 있었다.

시부사와는 훗날 자신의 인생관을 바꾼 사건에 대해 종종 언급했다. 지방 관료의 부름에 아버지의 대리인 자격으로 출두한 그는 갑자기 500량을 공금으로 내놓으라는 명령을 받았다. 답변을 미루며 아버지에게 전하겠다고 답하자 관료는 시부사와의 인격을 부정하며 온갖 욕설을 퍼부었다. 굴욕적인 대우를 받고 집에 돌아온 시부사와는 아버지에게 관료의 불합리한 언동에 대해 호소하나, 아버지는 농민은 무사의 명령을 거스를 수 없다며 아들을 타이른다. 이때 시부사와는 엄격한 봉건적인 신분 질서를 받아들이고 비굴하게 사는 농민의 실태를 경험했고, 이로써 '백성으로 살고 싶지 않다'는 마음을 절실히 품게 되었다고 술회했다.

반항 정신: 농민에서 무사로

에도 막부* 말기가 되자 농민 계층 중에도 학문을 배우고 정치에 큰 관심을 가진 사람들이 등장한다. 시부사와 또한 10년 연상인 사촌 형 오다카 신고로의 사설 글방에 다녔다. 지행합일을 주장하는 양명학에 정통한 오다카는 미토학**의 영향을 받고 페리 함대의 입항을 계기로 존왕양이(尊王攘夷)론***을 부르짖으며 막부 정책을 비판했다. 시부사와는 농민인 자신을 부

---

*   에도 막부(1603~1867) : 도쿠가와 이에야스가 통일을 이루고 1603년 에도(현 도쿄)에 수립한 일본 무가(武家) 정권. 도쿠가와 막부라고도 불린다.
**   유학과 사학을 바탕으로 한 국학(國學)과, 선조와 자연을 숭배하는 일본 고유의 민족신앙인 신도(神道)의 요소를 결합해 19세기 전반에 형성된 학파.
*** 왕을 숭상하고 오랑캐인 서구열강을 배척하자는 주의. '존황양이(尊皇攘夷)'라고도 함.

정이라도 하듯 에도에 진출해 간다(神田) 지방의 지바 도장에서 검술을 배우고 존왕양이 운동에도 관심을 갖게 된다.

시부사와가 신분과 계급을 넘어 '지사(志士)' 의식을 형성하게 된 데에는 봉건적 신분 질서에 대한 분노가 작용했다. 시부사와는 동료를 모아 무기를 사들인 다음 다카사키성을 공격하고 요코하마의 외국인 거주지를 불태워버리는 등의 과격한 계획을 세웠다.

하지만 무모한 계획이라고 지적하는 주변의 강한 반대에 부딪힌다. 농민으로 가업을 이어받아 아버지처럼 '관존민비'를 참고 견딜 것인가. 아니면 시대를 개혁할 것인가. 봉건적 신분 사회를 숙명으로 여기고 살아가는 부친에 대한 '효(孝)'와 '의(義)'를 중시하는 무사 의식 사이에서 시부사와는 고뇌하고 갈등했다. 마침내 의절해달라고 청하는 시부사와와 아버지 사이에서 격렬한 논쟁이 벌어졌다고 훗날 시부사와는 회고했다.

동료 중 한 명이 당국에 취조를 당하자 계획이 발각될 것을 예견한 시부사와는 '이세(伊勢) 신궁 참배'를 명목으로 교토로 도피한다. 교토에 간 시부사와는 에도에서 친분을 맺은 히토쓰바시 가문의 고용인 히라오카 엔시로를 찾아간다. 예전부터 시부사와의 지략을 높이 샀던 히라오카는 그의 사정을 이해한 상태에서 이치하시 가문에서 일하라고 권한다. 농민 출신 무사에서 관직 무사의 신분이 된 셈이다. 고심 끝에 내린 용단이었지만 강하게 살겠다는 결단이기도 했다.

상황에 얽매이지 않고 자신의 판단을 따르다

시부사와가 섬긴 히토쓰바시 요시노부*는 1866년 7월 15대 장군이 되

---

* 　히토쓰바시 요시노부(1837~1913) : 도쿠가와 요시노부. 에도 막부의 마지막 장군.

었다. 한때 시부사와는 존황(皇)양이를 주장하며 막부를 비판하고 도망갔다가 관직에 올랐다. 그런데 그가 섬기는 주군이 막부의 핵심이 된 것이다. 시부사와는 이를 두고 '더 없이 불행한 상황에 직면했다'고 회고했다. 그러나 이윽고 그의 운명을 송두리째 바꾸는 계기가 찾아온다.

막부는 1867년 파리에서 열린 만국박람회에 장군의 동생인 도쿠가와 아키타케를 대표로 구성한 사절단을 파견하기로 했다. 시부사와는 그 수행원의 일원으로 선발되었다. 한때 양이주의자였던 그가 친선사절단의 일원이 된 것이다. 이때에도 시부사와는 자기모순과 직면해야 했다. 그는 이렇게 적었다.

> 나는 외국에 대해 잘 모른다. 모르면서 왈가왈부하지 말고 외국에 대해 알아야 한다. 외국에서 배워야 하는 것도 많을 터다.
>
> '회고록' 〈류몬(龍門) 잡지〉 1925년 5월호

시부사와는 한때 요코하마의 외국인 거주지를 불태울 계획을 세운 격렬한 반외국주의자였다. 그런데 막부의 신하가 된 후 세계의 다양한 정보를 얻으며 서양 문명에서 배울 필요성을 인식하고 자신의 생각을 완전히 바꿨다.

이처럼 시부사와가 상황 변화에 맞추어 판단을 바꿀 수 있었던 이유는 상황을 적확하게 읽어낼 줄 아는 예리함뿐 아니라 자신의 신조와 이데올로기에 얽매이지 않는 강한 둔감력**을 겸비해서가 아닐까. 강한 둔감력이란 자신이 처한 상황 때문에 자기모순에 맞닥뜨려도 '나'의 판단을 믿고 무슨

** 일본의 소설가 와타나베 준이치의 베스트셀러 제목에서 비롯된 단어. 작은 일·사소한 일에 급급하거나 동요하지 않으며 매사에 적극적으로 임하는 자세를 뜻한다. 2007년 일본에서 '올해의 유행어'로 선정되었다.

철학, 이토록 사회에 도움이 될 줄이야

일에든 그것을 우선할 수 있는 용기를 말한다.

시부사와가 서구 시찰로 얻은 것

시부사와가 남긴 서구 체험기를 읽어보면 경험한 적 없는 서구 문화와 관습을 편견 없이 바라보는 호기심 어린 시선을 확인할 수 있다. 여행하기 전까지만 해도 외국인을 야만시했는데, 파리에 당도했을 즈음에는 그러한 편견이 온데간데없이 사라진 뒤였다. 그는 '우리가 열심히 배울 수밖에 없다. 그들이 오랑캐나 금수라는 생각은 사라졌으며 도저히 우리는 이길 수 없다. 이들을 스승 삼아 배울 수밖에 없다'('구미 시찰담' 〈국가학회 잡지〉 1903년 6월호)는 생각에 이르렀다고 회고했다.

시부사와는 서구 시찰로 얻은 것을 세 가지로 정리했다. 우선 서구 선진국의 상업이 많은 사람들의 협력을 바탕으로 이루어지는 '합자(合資)조직'(주식회사) 형태라는 점, 둘째로 서구에서는 합자조직과 관련된 상인과 정치가나 관료의 관계가 대등하며 관존민비의 풍조가 보이지 않는다는 점, 셋째로 벨기에 국왕이 철 거래에 관심을 두듯 유럽에서는 상업을 천한 일이 아니라 국가 발전의 중심으로 여긴다는 점. 이 세 가지 인식은 시부사와의 일본 근대 구상과 상업 활동에 커다란 시사점을 안겨주었다.

이재와 도덕의 일치

귀국 후 시부사와는 메이지 정부에 출사했으나 관직에 몸담은 것은 4년도 채 안 되는 기간이었다. 공직에서 물러난 그는 민간인 자격으로 일본 상업 발전에 투신하여 500곳에 달하는 회사를 설립했다.

시부사와는 토·농·공·상이라는 봉건적 신분 사회에서, 사리를 추구하여 천한 일이라고 인식되던 상업이야말로 사회 번영의 토대이며 나아가 전

272

세계에 번영을 부르는 일이라고 확신하기에 이른다. 그리고 이익을 추구하는 상업의 사회적 역할이 중요하다는 것을 인식하기 위해서라도 상업에 종사하려면 학문을 배우고 '공리'와 '사리'를 변별하기 위한 도덕을 익혀야 한다고 주장했다.

시부사와는 상업을 포함해 이익을 거두는 '이재(理財)'와 '도덕'의 일치에 대해 이렇게 말했다.

> 이재와 도덕의 일치에 힘쓰고 인격을 높이고 공공의 이익을 꾀하는 것이 길이라고 생각합니다. 전통적인 생각에 따라 도덕을 숭상하는 자는 실업을 멸시하고 상공업에 종사하는 자는 학문이나 덕의가 필요 없다고 알고 있었으나 앞서 언급한 야만적인 생각은 모조리 지워버리고 싶습니다.
>
> '상도덕 및 서구 시찰담' 〈류몬 잡지〉 1903년 4월호

'이재'와 '도덕'을 합치시키는 것이 '공덕(公德)'이라는 관념이었다. 일본인이 서구인에게 비판받는 점이 '공덕의 결여'이며 '공공' 관념과 더불어 일본인에게 부족한 관념이라고 시부사와는 지적한다. 그는 '공덕'을 매개로 하면 '사익'이 '공익'으로 전환된다고 주장했다.

사업은 다수 사회에 이익을 주는 것이어야 한다

시부사와의 사상을 뒷받침한 것은 《논어》였다. 시부사와는 자신의 인생 지침으로 늘 《논어》를 의식했다고 한다. 시부사와가 주장한 '공리'와 '공익' 관념은 그의 《논어》 해석에서 탄생했다.

《논어》의 '이인편(里仁篇)'에 이런 구절이 있다. '누구나 부귀를 바란다. 하지만 사람으로서 올바른 방법으로 얻은 것이 아니라면 물리쳐야 한다.

누구나 비천한 것을 싫어한다. 하지만 사람으로서 올바른 행위를 했음에도 그렇게 되었다면 받아들여야 한다.' 시부사와는 이를 바탕으로 다음과 같이 주장했다. '부귀는 사람의 욕망이 바라는 것이니 군자가 가까이하면 안 된다는 말은 이유 없는 편견이며 도리에 어긋나게 얻은 부귀가 나쁜 것일 뿐, 의와 도에 맞기만 하다면 인정할 수 있다.'

이어서 나온 '훌륭한 사람은 무엇이 옳은가를 생각하고 행동하지만, 하찮은 사람은 이익만 생각한다'는 구절을 두고는 도리에 맞기만 하면 의(義)와 이(利)가 양립한다고 해석했다. 또한 '자신의 이익만 생각하면 남에게 원한을 사기 쉽다'는 구절에 대해서는 자신의 이익(사리)에만 치우치지 말고 공중의 이익(공리)을 해치지 않도록 주의를 기울여야 한다고 했다. 그리고 도리에 비추어 '의'를 행한다면 타인에게 원한을 사지 않으면서 '사리'가 저절로 '공리'로 연결된다고 주장했다.

훗날 시부사와는 '내 생각으로는 사업은 한 개인에게 이익이 되는 일보다 다수 사회에 이익을 주는 것이어야 한다'(《논어와 주판》)고 했다. 여기서 다수 사회의 이익은 '공익'이라 불리고 이윽고 '국익'으로 바뀐다.

시부사와는 상업 활동을 하면서도 생산하는 농민이라는 자신의 출발점을 잊지 않았다. 거의 평생을 재야에 몸담아 '공익'을 주장하며 상업·경제 활동의 정당성을 계속 주장했다. 그가 청년 시절 경험한 부조리한 관존민비 풍조에 대한 도전이기도 했다. 시부사와의 생애는 그야말로 '백성'으로서 버텨낸 역사라고 해도 과언이 아니다.

만년의 그는 국제 평화와 전쟁 회피 등에 전력을 다했으나 '국익'과 연결된 '공익'을 국가를 넘어 모든 인류의 보편적 '공익'으로 확대하지 못한 채 이 세상을 떠났다. 시부사와의 공익론과 도덕론은 우리 시대에 맞지 않은 점도 있지만 현대인이 빠져버린 '사'적 함정을 극복하고 공공 세계를 만들어가는 데 커다란 실마리를 제공해준다.

　사람은 때로 새로운 환경에 적응하지 못하고 '사(자기)' 안에 틀어박혀 자기를 잃어버리기도 한다. '버티는 삶'이란 그러한 '사'를 '공공' 속에서 재생시키는 시도이기도 하다.

(오키다 유쿠지)

'자유경쟁'이란
어떤 경쟁일까?

애덤 스미스 《국부론》《도덕감정론》
서양 사상 ★ 자유경쟁, 보이지 않는 손, 불평등, 격차

자유경쟁에서는 뭐든지 해도 될까?

남규   이제 1년만 있으면 졸업이구나.

미도   졸업하면 어떡할 거야?

남규   나? 취직해야지. 미도는?

미도   대학이나 전문대에 가려고. 나리는?

나리   아직 결정 못 했어. 부모님과 상의하려고.

남규   취직도 입시도 너무 어려울 것 같아.

미도   어쩔 수 없지, 경쟁 사회니까.

나리   그런가. 경쟁 사회가 뭔데?

미도   뭐든 경쟁으로 정하는 사회지.

나리   정말이지 경쟁은 싫어.

미도	그래도 옛날처럼 신분 때문에 꿈이 있어도 이루지 못하는 것보단 낫지 않아?
남규	그건 그래. 하고 싶은 걸 하면 되니까.
나리	하지만 하고 싶은 걸 하려면 경쟁에서 이겨야 하잖아. 그런 거 난 정말 별로야.
미도	나도 좋아하진 않지만, 다들 자유롭게 경쟁에 참여할 수 있다는 게 중요하지 않을까?
나리	같은 경쟁이라도 자유로우니까 좋다는 뜻이야?
남규	자유경쟁이라는 말은 꼭 뭐든지 해도 된다는 소리로 들린다.
미도	자유경쟁에도 규칙은 있겠지.
남규	그런 규칙이 있다고 쳐, 과연 모두가 지킬까?
나리	글쎄. 아, 자유경쟁을 주장한 사람이 누구였지?
미도	애덤 스미스 말이야?
나리	맞다, 그 사람. 스미스가 뭐라고 말했더라?
미도	잘 기억은 안 나지만, 자유경쟁을 하면 '신의 보이지 않는 손'이 작용해서 사회가 풍요로워진다는 이야기였던 것 같은데.
나리	자유롭게 경쟁하면 모두가 행복해진다고? 진짜로?
남규	하지만 실제로는 승자와 패자로 갈리지.
나리	그렇지? 결국 패자가 생기잖아. 승자와 패자라니, 너무 싫다.
남규	패자가 되지 않도록 노력해라, 이건가?
미도	……. 있잖아, 우리 벚꽃 구경 안 갈래?
나리	갈래!
남규	벚꽃 구경에는 승자도 패자도 없으니까. 벚꽃이나 보면서 내일부터 노력하지 뭐.

철학, 이토록 사회에 도움이 될 줄이야

💡 자유경쟁에서는 누구나 자유롭게 경쟁에 참여할 수 있다. 그렇다면 자유경쟁에도 규칙이 있을까? 자유경쟁은 사회를 풍요롭게 할까?

모두가 경쟁에 자유롭게 참여할 수 있다

애덤 스미스가 살던 18세기 유럽은 많은 나라가 자국의 이익을 수호하기 위해 특정 산업을 우선시하거나 반대로 제약하는 것이 보통이었다. 그러나 스미스는 정부의 규제는 오히려 국가의 이익을 해친다고 여기고 자유경쟁을 주장했다.

그렇다면 그것은 어떤 경쟁인가. 스미스는 자유경쟁에 대해 이렇게 말했다.

> 누구나 정의의 법을 어기지 않는 한 완전히 자유롭게 자신의 방식으로 자신의 이익을 구할 수 있다. 그리고 자신의 노동과 자본을 두고 타인 또는 다른 계층에 속한 이들의 노동과 자본과 경쟁할 수 있다.
>
> 애덤 스미스, 《국부론》

누구나 정의의 법에 의거해 정부의 규제를 받지 않고 자유롭게 이익을 구할 수 있다. 이것이 바로 스미스가 주장한 자유경쟁이다.

그리고 자유경쟁이란 미도가 대화 속에서 말했듯이 '모두가 자유롭게 경쟁에 참여할 수 있다'는 뜻이기도 하다. 출신과 성장 환경, 성별과 연령, 국적과 인종은 경쟁과 아무 상관없다. 꿈을 이루고 하고 싶은 일을 할 기회는 모든 사람에게 대등하게 주어진다.

자유경쟁에도 규칙은 존재한다

그렇다면 자유경쟁이란 남규의 말처럼 '무엇을 해도 좋다'는 의미일까? 아니면 미도의 말처럼 '자유경쟁에도 규칙이 있다'고 봐야 할까?

앞의 인용문에 나왔듯이 스미스는 자유경쟁에 대해 '정의의 법을 어기지 않는 한'이라는 조건을 달았다. 이 정의의 법이야말로 자유경쟁의 규칙이다. 여기서 정의의 법이란 어떤 법일까.

> 정의의 법 중 가장 신성한 것, 침범에 대해 복수와 처벌을 요구하는 목소리가 가장 높은 것은 이웃의 생명과 신체를 보호하는 법이다. 그다음은 이웃의 소유권과 소유물을 보호하는 법이고 마지막으로 높은 것은 개인권이라 불리는 것, 즉 타인과의 약속으로 받은 것을 보호하는 법이다.
>
> 애덤 스미스, 《도덕감정론》

정의의 법이란 개인의 생명·신체·소유물 따위를 보호하는 법이며, 이 법을 위반하면 처벌을 받는다. 다시 말해 자유경쟁에도 규칙은 존재한다. 자유라고는 해도 뭘 해도 괜찮다는 뜻은 아니다.

공평한 관찰자에게 인정받고 싶은 사람들

규칙이 있다고 해도 모두가 지킬 수 있을까? 앞서 남규가 품은 의문은 결코 논지에서 벗어난 것이 아니다. 자유경쟁 체제에서는 모든 사람이 자신의 이익을 추구하며 타인과 경쟁하는데, 그중에는 자신의 이익을 좇은

철학, 이토록 사회에 도움이 될 줄이야

나머지 규칙을 위반하는 사람도 나올 수 있다. 그리고 그런 사람이 늘어날수록 규칙이 흔들리며 경쟁 자체가 이루어지지 않는다.

그런 의문에 대해 스미스는 직접적인 답을 내놓지는 않았다. 다만, 인간의 심리에 관해 자세히 논한 대목에서 답을 상상할 수는 있다.

스미스에 따르면 인간의 마음에는 '자기애'(이기심)가 있기 때문에 누구나 자신의 행복을 추구한다. 한편 타인에게 '공감'받고 싶은 욕구도 있는데, 그래서 타인이 공감할 수 있을 정도로 자기애를 억제하려고 한다. 즉, 너무 이기적인 사람이라는 인상을 주지 않도록 행동한다.

스미스는 이것이 자유경쟁에도 적용된다고 봤다. 그럴 경우 '타인'이란 경쟁 상대가 아니라 경쟁과 관련 없는 사람, 즉 제3자다. 그런 사람은 경쟁에 관여하지 않으므로 공평한 입장에서 경쟁을 바라볼 수 있다. 스미스는 그런 사람을 '공평한 관찰자'라고 불렀다.

사람은 자기애가 있어서 자신의 행복을 추구하지만, 동시에 공평한 관찰자에게 공감받고 싶어서 자기애를 억제하려고 한다. 이에 대해 스미스는 다음과 같이 적었다.

그는 공평한 관찰자가 자신의 행동 원칙[자기애]을 받아들여 주기를 무엇보다 바란다. 하지만 그렇게 행동하고자 한다면 자신의 거만한 자기애를 겸허히 낮추어 다른 사람들이 동의할 만한 수준까지 끌어내려야 한다. 사람들은 그가 다른 사람보다 자신의 행복에 신경 쓰고 진지한 노력으로 행복을 추구하는 것을 인정한다. 그런 동안에는 그 사람의 자기애에 관대하며 그 사람의 입장을 생각할 경우 언제든 그에게 금방 동의한다. 부와 명예와 지위를 얻기 위해 경쟁하며 모든 경쟁 상대보다 앞서기 위해 열심히 달려도 좋고 온 힘을 다해도 괜찮다. 하지만 누가 됐건 경쟁 상대를 밀거나 넘어뜨리면 관찰자들의 관대함은 완전히 사라진다. 페어플레이에 어긋나며 관찰자들이 용납하지 않는 행위다.

애덤 스미스, 위의 책

공평한 관찰자에게 인정받으려면 자기애를 억누르고 철저하게 페어플레이를 해야 한다. 페어플레이란 정의의 법을 지키는 행위다. 규칙이 있다고 해도 모두가 지킬 수 있을까라는 남규의 의문에 스미스는 이렇게 답할 듯하다. 사람들 대부분은 자발적으로 규칙을 지키게 된다.

자유경쟁은 풍요로운 사회를 만들까?

또한 스미스는 미도의 말처럼 '자유경쟁은 사회를 풍요롭게 만든다'고 주장했다. 정확히는 자유경쟁에서 개인이 자신의 이익만 추구해도 의도치 않게 사회의 이익을 추진하게 된다고 주장했다.

그는 평소 공공의 이익을 추진하려는 생각도 없었고 얼마만큼 추진하는지도 모른다. 해외 산업보다 국내 산업을 지지하는 것도 자신의 안전을 위해서이며 생산물이 최대의 가치를 갖도록 산업을 이끄는 것도 오직 자신의 이득을 위해서다. 하지만 이런 경우에도 다른 많은 경우처럼 보이지 않는 손에 이끌려 전혀 생각도 못 했던 목적을 추진하게 된다. 그 목적을 달성하겠다는 생각이 전혀 없었다고 해서 반드시 사회에 나쁜 일이라고는 단언할 수 없다. 자신의 이익을 추구함으로써 실제로 사회 이익

을 추구해야겠다고 생각할 때보다 더 효과적으로 사회의 이익을 추구할
수 있다.

애덤 스미스, 《국부론》

개인이 자신의 이익을 자유롭게 추구할 경우 의도치 않아도 사회에 이
익을 가져온다. 이것이 그 유명한 '보이지 않는 손'이다.

그렇다면 사회의 이익이란 무엇인가. 보이지 않는 손을 어떻게 해석하
느냐에 따라 다르다. 경제학에서 보이지 않는 손이란 시장에서 수요와 공
급이 자동으로 조정되는 상황을 말한다. 시장의 자동 조정 기능이 작용해
경제가 안정되고 발전을 이루는 것을 사회의 이익으로 본 것이다.

또한 경제학에는 '완전경쟁 시장'이라는 개념이 존재한다. 그곳에서 사
람들은 자유롭게 시장에 참여하거나 벗어날 수 있으며 이상적인 가격으
로 매매가 이루어진다. 다시 말해 모든 사람들이 득을 보고 아무도 손해
를 보지 않는다. 그런 점에서 취업이나 입시와는 다르다.

단, 남규의 말처럼 현실에서는 경제적 경쟁으로 인한 승자와 패자가
존재한다. 이것은 어떻게 이해해야 할까. 현실에서 경제적 경쟁은 불완
전하다는 뜻일까? 그렇지 않다. 오히려 경제적 경쟁이 완전한지 여부를
떠나서 승자와 패자, 바꿔 말해 불평등과 격차가 발생한다고 생각해야
한다.

자유경쟁에는 사회를 풍요롭게 하는 역할이 있을지도 모른다. 한편 불
평등과 격차를 낳기도 한다. 나리가 의문을 품었듯이 자유경쟁에서 '모두
가 행복해지기'는 불가능하다.

자유로운 경쟁과 어떻게 마주 볼 것인가

자유경쟁으로 인한 불평등과 격차 문제는 어제 오늘의 이야기가 아니다. 사실 스미스가 죽은 후인 19세기에서 20세기 유럽 각국에서는 이 문제가 이미 커다란 사회문제로 대두되었다. 그런 상황에서 자유경쟁에 기초한 '자본주의'를 대체하는 체제로 '사회주의'와 '복지국가' 등이 제시되었다.

사회주의는 사람들이 토지와 공장 등의 생산 수단을 공유하고 협동으로 생산하자는 시도였다. 자본주의 같은 경쟁 사회 대신 새로운 협동 사회를 세워서 불평등과 격차를 바로잡는 것이 목표였다. 하지만 사회주의는 사람들의 자유를 억압하고 경제를 쇠퇴시켰고 그 결과 실패로 끝났다.

복지국가는 국가가 국민의 생활을 보장하고 그를 위해 경제에 적극 개입하자는 시도였다. 자유경쟁을 인정하면서도 세금과 사회보장으로 소득을 재분배해서 불평등과 격차를 바로잡고자 했다. 하지만 복지국가 대부분은 복지 비용의 증대로 재정난에 빠져 파탄하는 추세다.

사회주의는 실패하고 복지국가는 파탄에 이르자 최근 자유경쟁이 다시 주장되면서 경쟁 사회, 승자/패자가 당연시되고 있다. 그렇다면 우리는 자유경쟁이 낳는 불평등과 격차를 받아들여야 할까, 아니면 사회주의나 복지국가와는 또 다른 방법으로 불평등과 격차를 바로잡아야 할까.

자유경쟁을 어떻게 마주해야 하는가. 이는 현대를 사는 우리 또한 지고 가야 할 큰 문제다.

철학, 이토록 사회에 도움이 될 줄이야

⊕ 알아두면 쓸모 있는 철학 포인트

> 인간은 자기애(이기심)가 있기 때문에 자신의 행복을 추구하고 경쟁한다.

← 타인(공평한 관찰자)에게 공감받기를 원한다.

> 자기애를 억누르고 철저히 페어플레이를 한다(정의의 법을 지킨다).

◈ 나만의 철학 세우기

· 자유경쟁의 좋은 점과 나쁜 점은 무엇일까?
· 자유경쟁이 낳는 불평등과 격차는 바로잡아야 할까? 그래야 한다면 어떻게, 어느 정도
  까지 바로잡아야 할까?

오늘의 철학자

애덤 스미스(Adam Smith, 1723~1790)

영국(스코틀랜드)의 경제학자. 《국부론》을 집필해 '경제학의 아버지'라 불
렸으나, 원래는 대학에서 '도덕 철학'을 가르쳤다. 영국에서 가장 위대한
철학자인 데이비드 흄(David Hume, 1711~1776)과는 둘도 없는 친구다. 흄
이 파란만장한 인생을 보낸 데 비해 스미스의 인생은 조용하고 눈에 띄
지 않는 학자의 일생에 불과했지만, 시장의 메커니즘을 규명한 《국부론》
은 그의 인생과는 대조적으로 후세에 헤아릴 수 없는 영향을 끼쳤다.

(쓰게 히사노리)

세상은 내 노력과 무관하게 흘러갈까?

헤겔《역사철학강의》

근대 사상 ★★ 발전, 정신, 이성의 책략

세상은 점점 좋아지고 있을까?

지우　'세상은 개인의 노력과 무관하게 흘러가는 법인가.' 이런 말이 있
　　　다던데.

태주　당연하지. 우리 둘이 없어도 세상은 잘만 흘러갈걸.

지우　은근 속상하지 않아? 세상은 발전하고 있는데 말이야.

태주　발전이라……. 세상은 정말로 발전하고 있는 걸까?

지우　그럼. 인공지능도 있고 유전자 기술도 엄청 발전하고 있잖아.

태주　발전이란 건 편리함과 안락함을 가져온다는 뜻이야?

지우　그렇지 않을까. 하지만 그것만은 아니지. 발전한 덕분에 여태껏 몰
　　　랐던 사실이 밝혀지기도 하잖아.

태주　그럼 발전은 정보가 늘어난다는 뜻인가?

　　　　　　　　　　철학, 이토록 사회에 도움이 될 줄이야

지우   그렇게 봐도 괜찮지 않을까?

태주   가만 보니 넌 발전은 좋은 것이라고 생각하고 있구나. 그러니까 속상하지.

지우   응? 발전은 좋은 거 아니었어?

태주   글쎄, 과학 발전으로 원자폭탄이랑 원전 사고가 터졌잖아.

지우   원자폭탄이나 원전 사고는 끔찍한 일이었지만 기술과 과학의 발전은 기본적으로 인간에게 행복을 가져온다고 생각해.

태주   맞아. 하지만 행복이 무엇을 의미하는가, 이건 사실 어려운 문제야. 그리고 과학과 기술이 발전했다고 세상이 발전했다고 할 수 있을까?

지우   그게 무슨 말이야?

태주   정치와 경제, 윤리도 세상에 속해 있잖아. 대체 개인과 세상은 어떤 관계일까?

지우   개인이 성장하고 과학과 기술이 발전하듯이 세상도 발전하는 거 아냐?

태주   이 세계에 비하면 개인은 아주 작고 무력한 존재야.

지우   그건 그렇지. 하지만 아무리 작아도 모두가 노력하고 있으니까 세상은 좋아지고 있다고 생각해.

태주   물론 인간의 노력이 없으면 발전은 불가능해. 하지만 넓은 사회 속에서 개인은 작디작은 존재고 유구한 역사 속에서 인간의 일생은 찰나에 불과해. 그래서 나 하나 사라져도 상관없겠구나, 그런 생각을 할 때가 있어. 그러다가도 찰나의 존재는 기적이 아닐까 싶기도 하고.

지우   흐음, 그런 생각도 하는구나.

💡 역사 속에서 개인이 완수해야 할 역할이 있을까? 있다면 극히 일부의 비범한 사람들에게만 해당되는 이야기일까? 개인은 역사 속에서 하찮은 존재일까? 역사란 본래부터 어떤 목적을 향해서 발전하는가, 아니면 단지 변화하고 흘러가기만 하는가. 이러한 문제를 헤겔의《역사철학강의》를 통해 생각해보자.

역사에 대한 물음은 어떻게 시작되었나

안정된 사회에서는 자신이 무엇을 위해 살고 있는가 등에 대해서 그다지 생각하지 않는다. 하지만 사회가 큰 변화를 앞두었을 때에는 자신은 무엇을 위해 살고 있는지에 대한 물음이 생겨난다. 전제가 되는 가치관이 흔들리고 대립하기 때문이다.

중세에서 근세로 접어든 시대에 가치관의 근본을 이루는 원리도 신에서 인간으로 변했다. 헤겔의《역사철학강의》는 그런 큰 변화 속에서 진행되었다.

헤겔은 세계사의 주체를 '정신(geist, 가이스트)'이라고 했다. 또한 인생이 개인의 성장 이야기를 가리키듯 세계사는 개인의 정신을 넘어선 세계정신이라는 것이 성장하는 이야기라고 했다.

세계사의 주체인 정신의 성장에는 다음과 같은 특징이 있다.

- 세계사란 정신이 본래의 자신에 대해 알아가는 과정을 서술한 것이다.
- 세계사란 정신이 스스로 자유롭다고 의식하는, 그 의식의 발전 과정이다.

이러한 말은 어떤 뜻으로 한 말일까. 먼저 '정신'의 의미를 살펴보자.

철학, 이토록 사회에 도움이 될 줄이야

헤겔이 말하는 '정신'이란?

정신이란 보통 마음 또는 마음의 작용 등을 의미한다. 하지만 헤겔의 '정신'은 이것과는 거리가 멀다. 그가 주장하는 정신의 개념에는 (1) 고대 그리스의 '로고스' 사상과 (2) 기독교의 '신학'이라는 두 가지 요소가 포함되기 때문이다. 따라서 역사의 주체 정신과 개인의 정신은 긴밀하게 이어져 있다.

고대 그리스 철학에서는 '로고스'(이성, 언어)를 발견했다. 로고스는 대우주(코스모스)뿐 아니라 소우주(미크로코스모스)인 인간마저 지배하고 질서와 조화를 주는 힘이라고 한다.

기독교의 '성령'은 일반적으로 '성스러운 정신(가이스트)'을 번역한 말이다. '성령 = 정신'은 아버지인 신과 아들인 예수와 삼위일체를 이룬다고 했다. 이 세 가지는 다르면서도 같다. 특히 개신교는 신을 자신의 내면에서 더 강하게 느낀다. 그들이 히브리어와 그리스어 등으로 적힌 성경을 자신들의 일상적인 언어로 직접 읽을 수 있게 되었기 때문이다. 헤겔은 의례와 권위를 배제하고 내면의 신앙만 강조하는 모습에서 종교개혁의 본질을 봤다. 이처럼 헤겔의 정신에는 기독교의 성령과 신의 요소도 포함된다.

헤겔에 따르면 인간의 로고스는 우주를 관통하는 로고스와 동일하므로 인간은 우주를 알 수 있다. '같은 것이 같은 것을 (안다)'는 것은 그리스의 근본 원리 중 하나였다. 로고스는 정신의 원리다.

그런데 예전에는 로고스를 스스로 발전하는 성질이 아니라고 생각했다. 또한 성령도 발전하지는 않는다고 보았다. 헤겔의 독특한 점은 이와 달리 '정신'을 역사 속에서 변화하고 발전하는 것이라고 이해한 데 있다.

심지어 자신의 자유로움을 아는 것이 목적이라고 했다. 정신 대신 문화라는 말을 넣어도 틀리지 않는다. 문화는 개인과 사회, 그리고 역사까지 뒤덮고 있기 때문이다.

자유를 알고 이성이 발전하다

자신이 자유의 몸이라는 것을 아는 사람은 동양에서는 황제 한 사람에 불과하지만, 그리스와 로마 세계에서는 과두 정치를 행하는 소수의 귀족들이 알았고, 근대 이후 게르만 세계에서는 모든 인간이 자유로움을 알게 되었다. 헤겔의 말이다. 만인이 자유롭고 평등하다는 정치사상은 근대 서양에 이르러서야 등장했다. 즉, 사상이 발전한 셈이다.

이러한 근대 자유관의 등장으로 자연과학은 눈부시게 발전했다. 사실에 근거한 과학은 이성(로고스)을 지닌 모든 사람에게 평등하게 열렸다. 근대 자연과학은 이성의 눈부신 성과였고, 그 사상은 과학을 넘어 정치와 경제, 나아가 생활 영역에 이르게 되었다. 그에 대한 총칭이 계몽사상이다.

이를테면 구체적으로 정치적 자유를 추구한 것은 경제적으로 실력을 키운 신흥 산업자들이었다. 그들은 과세에 대해 군주에게 이의를 제기했다. 그 연장선상에 정치 구조를 송두리째 바꾸는 시민혁명이 있었다. 그들이 힘을 모은 것은 한마디로 전통과 권위가 아닌 사실에 근거해 모든 것을 이성으로 합리화(이성화)하자는 강한 신념과 의지가 있었기 때문이다.

이렇듯 근대에서 인간의 이성은 크게 발전했다. 이로 인해 지식은 증대하고 자연에 대한 지배력은 점차 강대해져 갔다. 사회 규모는 확대되고 인간의 상호 관계는 더 광범위하고 긴밀하고 복잡해졌다. 스스로를 이성

철학, 이토록 사회에 도움이 될 줄이야

적 존재로 인식하는 인간이 인류 역사상 가장 자신감에 차 있던 시대라고 해도 무방하다.

인간의 열정으로 세계사가 발전하다

그런데 세계사가 '정신' 즉 '신'이 자신을 알아가는 과정이라면 인간이 다할 역할은 거의 없다. 신은 완전하기 때문이다. 하지만 헤겔은 인간의 역할, 특히 인간의 열정이 중요하다고 강조한다.

> (중략) 세상의 위대한 일은 열정 없이는 성취할 수 없다. (중략) 중요한 것은 이념과 인간의 열정, 이 두 가지다.
>
> 헤겔, 《역사철학강의》

포괄적인 이야기지만, '정신'은 주체, '이성'은 인식 능력과 원리, '이념'은 이성의 내용이라고 생각하면 된다.

역사는 무수한 사건의 축적이다. 그중 특히 시대에 큰 변화를 가져오는 중요한 사건에는 역사의 목적인 이념과 인간의 열정이 반드시 필요하다. 신은 그 두 가지를 통해 자신을 안다. 놀랍게도 신이 인간의 활동에 의존한다고 여겼다.

영웅의 비극적 운명을 강조하다

그러한 열정을 발휘하는 인간의 전형적인 예가 '세계사적 개인', 즉 영웅, 역사 속 위인이다.

> (중략) 역사 속의 위인이란 자신이 지향하는 특수한 목적이 세계정신의
> 뜻이라고 여기는, 실체적 내용을 가진 인간이다. 그들은 (중략) 그 목적과
> 사명을 (중략) 내용이 숨겨져 있어 현실에는 존재하지 않을 것 같은 원천
> 에서 퍼온다.
>
> 헤겔, 위의 책

영웅은 그 시대의 숨겨진 의지의 실현을 목표로 한다. 그는 상식적인
눈으로는 보이지 않는 것을 보기 때문이다. 하지만 헤겔은 그런 영웅의
비극적 운명을 강조한다.

'세계정신의 사업 수행이라는 사명을 띤 [영웅]의 운명'은 결코 행복하
지 않다. 그의 삶은 '노동과 고생'이며 오직 '열정'만 있을 뿐이다. 심지어
목적이 실현되는 날에는 '겉겨처럼 땅바닥에 떨어져버린다'고 한다.

한 사람의 영웅에서 다수의 자유로운 시민으로

그러나 헤겔이 본 것은 영웅의 비극뿐만이 아니다. 세계사의 냉혹한
사실도 냉정하게 바라봤다. 세계사는 '공포의 지옥도'이며 '민족의 행복
과 국가의 지혜와 개인의 덕을 희생해 바치는 제단'이라고 했다. 왜인가.

> 특수한 것은 서로 싸우다가 일부는 몰락한다. 대립과 싸움의 장에 들어가
> 위험을 무릅쓰는 것은 보편적 이념이 아니다. 보편적 이념은 아무런 상처

철학, 이토록 사회에 도움이 될 줄이야

도 입지 않고 배후에 존재한다. 보편적 이념이 멋대로 열정이 활동하게
만들고 보편적 이념의 실현에 기여한 무언가가 손해나 피해를 입어도 태
연하다면 이성의 간지(奸智, 책략)라 부를 만하다.

헤겔, 위의 책

여기서 이념은 이성과 같은 말이다. 보편적 이성은 특수한 개인인 영
웅을 이용하고 버리면서까지 최종적으로 승리한다.

헤겔은 근대 합리주의의 어두운 면을 알고 있었다. 그리고 독자적인
방법으로 그것을 파악하고자 했다. 즉, 개개인을 초월하기는 하지만 피안
(彼岸)*의 신의 의지가 아니라 사회에 내재하는, 이른바 '사회 구조가 만
들어낸 힘'을 보았다. 헤겔은 시장이라는 근대사회의 기반을 이루는 체계
를 '정신'이라는 철학적인 말로 이해하려고 했다.

상품 시장에서는 자유로운 개인이 모여 이익을 추구하고 열정적으로
활동한다. 그 결과 수요와 공급이 자동으로 조정되고 자원과 노동력이 효
율적으로 분배된다. 또한 참여자가 아무것도 의도하지 않았음에도 불구
하고 생산이 증대하고 경제가 성장한다. 과거 영웅이었던 사람은 시장에
서 활동하는 시민이 되었다. 고대 중국과 로마 제국, 근대에서 한 사람에
불과했던 자유로운 인간이 전체로 확대되었기 때문이다. 여기서 헤겔은
'이성의 책략' 모델을 발견했다.

---

* 현실적으로 존재하지 않는, 관념적으로 생각해낸 현실 밖의 세계.

철학에 전체적 관점을 부여하다

역사의 잔혹함을 강조하는 헤겔은 개인을 넘어 자체적인 논리로 움직이는 사회 체계가 얼마나 무서운지, 동시에 철학이 역사를 전체적으로 파악하는 것이 얼마나 중요한지를 깨달았다. 이러한 전체적 관점을 부여한 것이 헤겔의 '정신'이라는 개념이다. 전체를 보는 관점은 전체인 '신'의 개념을 '정신'으로 바꿔 읽음으로써 가능해졌다.

그때까지만 해도 인류는 역사를 운명과 숙명이 지배하는 것으로 여겼다. 하지만 오늘날 역사는 새로운 단계에 들어섰다. 단, 인류가 총체적으로 큰 힘을 얻은 데 반비례해서 개개인의 분단과 무기력이라는 대가를 지불했기에 가능해진 것이다.

헤겔은 그런 사태를 극복하려면 그 사태를 전체적 관점으로 이해해야 한다고 생각했다. 여기서 그는 철학의 사명을 보았다.

그렇다면 현대를 사는 우리는 역사 속 개인의 역할을 어떻게 바라봐야 할까. 처음부터 세계사라는 큰 무대부터 생각하면 우리는 무기력한 존재일 뿐이다. 하지만 우리에게는 각자에게 주어진 장소와 시대가 요구하는 역할이 있다. 그것을 실현하려면 열정이 필요하지만, 그 열정은 종종 배신당한다. 그래도 각자의 역할에 대해 이성을 가지고 가급적 넓은 시각에서 진지하게 생각하고 그것을 실행할 각오와 용기를 가지라고,《역사철학강의》의 저자 헤겔은 우리를 격려하고 있는 듯하다.

⊕ 알아두면 쓸모 있는 철학 포인트

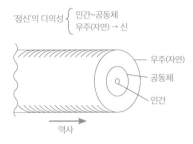

'정신'의 다의성 { 인간~공동체
　　　　　　　우주(자연) → 신

우주(자연)
공동체
인간

→ 역사

강강술래를 생각해보자. 많은 사람들이 같은 노래를 부르며 춤을 춘다. 각자 주위 사람들에게 맞추면서도 원 모양으로 둘러서는 데 신경을 쓴다. 참가자가 바뀌어도 원은 유지된다. 원은 개개인이 없으면 만들 수 없지만 개개인이 풀 수 없는 독자적인 존재이기도 하다. 사회, 또는 공동체, 인류도 이 원처럼 그 안에서 생명을 교체하며 이어져 왔다. 여기에서 원에 질서를 부여하는 것이 노래로, 2500년 전 그리스인은 '로고스'를 이 강강술래의 노래와 같이 여겼다. 또한 로고스가 관통하고 있는, 인간과 자연, 공동체, 우주의 밑바탕에 존재하는 것을 '실체(우시아)'라 불렀다.

✎ 나만의 철학 세우기

- '내가 존재하는 곳에서 시대가 요구하는 것'은 무엇일까? 되도록 넓은 시각에서 생각해보자.
- 내 참여로 사회는 바뀔 수 있을까?

오늘의 철학자

헤겔(Georg Wilhelm Friedrich Hegel, 1770~1831)
독일 관념론을 대표하는 철학자. 근대 철학의 완성자라고 불리며 현대 철학에도 지대한 영향을 미쳤다. 실제로 헤겔은 근대 철학뿐 아니라 고대 그리스 철학 이후의 모든 철학을 자신의 철학에 이르는 준비 단계로 보고 종합했다. 유럽 중 후진국인 독일에서 과대망상에 가까운 근대 이성이라는 사상이 탄생했다.

(스기타 마사키)

자유란 정말
중요한 것일까?

밀《자유론》
근대 사상 ★ 자유, 개성, 습관의 절대성, 생활의 실험, 천재

평범하게 살까, 자유롭고 개성 있게 살까?

유나   정말이지 '자유'란 말이 붙은 건 다 피곤해. 그냥 누군가가 다 정
해주면 좋을 텐데.

준호   글쎄. 난 세상에 정해진 게 너무 많아서 더 자유를 줬으면 좋겠던
데. 머리 모양이며 색깔이며 남한테 폐만 안 되면 어떻게 하든 내
자유 아니야?

유나   아니거든. 민폐야, 그것도 엄청! 준호가 개성을 너무 발휘하면 나
도 머리 모양을 고민해야 되잖아. 다 같이 똑같아야 훨씬 편해. 그
러니까 너도 똑같이 하도록 해!

준호   진심이야? 모두가 똑같은 게 좋아?

유나   그럼, 물론이지. 생각하는 게 귀찮거든.

준호   그럼 전국 남녀노소가 전부 삭발하면 어떨까? 매년 똑같은 옷을 입어도 돼? 그러면 너무 개성이 없어서 재미없잖아.

유나   또 나왔다. 개성? 자유만큼 싫은 말이야. 귀찮기만 하다니까. 왜 남과 달라야 해? 헤어 스타일이든 복장이든 개성 없어도 난 좋아. 고민 없이 조용하게 살고 싶다고.

준호   그것도 개성 있는 생각일 수 있어.

유나   아.니.거.든. 난 평범한 게 좋아.

준호   평범? 모두가 같은 집에 살고 비슷한 학교에 다니고 비슷한 일을 하고 비슷하게 결혼하는 거 말이야?

유나   그래. 평등하고 얼마나 좋아.

준호   별로 좋다는 생각이 안 드는데. 다들 똑같으면 지루하잖아. 개성 없는 음악을 듣고 개성 없는 영화를 보고 개성 없는 식사를 하다니, 좀 섬뜩하지 않아? 세상은 다 달라서 재미있는 거야.

유나   별난 일은 별난 사람에게 맡기면 돼.

준호   그래도 너처럼 평범한 걸 좋아하는 사람이 많은 사회는 개성 있는 사람이 살기 어려울걸. 주위의 압력은 무시 못 하거든. 모두가 조금씩 다른 삶을 관대하게 받아들이고 장려하는 게 낫지.

유나   나한테 영향을 주지 않는 범위에서는 어떻게 하건 상관없어.

준호   영향을 주지 않는 범위라고 했는데, 지금껏 다른 삶을 산 사람들에게 우리가 얼마나 도움을 받았는지 알아? 과거와는 전혀 다른 삶, 독창적인 발상을 한 사람이 사회를 발전시켰다고 봐. 그런 사람이 많이 나오는 사회를 만들려면 자유를 존중해야 돼. 평범하게 살기를 원하는 사람도 개성 있는 삶을 사는 사람을 소중히 여겨야 하고.

유나   왜 흥분하고 그래? 난 평범하게만 살 수 있으면 사회 발전은 필요 없어. 죽을 때까지 '평범한 삶'을 사는 게 내 꿈이야.

준호   너 엄청 개성 있다.

💡 자유는 왜 소중할까. 자기 뜻대로 사는 것이 바람직한 이유는 무엇일까. 답이 무엇인지 밀의 《자유론》(1859)을 읽고 생각해보자.

밀 《자유론》

실험적 삶

인류가 불완전한 존재인 만큼 의견은 다양할수록 유익하다. 이와 마찬가지로 생활 속에서 다양한 실험을 시도하고, 타인에게 위해를 가하지 않는 범위 내에서 다양한 성격이 자유롭게 활동할 수 있는 편이 유익하다. 또한 다양한 생활양식의 가치는 그런 삶을 시도하는 사람들이 있을 경우 실제로 시도해보고 명확히 밝히는 데 있다. 그러므로 우선 타인과 관련됐다고 할 수 없는 일에 대해서는 개성이 발휘되어야 한다. 자신의 성격이 아닌 다른 사람들의 전통과 관습이 행동규범이 된다면 우리의 행복을 이루는 주된 구성요소 중 하나, 나아가 개인과 사회의 발전을 이루는 주요 구성요소가 결핍됐다고 봐야 한다.

'평범'한 삶

오늘날 사회는 개성을 상당히 억제하는 데 성공했다. 현재 인간성의 위험은 개인의 충동과 선호가 과도해서가 아니라 부족한 데 있다. (중략) 개인이나 가족은 이렇게 자문하지 않는다. 나는 무엇을 좋아하는가, 내 성격과 기질에 잘 맞는 것은 무엇인가, 내가 지닌 최선이자 최고의 자질을 온전히 발휘해 성장과 발전을 이룰 수 있는 방법은 무엇인가, 이렇게 말이다. 오히려 이렇게 자문한다. 내 지위에 걸맞은 것은 무엇인가, 나와 신분과 경제적 지위가 비슷한 사람들은 보통 무엇을 할까, [심지어는] 나보다 신분과 경제적 지위가 높은 사람들은 보통 무엇을 할까. (중략) 사람들이 즐기려고 하는 일조차 타인과 똑같이 한다는 것을 먼저 생각할 수 있다. 그들은 군집 속에 있기를 선호한다. 선택을 하기는 하지만 일반적으로 사람들이 하는 것 중에서 선택하는 데 불과하다. 이색적인 취미와 특이한 행동은 마치 범죄인 양 회피한다. 결국 자신의 본성에 따르지 않게 되면서 자신이 따라야 할 본성을 잃게 된다. (중략) 과연 이것이 인간 본성의 바람직한 상태일까, 혹은 그렇지 않을까?

관습과 자유

관습의 절대적 지배는 어떤 곳에서든 인간의 발전을 방해한다. 그리고 관습보다 뛰어난 가치를 좇으려는 성향을 끊임없이 적대시한다. 이러한 성향은 상황에 따라 자유정신이나 진보 또는 개선 정신이라 불린다. (중략) 확실하고도 그치지 않는 유일한 개선의 원천은 자유다. 자유가 있으면 개인의 수만큼 독립된 개선의 중심지가 있기 때문이다. 진보적 원리는 자유에 대한 사랑이 됐건 개선에 대한 사랑이 됐건 관습의 지배를 적대시하고 최소한 그 속박에서 벗어나려고 한다. 양쪽의 싸움은 인류 역사의 주된 관심사가 되었다.

사회가 다양한 삶을 보장해준다면

'모난 돌이 정 맞는다'라는 속담처럼 눈에 띄는 행동을 하면 남들에게 구박을 받게 된다고들 생각한다. 하지만 모두가 평범함을 추구하고 주위 사람들과 똑같이 살아가려고 한다면 개인과 사회는 어떻게 될까.

19세기 영국 사회에서 활약한 존 스튜어트 밀은 대중사회가 도래할 것을 예리하게 감지하고 사회의 동조 압력이 강해지는 현상에 대해 경종을 울렸다. 사람들은 주변 사람들의 삶을 스스로 본받고 자신만의 방식대로는 살려고 하지 않았다. 밀은 사람들이 관습의 지배에 만족하고 있다고 생각했다. 그는 주위의 삶을 모방하는 것은 원숭이에게도 가능한 일이며, 기존의 틀에 자신을 맞추는 것은 기계와 같다고 여겼다. 스스로 삶을 결정하는 것이야말로 인간의 독자적 능력이며 자기실현을 이룰 수 있는 길이라고 주장했다.

'인간은 양이 아니다. 양도 구별이 안 될 만큼 똑같지는 않다.' 밀은 인간은 제각기 다른 존재라고 생각했다. 옷과 신발도 사이즈 하나만 존재할 수 없는데, 하물며 모두가 똑같이 살면 행복해질 리가 없다고 했다. 저마다 취향이 다르며 어디서 즐거움을 얻고 괴로움을 느끼느냐는 그야말로 각양각색이다. 한 사람에게 기쁨이 되는 일도 다른 사람에게는 고통만 가져올 수 있다. 그러므로 사회가 다양한 삶을 보장하면 사람들은 자신에게 맞는 삶을 찾아 행복한 인생을 살 기회를 얻을 수 있다는 것이 밀의 생각이었다.

철학, 이토록 사회에 도움이 될 줄이야

삶에 의문을 품지 않는다면

또한 밀은 《자유론》에서 언론의 자유를 옹호했는데, 그때 이런 논점을 제시했다. 한 의견이 옳다고 해도 다른 의견의 도전을 받지 않으면 '죽은 도그마'로 변하고 만다. 즉, 그것이 옳은 이유를 사람들이 묻지 않게 되고 비판도 하지 않은 채 옳다고 믿게 된다. 그러므로 늘 비판의 가능성을 열어두어야 한다. 삶도 이와 마찬가지라고 밀은 생각했다. 전통적인 삶도 선인들이 고생해서 발견한 생활방식이기는 하다. 그러나 그러한 전통적인 삶만이 허용되고 사람들이 의문을 품지 않은 채 그것을 따르기만 한다면 그 삶은 무의미해지고 본래 가졌던 활기를 잃어버린다. 사람들이 저마다 '실험적 삶'을 살아야 더 행복한 새 삶을 발견할 가능성이 열리고 현재의 바람직하다고 인식하던 삶을 조정해 다시 활기를 불어넣을 수 있다.

각자의 개성과 함께 꽃피는 사회

사람들이 독자적인 삶을 살지 않는다면 당사자에게 바람직하지 않을 뿐더러 사회에도 바람직하지 않다. 밀은 사회 발전이 정체되고 영국이 쇠퇴할까 봐 매우 우려했다. 새로운 삶을 시도하는 사람이 없는 사회는 이전 세대와 똑같은 삶이 반복되어 사회는 활기를 잃는다. 반대로 사람들이 저마다의 성격에 따라 삶을 시도하는 사회에서는 다양한 삶이 실천되고 다음 세대에도 다양한 가능성을 보여줄 수 있다. 이렇듯 각자의 개성이 꽃피면 사회가 활성화된다고 밀은 생각했다.

천재가 자유롭게 호흡하는 사회

천재란 가장 개성 있는 인물이다. 늘 소수이면서도 사회 혁신의 열쇠가 되는 존재이기도 하다. 애플의 창업자이자 CEO였던 스티브 잡스를 생각해보자. "우직하게 나아가라(Stay foolish)." 이 유명한 말처럼 그는 누가 뭐라고 하건 자신의 미학을 관철해 아이폰, 아이패드 등의 휴대 단말기와 태블릿을 만들어냈다. 그가 없었다면 우리 생활은 지금과는 상당히 달랐을지도 모른다. 이처럼 천재는 사회에 혁신을 부르는 존재이자 사회 발전을 위해 반드시 필요하다. 그렇다면 어떻게 해야 이러한 천재가 나올 수 있을까? '천재가 자유롭게 호흡할 수 있는 곳은 자유의 공기가 흐르는 곳뿐이다.' 밀은 이렇게 강조했다. 다시 말해 개성 있는 삶을 인정하는 사회가 아니면 이런 천재가 태어나지 않는다는 뜻이다. 역사적으로 봤을 때 억압된 사회 환경에서도 천재라 불리는 사람은 등장했을 수 있다. 그러나 밀은 모든 사람에게 '실험적 삶'을 시도할 자유를 인정하고 개성을 발휘할 것을 장려하는 사회야말로 천재가 나기 좋은 토양이라고 여겼다.

타인에게 위해를 가하는 자유는 허용할 수 없다

단, 밀은 모든 삶이 허용된다고 생각하지는 않았다. 다음 인용문은 《자유론》에서 가장 유명한 구절이다. "문명사회의 구성원을 대상으로 본인의 의사에 반해 권력을 정당하게 행사할 수 있는 단 하나의 목적은, 타인에 대한 위해를 방지하는 것이다. 신체적인 것이든 정신적인 것이든 본인

철학, 이토록 사회에 도움이 될 줄이야

의 선은 충분한 이유가 되지 못한다. 당사자에게 좋다고 생각해서, 당사자를 더 행복하게 하려고, 또 다른 사람들의 의견을 들으니 그렇게 하는 편이 현명하거나 혹은 옳다는 이유로 그 사람에게 어떤 행동을 강요하거나 제한하는 것은 정당하지 않다." '타자 위해의 원칙'으로 불리는 이 주장처럼 밀은 타인에게 위해가 되는 삶은 규제해도 된다고 여겼다. 이를테면 살인귀로서 사는 인생은 개성이 있을지언정 타인에게 위해를 가하므로 허용할 수 없다. 또한 교육과 보호가 필요한 미성년에게는 자유를 제한해도 된다고 생각했다. 단, 이러한 조건에 해당되지 않음에도 개인의 자유를 제약하는 것에 대해서는 진리 추구와 개성 발휘를 저해해 사회 발전을 억제한다며 강하게 반대했다.

정리하자면 각자에게 자유로운 삶이 허용되는 사회에서는 각자가 자신의 개성에 맞는 삶을 찾기 위한 '실험적 삶'을 행했을 때 행복해질 가능성이 높고, 천재의 활약을 통한 사회 발전을 기대할 수 있다고 밀은 생각했다.

◉ 알아두면 쓸모 있는 철학 포인트

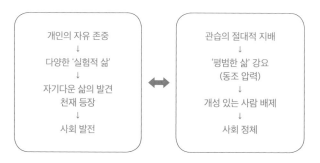

- 밀이 이야기한 것처럼 '평범한 삶'을 목표로 삼으면 개인과 사회에는 어떤 문제가 생길까? 한번 생각해보자.
- '인간은 자유라는 형벌을 선고받았다'는 사르트르의 명언처럼 인간은 근본적으로 자유롭다는 개념이 존재한다. 밀도 '인간은 틀에 맞춰 제작된, 규정된 작업을 정확하게 수행하기 위한 기계가 아니다'라고 했다. 그렇다면 사람들이 자기 스스로 관습에 지배당하려고 하는 이유는 무엇일까?

(고다마 시토시)

철학의 '고전' 읽기란

이 책에서는 철학, 사상 분야의 다양한 '고전'을 일상적인 의문이나 현대의 문제와 함께 소개했다. 이 책을 읽고 실제로 고전 읽기에 도전하고 싶어진 사람도 있을지 모른다.

하지만 고전에는 이해하기 어려운 것들이 많다. 고전이 난해하게 느껴지는 이유는 무엇일까. 또 어려운 고전은 어떻게 읽어야 할까.

어떤 책이 '고전'일까?

'고전'이라는 말은 자주 듣지만 오래된 책이라고 다 그런 이름이 붙지는 않는다. 그렇다면 어떤 책이 고전이라 불릴까?

경제학자인 우치다 요시히코는 그의 저서 《독서와 사회과학》에서 정보 제공이 목적인 신문과 대비되는 고전의 특징으로서 '일독(一讀)으로 명쾌하게 다가오지 않는다(두 번 읽었을 때 다르게 다가온다)'는 점, '읽기에 따라 해석이 달라진다'는 점, '사람에 따라 이해와 해석이 달라진다'는 점, 세 가지를 들었다.

이 세 가지 특징은 철학과 사상 분야의 고전에도 들어맞는다.

어떻게 하면 철학 고전을 잘 읽을 수 있을까?

앞의 지적을 바탕으로 철학 고전을 어떻게 마주할 것인가에 대한 조언을 적는다. 조언대로만 하면 철학 고전을 읽을 수 있다고 단언할 수는 없지만, 자신에게 맞게 잘만 활용하면 도움이 될 수도 있겠다.

(1) 시간을 들여서 마주하기

앞에서도 언급했지만 고전은 '일독으로 명쾌하게 다가오는' 법이 없다. 시간을 두고 다시 읽어보면 처음 읽었을 적에 제대로 이해하지 못했다는 사실을 깨닫거나 '사실은 이런 뜻이었구나' 하고 깊이 이해하게 된다.

특히 철학 고전은 타인에게 쉽고 명확하게 전하는 것을 우선하지 않을 때도 있다. 말로 하기 어려운 사고 과정을 어떻게 말로 표현할 것인가, 말과 의미의 전달 자체를 어떻게 바라보고 기술할 것인가. 철학 고전 읽기는 이러한 고차원적 사고를 간접 체험하고 그 체계를 자기 것으로 만드는 행위다. 따라서 대충 훑어볼 경우 이해가 안 가는 것이 많을 수밖에 없고 '어떤 자세로 읽어야 하는가'가 관건이 된다.

구체적으로 다음과 같은 자세가 바람직하다.

① 한 문장씩 찬찬히 읽기

　　무슨 뜻인지 이해가 안 갈 때에는 말 하나하나의 의미를 생각해보자. 또한 어떤 말이 주어와 술어 관계인지, 수식어와 피수식어는 어떻게 돼 있는지 등 문법과 문장 구조를 분석해보는 방법도 괜찮겠다.

② 그림이나 표로 그려 핵심 개념을 파악하며 읽기

　　중요한 키워드와 문장은 이해할 수 있지만 전체적으로는 무슨 말인지 모를 때가 있다. 반대로 전체적인 의미는 대강 이해해도 그것이 부분에 대한 해석과 일치하지 않거나 논리적으로 모순될 때가 있다. 그럴 때에는 손을 움직여 핵심 개념과 한 문장의 관계를 그림이나 표로 그려보자. 눈으로 봐서 이해할 수 없을 때에는 적극적으로 손을 움직이며 읽어보자.

③ 구체적인 예를 떠올리기

너무 추상적인 글을 읽을 때에는 그 내용이 구체적으로 어떤 일에 들어맞는지 생각해보자. 책을 이해하려면 때로는 책 밖에 있는 '세상이라는 커다란 책'(데카르트)에도 주목해 추상과 실체를 오가야 한다.

(2) 독서회 열기

앞에서 언급했듯이 고전은 사람에 따라 다르게 읽힌다. 따라서 '독서회'를 활용해 여러 사람이 함께 한 권의 책을 읽으면 다양한 의견을 공유할 수 있어 한결 깊은 독서가 가능해진다. 독서회에도 다양한 유형과 규모가 있지만 다음과 같은 '돌려 읽기'는 비교적 쉽게 진행할 수 있다.

① 미리 범위를 지정해 모임이 있는 날까지 전원이 범위를 읽어 온다.
② 범위별 담당자가 그 범위를 요약하거나 어떻게 읽었는지(혹은 읽지 못했는지) 소개한다.
③ 담당자의 발표를 듣고 참여자들이 각자 자신의 해석을 주고받거나 의문점에 관해 이야기를 나눈다.

독서회를 진행하다 보면 자신이 이해하지 못한 것을 다른 사람이 이해하거나 그 반대의 경우가 생기기도 한다. 또한 전원이 이해하지 못한 내용이라도 이야기를 나누다 보면 이해하게 될 수도 있다.

동일한 대목에서 다른 견해가 여럿 나올 때도 있다. 하지만 대화를 나누는 과정에서 그 대목의 문제 상황과는 다른 별도의 물음이 부각되거나, 언뜻 달라 보였던 견해였는데 알고 보니 동일한 전제에 기초한 것임을 깨닫는 일도 있다. 반대로 같은 견해인 줄 알았는데 이야기하다 보니 다른 견해였더라, 하는 경우도 생긴다.

철학 책을 혼자 읽고 사고의 궤적을 더듬어가는 것만이 '철학'이 아니다. 모임에서 함께 토론하면 뜻밖의 물음과 만나거나 평소 보이지 않았던 전제가 명확해진다. 이런 활동도, 아니 이러한 활동이기에 '철학'인 것이다.

(3) 난해한 부분은 넘기거나 시간 두기

데카르트는 한 저서의 머리말에 책을 읽는 방법에 대해 적었다(《철학의 원리》 '프랑스어 번역가에 대한 저자의 편지').

> 이 책을 읽는 법에 대해 한마디 덧붙이자면 우선 무리하게 고집 부리지 말고 어려운 대목에 부딪혀도 신경 쓰지 말고 소설을 보듯 전체를 훑어본 다음 어떤 내용인지 대강 파악하는 것으로 충분하다. 그런 다음 차분히 생각해볼 가치가 있는 문제다 싶고 그 이유가 궁금해지면 다시 읽고 이유의 연관성을 확인하면 된다. 단, 그 연관성을 다 이해하지 못했거나 완전히 이해하지 못했어도 포기하지 말기 바란다. 난해한 대목에는 선으로 표시해놓고 우선 마지막까지 읽는다. 세 번째 읽을 때에는 어려워서 선을 그어놓은 부분의 의문이 풀렸거나, 아직 잘 모르는 부분이 남아 있다 해도 다시 읽으면 결국 수긍할 수 있다.

데카르트는 소설을 읽듯 저서를 끝까지 대강 읽어보라고 했다. 갑자기 통독하기 어려운 책도 있다. 하지만 세세한 부분은 신경 쓰지 않아도 좋다는 말에 용기가 솟지 않는가.

한 문장이 이해되지 않는다, 어떤 말이나 개념이 무슨 뜻인지 모르겠다. 철학서를 읽다 보면 흔히 겪는 일이지만, 데카르트의 말처럼 일단 넘기고 뒷부분을 읽다 보면 실마리가 되는 대목을 만날 때도 있다. 또한 시간을 두고 나중에 다시 읽어보면 전보다 이해가 쉬워지는 경우도 있다.

(4) 모르는 대목을 출발점으로 삼기

우리는 흔히 '아는' 상태를 목표로 삼는다. '모르는' 상태는 그다지 긍정적으로 다가오지 않는다. 하지만 모르는 대목을 아는 척하기보다는 '모른다는 것'을 인정하고 솔직하게 모른다고 밝히는 편이 낫다. 안다고 생각한 순간 우리는 탐구를 그만두기 때문이다. 탐구는 모르는 것에서 시작된다 (그런 의미에서 모르는 것은 솔직하게 모른다고 밝히고 끝까지 거기에 매달릴 수 있는 사람은 연구자의 소질이 다분하다).

철학 책은 난해함 때문에 한 쪽을 이해하는 데 며칠씩 걸리는 경우도 있다. 하지만 어떤 책을 읽고 모르는 대목이 나왔을 때, 자신의 낮은 이해력에 맥 빠져 쉬이 포기하지 말고 오히려 '모르는' 것을 출발점으로 삼아보자. 모르는 말에 대해 생각해보거나 난해한 대목에 관해 다른 사람들과 논의해보는 것이 좋겠다.

물론 철학 책의 내용을 조금이라도 이해하는 것이 가장 바람직하다. 하지만 내용은 이해하지 못했어도 '모르는' 대목에서 출발해 스스로 생각할 줄 알게 됐다면 여러분이 한 행위야말로 '철학'이라고 할 수 있다.

(모리 히로노리)

믿음은
부자유한 것일까?

우치무라 간조《덴마크 이야기》

기독교 ★ 종교와 자유, 소국주의

믿는 자는 구원을 얻는다?

지우   오늘 예배 시간 설교 때 목사님이 말씀하신 '믿는 자는 구원을 얻
         는다'는 말, 좀 이상하지 않나요?

목사   그렇게 생각하나요? 글쎄요, 인간은 믿기만 해서는 구원을 받을
         수 없긴 하지요.

지우   네?

목사   하나님에게 그만한 힘은 없거든요.

지우   그럼 하나님은 믿을 가치가 없다는 뜻이에요?

목사   그렇지는 않아요. 믿기만 하면 안 되지만, 믿음부터 시작하는 것이
         중요합니다.

지우   네? 그게 무슨 말이에요?

목사	오늘 예배 시간에 무슨 생각을 했죠?
지우	으음, 어제 싸운 친구 생각이요.
목사	그 친구와 화해하고 싶은가 보군요.
지우	네. 하지만 기도만으로는 화해할 수 없잖아요.
목사	그럼 기도부터 시작해보면 어때요?
지우	무슨 뜻인지 잘 모르겠어요.
목사	싸운 친구와 어떻게 해야 화해할 수 있을까, 내일 어떤 식으로 말을 걸까 고민되고 망설이고 있죠?
지우	네, 맞아요. 어떻게 하면 좋을까 생각하고 있어요. 하지만 기도만 하면 해결할 수 있다니, 믿을 수가 없어요.
목사	그렇군요. 문제는 지우가 어떻게 해야 좋을까, 이 생각에만 얽매여 있다는 데 있어요.
지우	저한테 책임이 있으니 뭔가 해야 하는 게 당연하지 않나요?
목사	스스로 뭔가를 한다는 것 자체를 부정하지는 않아요. 중요한 건 하나님은 지우와 친구에게 가장 좋은 방법을 알려주실 것이니 더 이상 걱정하지 않아도 된다는 이야기예요. 믿고 기도하라는 말이지요. 이게 바로 믿음부터, 기도부터 시작한다는 뜻입니다.
지우	그런 게 믿음이군요.
목사	자신을 넘어선 큰 존재를 믿고 그 인도하심에 맡기는 건 기독교뿐 아니라 불교를 포함해 다양한 종교의 공통된 가르침이기도 합니다. 어때요? 마음이 좀 가벼워졌지요?

💡 종교는 고정관념과 편견, 기존의 가치관을 정당화한 데 불과하다고 말하는 사람도 있다. 하지만 종교는 고민과 분노, 증오에 사로잡힌 채 궁지에 몰려

고통받는 사람을 해방하고 자유롭게 살아갈 힘을 준다고 한다. 우치무라 간
조가 쓴 신앙이 갖춰야 할 모습을 토대로 신앙의 적극적인 의미에 대해 생각
해보자.

구속에서 벗어나 자유의 몸이 되는 것을 목표로

종교는 자유롭지 못하다는 이미지가 오늘날 사회 전반에 확대되고 있
는 듯하다. 신앙이라는 미명 아래 누군가의 자유사상을 지배하고 속박한
다는 시각이다. '종교'라는 말을 들으면 거의 반사적으로 '테러리즘'을 떠
올리는 경우도 많다.

그런데 정말 그럴까. 종교 신자가 구원을 바라고 하나님과 부처를 믿
을 때 그 신앙은 괴로움과 곤경이라는 구속에서 벗어나 자유의 몸이 되
는 것을 목표로 한다. 즉, 종교는 부자유가 아니라 오히려 자유와 깊은 관
련이 있다.

사실 세계적으로도 종교에 대한 신앙은 사회 속 인간의 더 나은 삶을
위한 도덕과 윤리의 원천으로 보는 시각이 다수파에 속한다. 그럴 경우
종교는 더 나은 삶을 살려는 인간의 마음에 의지가 된다.

여기서는 신앙이 가져오는 자유라는 관점에서 종교를 살펴보고자 한
다. 일반적으로 신앙의 자유란 개인이 자유롭게 원하는 종교를 믿을 자
유, 특정 종교를 강요받지 않을 자유를 뜻한다. 여기서 제기한 문제는 신
앙으로 인한 개인의 정신적 자유다. 이를 위해 일본 근대를 대표하는 기
독교인 우치무라 간조의 《덴마크 이야기》를 살펴보고자 한다.

보잘것없는 소국, 덴마크에 주목하다

《덴마크 이야기》는 1911년 우치무라 간조가 강연한 내용을 바탕으로 쓴 책이다. 19세기 말부터 20세기 초에 걸쳐 일본은 외국과 청일, 러일 전쟁이라는 전쟁을 벌이고 대만과 한반도를 식민지로 삼아 지배했다. 이 시대적 배경을 염두에 두고 우치무라의 강연을 읽어보자.

당시 일본에서는 제국주의 팽창으로 국민들 사이에 대국의식이 싹터 갔다. 그런데 우치무라는 그런 국민 의식과는 완전히 반대되는, 유럽의 소국 덴마크를 높이 평가하는 내용으로 강연을 시작했다

우치무라는 덴마크를 '실로 보잘것없는 소국'이라고 했다. 해외에 큰 식민지를 거느리고 있지도 않고 그렇다고 자원이 풍요로운 나라도 아니다. 하지만 이 소국은 어업, 특히 낙농업으로 일본보다 훨씬 거대한 부를 창출하고 축적했다. 우치무라는 덴마크 국민 한 사람이 소유하는 부가 영국과 미국, 독일 국민 한 사람이 소유한 부보다 많다고 지적한다. 덴마크는 어떻게 막대한 부를 쌓았을까.

본래 북유럽의 대국이었던 덴마크는 17세기부터 18세기까지 스웨덴과의 전쟁에서 패해 쇠락의 길을 걷는다. 또한 19세기에는 독일과 오스트리아라는 대국의 압박을 받고 덴마크 전쟁(1864~1865)에서 패전해 남부의 가장 비옥한 땅을 잃었다. 패전으로 타격을 받은 것은 물론 국토가 좁아지고 나라는 빈곤해진 데다 남아 있는 덴마크의 땅 대부분은 국민이 오랫동안 돌아보지 않아 황폐하기 이를 데 없었다.

패전과 황폐한 국토 속에서 일어서려고 할 때야말로 그 나라와 국민의 진가를 알 수 있다고 우치무라는 말한다.

> 그 나라에 어두운 그림자가 뒤덮었을 때야말로 정신의 빛이 필요하다.
> (중략) 국가를 막론하고 때로는 검은 그림자가 뒤덮기도 한다. 그럴 때 어
> 려움을 극복할 수 있는 민족이 영원히 번성한다.
>
> 우치무라 간조, 《덴마크 이야기》, 원서 82쪽

분명 대국으로 둘러싸인 소국은 자유롭지 못하다. 타국에게 압박을 받기 쉽고 자원과 농지 등의 생산 수단도 적어서 국민의 생활도 제약이 많다. 우리는 흔히 이렇게 생각한다. 하지만 소국이어도 '정신의 빛'이 있다면 검은 그림자를 몰아내고 풍요로운 사회를 일궈낼 수 있다. 우치무라는 강연에서 덴마크에 '정신의 빛'을 비춘 한 인물을 소개했다.

달가스, 덴마크 국토 재건의 희망을 품다

패전으로 땅이 황폐해진 이 소국을 재건한 사람은 프랑스 위그노의 후예인 공병 장교 달가스였다. 위그노란 16세기에 벌어진 위그노 전쟁에서 박해받고 가톨릭 국가인 프랑스에서 추방된 신교도를 가리킨다. 위그노는 신앙의 자유를 찾아 주변 국가로 흩어졌다. 우치무라는 달가스가 위그노의 후예로서 '자유와 열심과 근면'의 정신을 이어받았다고 강조했다.

달가스는 패전 후 기술자로서 덴마크 땅의 절반을 넘는 유트랜드의 녹지화와 산림 확대에 나섰다. 당시 유트랜드의 3분의 1 이상이 황무지였는데, 달가스는 그 땅을 녹지로 바꾸려고 나선 것이다.

하지만 그 계획은 순조롭게 진행되지 않았다. 특히 나무 심기를 통한 녹지화는 어려움에 부딪혔고 여러 번 좌절했다. 분투하는 달가스의 모습

을 우치무라는《구약성경》의 모세에 비유해 묘사했다.

> '달가스, 네가 예언한 목재를 달라'며 덴마크의 농부들이 그에게 따졌다.
> 마치 이집트에서 도망쳐 나온 이스라엘 사람들이 몇 번 실패했다고 모세
> 를 책망하는 모습과 같았다. 그러나 하나님은 모세의 기도를 들으셨듯이
> 달가스의 마음이 외치는 소리를 들어주셨다.
>
> 우치무라 간조, 위의 책, 원서 88쪽

《구약성경》의 '이집트 탈출' 이야기에는 핍박당하던 이스라엘 백성을
모세가 구해내는 모습이 담겨 있다. 노예 생활로 고통받던 이집트에서 탈
출하는 여정은 험난했다. 모세를 따르던 이스라엘 민족은 40년간 황야를
헤매다 '약속의 땅'에 이르지 못하자 몇 번이나 모세를 비난했다.

이와 마찬가지로 덴마크의 농부들도 나무 심기에 성공하지 못한 달가
스를 거세게 비난했다. 하지만 달가스는 결코 포기하지 않았다. 국토를
비옥한 땅으로 만들기 위해 기후와 지질, 식물과 농업, 특히 인위적으로
숲을 조성하는 식림이라는 방법을 찾아냈다.

고난을 이겨내게 한 신앙의 힘

달가스가 이토록 끊임없이 노력할 수 있었던 동력은 무엇일까. 이것이
야말로 신앙이 사람들에게 주는 희망이라고 우치무라는 말한다. 패전이
라는 고난 때문에 좌절하고 그 상황에 지배당한 채 끝나는 것이 아니라
그런 고난의 지배에서 정신을 해방시켜 자유를 얻고 덴마크의 국토 재건

이라는 희망을 품는다. 이런 힘을 불어넣어준 것은 신앙이었다. 우치무라는 달가스의 마음속에서 《구약성경》의 예언자 이사야의 정신을 보았다.

> "여러분과 내가 살아 있는 동안, 우리는 유트랜드의 황무지를 개간해 장미꽃이 피는 곳으로 바꿀 수 있습니다." 그는 이렇게 대답했다. 이 공병 장교는 가슴 깊이 예언자 이사야의 정신을 품고 있었다. (중략) 그는 그 나라 국민들이 칼로 잃어버린 것을 쟁기로 되찾으려고 했다.
>
> 우치무라 간조, 위의 책, 원서 84쪽

예언자 이사야는 신을 배신한 이스라엘의 멸망과 그곳이 후에 다시 부활할 것을 예언하고 '광야와 메마른 땅이 기뻐하며 사막이 백합과 같이 피어'라고 소리 높여 노래했다. 이와 마찬가지로 달가스는 유트랜드를 장미꽃이 피는 곳으로 만들겠다고 선언했다.

위의 인용문의 마지막 대목도 이사야의 말에서 가져왔다. '그가 열방 사이에 판단하시며 많은 백성을 판결하시리니 무리가 그들의 칼을 쳐서 보습을 만들고 / 그들의 창을 쳐서 낫을 만들 것이며 이 나라와 저 나라가 다시는 칼을 들고 / 서로 치지 아니하며 다시는 전쟁을 연습하지 아니하리라'(《구약성경》 이사야서 2장 4절). 고난을 이겨낼 수 있게 달가스를 인도한 것은 예언자 이사야를 인도한 신앙의 힘이었다.

또한 우치무라는 '칼로 잃어버린 것을 쟁기로 되찾는다'라는 대목을 '참으로 기독교인답다'고 평하며 '진정한 평화주의자는 이런 계획을 세워야 한다'고 했다. 신앙은 자신의 내적 힘을 발휘할 수 있게 해주지만, 타인과의 싸움을 조장하지는 않는다. 여기에는 흔히들 말하는 자신과 타인

철학, 이토록 사회에 도움이 될 줄이야

을 구분해서 다루는 신앙의 모습은 없다. 신앙은 타인에 대한 편견 등의 구속에서 사람들을 해방시키고 싸움을 거두는 살아 있는 힘이다. 우치무라는 군사적 대외팽창정책에 반대하며 소국 덴마크를 본보기로 평화주의적 '소국' 일본을 이상으로 삼았다.

신앙으로 자유를 얻다

우치무라는 덴마크가 소국 특유의 결점을 극복하고 풍요로워질 때 '쟁기로 되찾는다'로 상징되는 신앙의 힘에 근거한 자립이 큰 보탬이 되었다고 생각했다. 신앙은 패전이라는 고난 속에서 자신의 마음을 자유롭게 하고 국토 재건이라는 희망을 품을 힘을 주었다. 우치무라는 이러한 신앙이 패전국인 덴마크 전역에 공유되었다고 보았다.

> 위그노의 신앙은, 그중 쟁기와 전나무를 든 한 사람의 손으로 덴마크를 구원했다. 단, 달가스 한 사람이 신앙이 있다고 해도 덴마크 사람들 전체가 신앙을 가지지 않았다면 그의 사업은 아무런 효과도 보지 못하고 끝났을 것이다.
>
> 원서 94쪽

남에게서 물건과 돈을 빼앗지 않고, 우격다짐으로 누군가에게 뭔가를 강요하지 않고 자신과 타인 모두 자립해서 살아가는 상태를 '자유'라고 부른다면 신앙은 서두에 언급한 것처럼 자유사상을 속박하는 것이 아니라 사람들을 구속과 곤경에서 해방해 자유롭게 하는 것이다.

사람들의 마음에 나무를 심다

이 덴마크 이야기는 우치무라의 글로 일본에 전파되어 각지에서 살아가는 사람들에게 용기를 심어주었다. 예컨대 오키나와의 이에지마에서 평화 운동을 계속 전개한 아하곤 쇼코는 우치무라의 책을 접하고 감화된 사람 중 하나다. 그는 전쟁 전 덴마크식 농민학교를 건설하려고 했다. 또한 오키나와 기독교 학원 초대 학장과 오키나와 초대 지사 등이 남긴 수기에는 가난한 가운데 우치무라의 《덴마크 이야기》를 배우며 풍요롭고 자유로운 새 오키나와의 건설을 꿈꿨다는 이야기가 나온다. 우치무라의 소개로 이 이야기가 멀리 떨어진 땅에서 사는 사람들의 마음에 나무를 심은 셈이다.

◉ 알아두면 쓸모 있는 철학 포인트

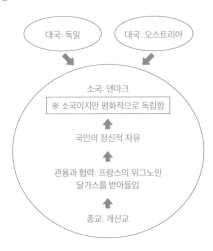

나만의 철학 세우기

- '달가스의 삶은 자유로운 삶이 아니다. 신앙에 얽매인 삶이다'라는 의견에 대해 어떻게 생각하는가.
- 사람이 돈과 물건, 힘을 가졌을 때 과연 자유로워질 수 있을까? 물건과 돈의 소유로 얻을 수 있는 '자유'란 무엇인가 생각해보자. 또한 자신에게 중요한 '자유'란 무엇인지 생각해보자.

오늘의 철학자

우치무라 간조(內村鑑三, 1861~1930)

무사의 아들이다. 삿포로 농업학교에서 클라크 박사에게 감화를 받아 기독교 신자가 된다. 훗날 '불경한 사건'으로 다이이치 고등학교 교직에서 물러난다. 러일 전쟁에 대해 '반전(反戰)론'을 주장했다. 독자적인 무(無)교회주의를 창설하고 조선/한국의 기독교 교회에도 영향을 미쳤다.

(잇시키 아키)

각양각색의 자유를 만나보자

만약 이 책을 첫 페이지부터 순서대로 읽었다면 여러분은 나와 사회를 둘러싼 다양한 물음을 다룬 글을 읽은 셈이다. 무엇을 위해 이토록 많이 읽어야 했을까?

칼럼 〈'생각'하는 이유는 무엇인가?〉에는 생각하지 않으면 휩쓸리고, 생각하기를 포기하면 '자유'를 잃게 된다고 적혀 있다. 또 타인과의 만남도 생각하는 데 있어 매우 중요한 요소라는 구절도 있다. 이처럼 많은 글을 읽는 것은 자유롭게 살기 위해, 다양한 사람들과 함께 생각하기 위한 준비이기도 하다. 하지만 생각하지 않으면 잃어버린다는 자유란 대체 무엇일까. 다양한 자유를 정리하며 생각해보자.

자유란 곧 환상이 아닐까

인간은 자유로운 존재일까? 우리는 새처럼 하늘을 날 수도 없고 우리 몸은 늘 유전자의 영향을 받는다. 인간은 자연의 법칙을 거스를 수 없다.

그뿐만이 아니다. 우리에게는 태어날 나라를 선택할 자유도, 부모를 선택할 자유도 없다. 정신을 차리고 보니, 운명이라고 해야 할지 우연이라고 해야 할지 이 세상에 이런 모습으로 태어나 있었다.

이렇게 생각해보면 인간이 자유롭다는 것은 환상이 아닌가 싶기도 하다.

어떤 의미에서 인간은 절대적으로 자유롭다

다른 시각으로 볼 수도 있다. 인간은 자연의 법칙을 거스를 수 없는 생물이고 인생은 운명과 우연의 지배를 받는 것처럼 보인다. 하지만 우리 생활 전체가 운명과 우연으로 결정되지는 않는다. 그런 영역에서 오히려 인간은 자유로운 존재라고 생각할 수 있다.

예컨대 인간 개체의 행동은 유전자에 지배된다. 하지만 그렇다고 해서 좋은 유전자를 물려주겠다고 배우자로 삼을 사람까지 유전자로 결정되는 것은 아니다. 생물로서 프로그램되지 않은 사항은 스스로 선택하고 결정해야 한다. 그런 의미에서 절대적으로 자유로운 존재라고 할 수 있지 않을까.

제약이 없다면 더 자유로울 수 있을까

그런데 자유는 환상이라는 시각도, 인간은 절대적으로 자유롭다는 시각도 자유가 문제시되는 구체적인 상황과 동떨어져 있는 듯하다. 자유가 문제시되는 것은 우리가 누군가와 함께 살아가는 상황인데, 위의 논점에서는 그 누군가에 대해서 전혀 언급되지 않았기 때문이다. 그러므로 아래에서는 일상생활의 당연한 현실을 토대로 자유에 대해 다시 생각해보자.

우리가 살면서 느끼는 부자유는 가까운 인간관계에서 비롯되는 다양한 생활의 제약에서 생기는 경우가 많다.

그러나 제약만 없어지면 우리는 정말 자유로워질 수 있을까? 우리는 곧잘 기분이나 주위 분위기에 휩쓸려 행동한다. 제약과 규제가 없으면 더욱 심해진다. 뭔가를 갖고 싶다는 자연스러운 감정조차 실은 유행에 편승한 것일 수 있다. 타인에 동조해서 편안해지고 싶다는 감정도 한몫한다. 하지만 분위기나 기분에 휩쓸려서 정말로 내가 하고 싶은 일이 무엇인지 잊어버리게 된다면, 그것은 이미 기분과 유행에 지배된 부자유가 아닐까?

이러한 부자유에 빠지지 않으려면 확실한 목표를 가지고 규율이 있는 생활을 하는 것, 그것이야말로 진정한 자유라고 생각할 수도 있다. 단, 여기서도 주의가 필요하다. 이를테면 부모가 자녀의 공부를 생각해서 게임 금지를 명령했다고 하자. 부모 입장에서는 배움의 폭을 넓혀 자유롭게 진로를 선택할 수 있게 되었으면 하는 마음으로 정한 규율이겠지만, 자녀 입장에서는 자율 아닌 타율이라는 부자유일 뿐이다. 게임뿐 아니라 자기가 좋아하는 일을 적용해서 생각해보면 이 부자유를 실감할 수 있다.

이처럼 우리는 가장 먼저 가까운 인간관계 속에서 자유와 부자유를 경험한다. 자유라는 말은 제약이 없다는 의미로 사용되기도 한다. 그러나 제약을 만들어서라도 해야 할 바를 완수하고 얻는 것을 자유라고 할 때도 있다. 같은 말에 반대의 내용이 포함된다는 점에서 자유는 어렵다. 한쪽 관점에서는 자유였던 것이 다른 관점에서는 부자유로 바뀌어버린다.

하지만 두 가지 자유에는 공통점도 있다. 자유란 그 내용은 달라도 부자유에서 벗어나는 것 자체를 가리킨다는 점이다. 그리고 부자유에서 벗어나려면 무엇보다 자기 자신에 대해 생각하는 것이 중요하다. 자신에게 무엇이 부자유인가를 판단하지 못한다면 그 사람은 자유롭다고 할 수 없기 때문이다.

초월적 존재를 따를 때 얻을 수 있는 자유

우리는 가까운 사람들과 생활하는 가운데 무엇이 부자유한가를 판단하는 연습을 거듭해 서서히 자유를 얻을 수 있게 된다. 그런데 정말로 우리는 자신의 생각을 바탕으로 구체적인 인간관계를 조정하는 것만으로 자유를 얻는 길을 발견할 수 있을까? 많은 종교에서는 인간이 죄와 무지에 빠져 있어 타인에게 상처를 입히는 일에 기쁨마저 느끼는 이기적인 존재라고

철학, 이토록 사회에 도움이 될 줄이야

주장한다. 인간이 자유롭다는 생각으로 하는 행동은 근원적인 무지와 죄로 인한 악행일 수도 있다.

자유가 악으로 통한다고 한다면 인간은 자유를 포기해야 할까? 그렇지는 않다. 전혀 다른 자유가 있기 때문이다. 이기적인 의도를 이룰 때가 아닌, 자기를 뛰어넘는 초월적인 존재를 따를 때 얻을 수 있는 자유다.

그것은 어떤 자유일까? 삶의 목적을 자기 이익의 추구에서 신 또는 부처의 뜻 실현으로 전환했을 때, 우리가 경험해온 다양한 고난과 부자유는 신과 부처를 만나기 위해 준비된 필연으로 재인식된다. 그리하여 부자유까지 감사한 마음으로 수용하고 살아 있을 자유라고 부를 만한 경지에 다다른다고 한다.

부자유함을 감수하고 타인과 사는 자유

물론 신앙을 갖지 않은 사람도 있다. 그러나 신앙은 없더라도 인간의 자유가 악으로 통한다는 사실만 자각한다면, 오직 자신의 생각에 근거한 자유의 한계가 보이지 않을까.

우리는 전혀 모르는 타인과도 함께 살아가고 있다. 이러한 타인은 때로는 내게 방해가 되는 존재로만 보일 수도 있다. 그래서 타인을 방해자로 간주하고 무시하는 편이 편하고 자유롭다고 여길 수도 있다.

하지만 입장을 바꿔놓고 보면 자신이 남에게 방해자로 인식된다는 뜻이기도 하다. 그런 자유를 선택할 것인가, 아니면 부자유를 감수하고 타인의 목소리에 귀를 기울이는 삶, 예컨대 타인과 자신에게 공통된 보편적 규칙과 원리를 따르는 삶을 선택할 것인가. 자유가 악으로 통한다는 자각과 타인의 입장을 바꿔서 생각할 줄 아는 상상력이 판단에 도움이 될 듯하다.

(가부라키 마사히코)

에리히 프롬 《자유로부터의 도피》

자유의 '두 얼굴'

자유를 느끼면 기분이 좋다. 마음이 편안해진다. 두근두근 설레고 주변의 경관이 평소와 다르게 보이기도 한다. 그때까지 나를 옭아매던 것이 사라지면 다시 태어난 기분이 들고 몸에 활력이 샘솟는 모양이다.

한편 자유에는 불안해지는 요소도 있다. 내가 혼자라는 사실이 느껴진다. 하고 싶은 것을 내 방식대로 해도 되는 것은 기쁜 일이다. 하지만 골똘히 생각하다 보면 일이 잘 풀릴까, 어떻게 해야 할까 등 마음이 뒤숭숭해지기도 한다.

우리는 성장하면서 사회에 진출하고, 취업해서 일하며 살아가야 한다. 하지만 점차 넓은 세상으로 나아갈수록 우리는 더 깊은 불안과 고독에 시달릴 수 있다. 그럴 때에는 어떻게 해야 할까? 다른 사람들은 어떻게 하고 있을까.

자유의 크기만큼 불안, 고독, 무력감도 커진다

그럴 때 사람은 자유를 버리는 한이 있어도 (누군가, 또는 뭔가의 '노예'가 되는 한이 있어도) 자신이 머물 곳을 발견하고 싶어 한다. 오늘날을 사는 사람들을 보며 심리학자 프롬은 그런 결론을 내릴 수밖에 없었다.

인간은 태어나서 한참 동안 혼자서는 아무것도 할 수 없다. 자라면서 조금씩 다양한 일을 혼자 할 수 있게 되고 그런 식으로 서서히 다양한 것에서 자유를 얻는다. 부모의 손을 떠나 학교를 떠나 작은 세계에서 넓은 세계로 진출한다. 그런 의미에서 '어른이 되는 것'은 '자유로워지는 것'을 뜻한다.

인간의 역사도 마찬가지라고 프롬은 말한다. 서구에서는 16세기 종교

개혁이 일어나 인간은 교회에서 자유로워졌다. 17, 18세기에는 시민혁명이 일어나 민주주의가 발전했다. 19세기에는 산업혁명이 일어나 자본주의가 발전했다. 이런 식으로 인간은 자연에서, 신분제 사회에서 자유로워졌다. '소극적 자유(~로부터의 자유)'를 구가하게 된 것이다. 이뿐만이 아니다. 나아가 '적극적 자유(~를 향한 자유)', 즉 개인의 노력과 재능으로 인생을 개척할 자유, 소중한 나를 실현할 자유까지 손에 넣었다, 아니 그런 줄 알았다.

사실은 여기에 함정이 있다고 프롬은 보았다. 인간은 교회에서 자유로워졌지만 신이라는, 사람의 지식을 초월한 존재에 홀로 마주하게 되었다. 인간은 자연과 신분제 사회에서 자유로워졌지만 대신 시장과 산업조직이라는 거대한 체제 속에 던져져 늘 타인과 경쟁할 수밖에 없게 되었다. 즉, 근대 사회는 개인의 자유를 증대했지만, 한편으로 사람이 개인의 힘으로는 어찌할 도리가 없는 커다란 힘에 직면했을 때 느끼는 불안과 고독, 무력감도 증대하고 말았다.

자유로부터의 도피를 꾀하다

그러한 불안과 고독, 무력감을 견딜 수 없을 때 사람은 어떤 행동을 할까?

프롬에 따르면 사람은 두 가지 방법으로 '자유로부터의 도피'를 꾀한다. 우선 자기보다 힘이 있는 인간이나 집단에 동조해 자신을 버리고 거기에 일체화함으로써 ① 불안과 고독을 외면하거나 ② 자신에게도 힘이 있다고 믿는 방법이다. 이를 프롬은 '권위주의'라 불렀다. ①의 경우 사람은 자신의 사고와 판단을 전부 타인에게 맡긴다. ②의 경우 사람은 타인을 자신의 뜻대로 휘두르려고 한다. 그런 식으로 자신의 힘을 확인하는 것이다. 그런 사람은 강자를 동경하고 권위를 칭송하는 한편 약자를 미워하고 괴롭히거나 몰아붙인다.

또 하나는 타인과 사회가 기대하는 '내'가 되어 주위와의 모순과 마찰을 없애서 고독과 무력감을 느끼지 않는 방법이다. 프롬은 이를 '기계적 획일성'이라고 불렀다. 이 방법의 특징은 당사자는 '스스로 결정'을 내린다고 생각한다는 데 있다. 실제로는 모두와 똑같은 생각을 하고 있을 뿐인데, 모두가 좋다는 말을 듣고는 시도하고 입고 먹고 가보고 있을 뿐인데 당사자는 스스로 선택하고 결정한다고 굳게 믿는다. 자신의 '자유'가 사실은 알맹이 없는 껍질에 불과하다는 사실을 인식하지 못하며 고독과 무력감을 느끼고 싶지 않아서 일부러 모른 척한다.

또 하나의 길 ― 프롬이 전하는 말

자신을 바라보았을 때, 그리고 자신의 주변을 둘러봤을 때 프롬의 지적에 대해 짚이는 바는 없는가? 그가 본 '현대를 사는 사람들'은 2차 세계대전 무렵의 사람들이었다. 그리고 '자유로부터의 도피'로 파시즘이 탄생하고 발전했다고 여겼다. 그뿐만 아니라 파시즘과 싸운 나라의 사람들에게조차 권위주의와 기계적 획일성을 발견하고 자유와 민주주의의 앞날을 깊이 우려했다. 지금 살아 있다면 프롬은 어떤 생각을 할까?

그는 이렇게도 적었다. 사람은 성장하며 다양한 인연으로부터 자유로워진다(소극적 자유). 그때 '자유로부터의 도피'에 빠지지 않으려면 자신과 다른 사람들 또는 자연과, 그리고 자기 자신과 새로운 관계를 구축해야 한다. 그 관계는 권위주의 혹은 기계적 획일성과는 다르다. 그러므로 우선 스스로 생각하고 느끼는 것이 중요하다. 그런 식으로 사람은 자신과 타인의 소중함을 인정하고 수용하고 관계 맺는 법을 배워간다. 특히 '사랑'과 '일'이

철학, 이토록 사회에 도움이 될 줄이야

'배움의 장'이 된다. 그렇게 배운 것이야말로 다른 누구도 아닌 진정한 나를 실현할 자유(적극적 자유)로 가는 길이다.

그러한 자유를 추구함으로써 사람은 진정한 의미에서 '어른이 된다'. 자유로워지는 것만으로는 부족하다. 이는 시작에 불과하다. 지금 여러분은 출발점에 서 있다. 바로 지금이 배워야 할 때다. 무엇을? 어떻게? '자, 스스로 생각해보자.' 프롬이라면 그렇게 말할 것이다.

(다나카 도모히코)

우리의 삶은 모두 유전으로 결정될까?

에드워드 윌슨《인간 본성에 대하여》

현대 사상 ★ 유전, 환경, 사회생물학

나는 유전과 환경 중 어느 영향을 더 받았을까?

남규   어제 집 전화를 받았거든, 그런데 상대방이 다짜고짜 "남수야, 잘 지냈냐?" 하고 말하지 뭐야. 우리 아빠인 줄 알았나 봐. 그래서 "아버지 바꿔드릴게요" 했더니 "어, 아들이었어? 목소리가 똑같아서 착각했구먼" 이러더라.

나리   난 더 심한 경우도 있어. 편의점에서 물건을 사고 있는데, "어머, 가희 씨. 오랜만이에요" 나한테 이러는 거야. 얼굴을 보니 모르는 사람이더라고. 내가 나이도 한참 어린데 우리 엄마인 줄 알다니, 말도 안 되지 않아?

남규   너희 어머니가 엄청 젊어 보이신다는 이야기니까 좋아해도 될 것 같은데.

미도	아니면 나리가 나이 들어 보여서 그랬을지도 몰라.
나리	그 말은 너무하다…….
미도	미안. 그런데 너도 어머니처럼 간호사가 되고 싶다면서. 외모만 닮은 게 아니라 직업까지 닮고 싶다니, '피는 못 속인다'는 말이 맞네.
남규	하지만 자녀가 어떤 직업을 선택할지가 유전으로 결정되진 않잖아. '천성보다 양육이 중요하다'는 말도 있고.
미도	당연하지. 어떤 환경에서 자라느냐에 따라 여러 가지로 달라지는 것 같아.
나리	그래도 유전과 환경 중 하나만 이야기할 순 없지 않아?
미도	그런가? 내 생각엔 유전이 더 클 것 같아. 쌍둥이 이야기도 유명하잖아.
나리	어떤 내용인데?
미도	일란성 쌍둥이가 어떤 사정 때문에 따로 떨어져서 전혀 다른 환경에서 자랐대.
남규	그래서?
미도	성장해서 자기한테 쌍둥이 형제가 있다는 사실을 알고 둘이 만나게 됐는데, 외모는 물론 취미와 음식, 옷 입는 취향까지 신기할 정도로 비슷하더래.
나리	일란성 쌍둥이니까 당연히 같은 유전자를 갖고 태어났을 테고, 그게 두 사람의 취향까지 결정했다는 말이야?
남규	그러고 보니 에리히 케스트너의 《쌍둥이 로테의 대모험》처럼 쌍둥이가 바뀐 이야기를 소재로 한 문학 작품도 있네. 외모는 그렇다 치고 성격까지 많이 비슷해질까?
미도	우리 인생이 다 유전으로 결정된다면 아무리 노력해도 소용없다는

뜻이잖아.

남규   그건 너무 암울하다. 그런데 진짜 그렇대?

💡 인간의 바탕은 유전으로 결정될까, 아니면 환경으로 결정될까? 오래전부터
   계속된 이 물음에 대해 우리는 어떻게 대답해야 할까.

무엇이 인간의 바탕을 결정하는가

인간의 본성은 '천성', 즉 선천적으로 결정돼 있는가, 아니면 '양육', 즉
후천적으로 결정되는가. 사람들은 그리스 시대 무렵부터 무엇이 인간의
바탕을 결정하는가에 대해 논쟁을 이어왔다.

이러한 논쟁에 근대 철학자 존 로크가 미친 영향은 지대하다. 그는 인
간의 마음을 '백지상태(Tabula Rasa)'라 부르며 이 백지상태에 글자를 써
넣는 것은 우리의 '경험'이라고 생각했다. 양육이 인간의 바탕을 결정한
다는 이야기다.

'천성 대 양육'의 문제는 '유전 대 환경'이라는 물음으로 바뀌어 지금도
쟁점이 되고 있다. 미국의 자연학자인 에드워드 윌슨은 천성을 중시하는
사람들을 '유전주의자', 양육을 중시하는 사람들을 '환경주의자'라 부르
며 로크 같은 양육 중심의 관점을 비판했다.

환경이 사람을 만드는가
아직도 매우 많은 인류학자와 사회학자가 인간의 사회 행동 대부분을 [후
천적으로] 원하는 형태로 바꿀 수 있다고 생각한다. 하지만 이는 오해다.

극단적인 환경주의자들은 사람이 자신의 문화에서 나온 산물이라는 전제에서 출발한다. '문화[=환경]이 사람을 만든다'고 주장한다. (중략)

유전과 환경의 상호작용이 인격을 만든다
하지만 그들의 견해는 진리의 반쪽에 불과하다. 모든 인격은 환경, 특히 문화적 환경과 사회 행동에 영향을 주는 유전자의 상호작용으로 형성되기 때문이다. (중략) 우리의 흥미를 끄는 문제는 더 이상 인간의 사회 행동이 유전적으로 결정되는가 여부가 아니며, 그것이 유전적으로 결정된 부분은 어디까지냐는 데 있다.

에드워드 윌슨,《인간 본성에 대하여》, 원서 18~19쪽

여기서 윌슨의 주장은 인간의 바탕은 그 사람이 자라온 환경으로만 결정되는 것이 아니라 유전자의 영향도 무시할 수 없다는 것, 즉 사람은 누구나 환경과 유전의 상호작용으로 형성된다는 것이다.

클론은 주인을 대체할 수 있을까?

이러한 문제를 검토하기 위해 클론(복제인간)에 대해 생각해보자. 꽤 오래전부터 SF 세계에서는 클론이 태어나면 어떻게 될까에 대해 각양각색으로 상상의 나래를 펼쳐왔다. 공상의 세계에서는 클론(정확히 말하면 체세포 클론)이 세포의 주인과 똑같은 유전자를 지니고 있으므로 얼마든지 주인을 대체할 수 있는 존재라고 생각하기 십상이다.

이를테면 애니메이션 〈신세기 에반게리온〉에는 아야나미 레이라는 소

녀가 등장한다. 에반게리온 0호기의 조종사다. 이 작품에는 레이가 세 명 나오는데, 두 번째와 세 번째 레이는 첫 번째 레이의 복제인간이다. 작품 속에는 레이의 복제인간이 지하 공장의 수조에서 동시에 몇 명씩 배양되고 있는, 매우 인상적인 장면이 등장한다.

유전자가 같으면 몸도 같을까?

하지만 복제인간에 대해 품고 있는 일반적 이미지와 현재의 기술로 만들어낼 수 있는 복제인간은 상당히 다르다. 레이의 복제인간은 주인 (첫 번째) 레이와 똑같이 14세의 몸을 가졌기 때문이다.

실제로 인간의 체세포 복제인간을 만들려면 우선 인간 복제 배아를 만든 다음 여성의 자궁에 이식해 태아를 키워 출산하는 과정이 필요하다. 현재는 인공 자궁이 존재하지 않으므로 이런 과정 없이는 복제인간을 탄생시킬 수가 없다. 따라서 현실에서 복제인간은 레이의 경우와는 달리 체세포의 주인과 나이가 다른 신생아로 태어난다.

체세포 복제인간은 주인과 나이가 다른 일란성 쌍둥이나 마찬가지다. 그렇다면 복제인간은 주인과 같은 유전자를 가졌다 해도 전혀 다른 환경에서 자라게 되므로 둘의 몸은 전혀 다른 특징을 지니게 되지 않을까?

유전자가 같으면 행동도 같을까?

그럼 비슷한 환경에서 자란 쌍둥이는 어떨까? 쌍둥이에 대한 연구에 따르면 일란성 쌍둥이처럼 공통된 유전자가 많을수록 신체적 특징뿐 아니라 지능과 성격 등의 정신적 특징도 더 닮는다고 한다.

예컨대 일란성 쌍둥이와 이란성 쌍둥이의 학업 성적을 비교해보면 읽기, 쓰기, 말하기 등 많은 항목에서 일란성이 이란성보다 유사성이 높다고 한다. 이란성 쌍둥이는 유전적으로 상당히 다르지만, 일란성 쌍둥이는 유전적으로 동일하다고 봐도 무방하기 때문이다.

하지만 유전자가 아무리 같아도 쌍둥이의 성질이 전부 똑같지는 않다. 이들은 다른 몸과 뇌를 가지며 뇌에 축적되는 기억의 내용도 다르다. 따라서 일란성 쌍둥이는 각자 다른 인격체로서 다른 행동을 한다.

인간의 행동은 유전으로 결정된다?

이렇듯 유전자가 인간 행동에 미치는 영향을 지적하며 이를 바탕으로 '사회생물학'을 제창한 이가 윌슨이다. 환경주의자들은 대부분 그를 '유전이 인간의 모든 것을 결정한다'고 주장하는 극단적 유전주의자로 보고 비판했다. 윌슨의 발언을 살펴보자.

푸른 눈은 유전된다?

한 예로 푸른 눈은 유전된다고 무작정 말해봤자 아무 의미가 없다. 푸른 눈은 주로 유전자와 생체 환경의 상호작용에서 나온 산물이기 때문이다 (이것으로 눈의 색깔이 최종적으로 결정된다). 단, 푸른 눈과 갈색 눈의 차이가 전면적 또는 부분적으로 유전자의 차이에 기초한다고 주장한다면 이는 의미가 있는 말이다. (중략)

복잡한 특징의 경우

아주 복잡한 특징의 경우 수백 개에 이르는 유전자가 관련된 경우도 있어 이들 유전자가 영향을 미치는 정도는 (중략) 보통 대략적으로만 측정할 수 있다. 그럼에도 불구하고 분석만 적절히 이루어진다면 유전적 영향이 존재하는지 여부, 그리고 유전자의 영향이 대략 어느 정도인가는 의심할 여지가 거의 없다.

인간의 사회 행동은 유전으로 결정되는가

인간의 사회 행동도 거의 같은 방식으로 평가할 수 있다. 우선 생물 중 다른 종의 행동과 비교하여 (중략) 인간의 집단 내, 그리고 집단 간의 모든 변이를 조사한다. 대표적인 동물과 인간을 비교해보면 유전적으로 결정되는 양상이 선명하게 드러난다.

에드워드 윌슨, 위의 책, 원서 19쪽

여기서 그가 말하고자 하는 바는 인간의 사회 행동 같은 복잡한 특징도, 눈동자 색깔 같은 더 단순한 특징도 본질적으로는 같은 방식으로 평가할 수 있다는 것이다.

사회생물학은 옳은가 그른가

윌슨은 대부분의 사회현상을 생물학으로 설명할 수 있다고 주장해 많은 반발을 샀다. 그의 주장은 자연과학과 사회과학의 다름을 무시한 조잡한 논의이며, 인종차별과 장애인 차별 등을 긍정할 수밖에 없는 위험한

철학, 이토록 사회에 도움이 될 줄이야

사상으로 인식되었다. '유전 대 환경'을 둘러싼 논의는 '사회생물학 논쟁'이라는 이름으로 대중을 끌어들이며 격렬한 의견 대립을 낳았다.

윌슨의 저서에 이러한 논쟁을 유발하는 요소가 있다는 것은 부정할 수 없는 사실이다. 하지만 앞서 살펴보았듯이 그는 기본적으로 '유전과 환경의 상호작용이 인격을 만든다'고 주장한 데 불과했다. 유전과 환경 중 어느 한쪽만이 인간의 바탕을 결정한다는 양자택일의 문제가 아니라는 점에 주의해야 한다.

유전과 환경의 상호작용이 가져오는 것

그렇다면 '유전과 환경의 상호작용'이란 구체적으로 무엇을 의미할까?

유전자는 종종 설계도에 비유된다. 유전자는 생물이 어떻게 성장해갈지를 결정하는 청사진인 셈이다. 하지만 사실 이는 그다지 적절하지 않은 비유다. 설계도와 건축물에는 일대일 대응관계가 존재하지만 유전자와 생물은 그런 관계가 성립되지 않는다.

오히려 유전자는 요리 레시피에 가깝다고 할 수 있다. 레시피에는 어떤 재료를 어떤 순서로 넣고 어떻게 조리할지가 적혀 있다. 이와 마찬가지로 유전자에는 신체 어느 부위에서 언제 어떻게 단백질을 합성하고 다른 유전자의 스위치를 켜고 끄는지에 대한 지령이 담겨 있다. 스위치를 전환하는 법이 조금이라도 달라지면 전혀 다른 생체 구조가 완성된다.

단, 스위치의 온오프는 유전자 하나로 결정되지 않는다. 유전자가 환경에서 다양한 정보를 끌어냈을 때 비로소 결정된다. 이처럼 'DNA만으로 결정되지 않는 유전의 구조'를 다루는 학문은 '후생유전학(Epigenetics)'

이라 불리며 최근 급속도로 발전하고 있다.

유전자라는 레시피로 인생을 만들어가다

종합해보면 본 장 서두에 언급한 '우리의 삶은 모두 유전으로 결정될까?'라는 물음에 대한 답도 저절로 나오지 않을까 싶다. 현대에는 '유전이 모든 것을 결정한다'고 주장하는 생물학자는 거의 없다. 위에서 살펴본 것처럼 '유전과 환경의 상호작용'이 인간의 바탕을 결정한다는 것이 표준적 생각이다.

이러한 생각은 우리의 삶에 어떤 영향을 미칠까. '유전과 환경의 상호작용'이 인간의 바탕을 결정한다면 우리에게는 스스로의 노력으로 자신이 자라는 환경을 개선해 자신의 미래를 바꿀 자유가 있다고 할 수 있다.

우리의 삶이 전부 유전으로 결정되지 않는다면 첫째, '아무리 노력해도 소용없는' 세상은 아니라는 말이다. 발전하려는 노력에는 나름대로 의미가 있다.

둘째, '누구에게나 자기 인생을 바꿀 자유가 있다'는 이야기가 된다. 우리는 유전자라는 레시피를 토대로 환경에서 정보를 끌어내 스스로 자기 인생을 만들어가고 있기 때문이다.

⊕ 알아두면 쓸모 있는 철학 포인트

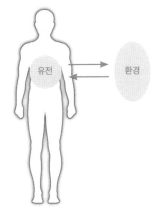

유전과 환경의 상호작용이란
천성(유전)이 양육(환경)을 통해 표현되는
상호적 작용이다.

🖋 나만의 철학 세우기

• 천성을 중시하는 생각과 양육을 중시하는 생각에는 각기 어떤 유형의 주장이 있을까?
• '사회생물학 논쟁' 당시 윌슨은 구체적으로 어떤 비판을 받았는지 조사해보자.

오늘의 철학자

에드워드 윌슨(Edward Osborne Wilson, 1929~)
미국의 곤충학자, 자연학자. 하버드 대학 명예교수. 특히 개미 사회와 관련된 연구로 유명
하다. 1975년에 출간된 《사회생물학》은 사회생물학 논쟁을 일으켜 유전 대 환경에 대한
이후의 논의에 지대한 영향을 미쳤다. 이 저서에서 윌슨은 인간의 사회현상과 관련된 모든
학문이 언젠가는 진화생물학으로 바뀔 것을 내비쳐 거센 비판을 받았다.

(고바야시 무쓰미)

철학 대화,
자유롭고 편안하게 발언한다는 것

준호   요즘 토론 수업이 많아진 것 같아. 그런 수업은 좀 귀찮지 않냐?

유나   왜, 재미있잖아.

준호   선생님 이야기만 듣는 것보단 재미있지만 별로 도움이 안 되는 것
        같은 느낌이 들어서.

유나   선생님도 말했지만, 뭔가를 배운다기보다는 생각하기 위한 수업이
        니까 어쩔 수 없지.

준호   그냥 이야기만 주고받는다고 생각이 될까? 디베이트 같은 거 했으
        면 좋겠는데.

유나   디베이트가 뭐야?

준호   주제를 정해서 반대와 찬성으로 나눠서 공격하고 방어하는 거야.

유나   공격이라면 토론 같은 거야?

준호   맞아. 자기 의견이랑 상관없이 입장을 정해서 상대방에게 논리적
        으로 반론하는 방식이지.

유나   좀 무섭다. 관계가 흔들릴 것 같아.

준호   그렇지도 않아. 채점하는 사람도 있고 채점 항목도 정해져 있거든.
        이기느냐 지느냐가 결정되니까 경기 같은 느낌이지.

유나   얼마 전에도 했지만, 난 둥글게 앉아서 이야기하는 게 좋더라.

준호 아, 그거······. 난 별로던데. 너무 긴장해서 말이 잘 안 나오더라. 디베이트를 하면 이야기하는 입장을 정해주니까 자기 의견을 밝히지 않아도 돼서 편하더라고.

유나 하지만 의견이란 건 스스로 생각해야 의미가 있는 거 아니야?

준호 그렇긴 하지. 그래도 토론할 때 내가 얼마나 잘 듣고 있는데. 유나나 다른 사람이 무슨 의견을 말했는지 거의 다 기억한다고.

유나 그렇구나. 발언을 하고 싶긴 하지만 못하겠다는 거야?

준호 응, 비슷해. 전에 네 명이 한 조가 돼서 이야기를 나눌 땐 이야기하거나 질문하기가 한결 편했어.

유나 인원이 적으면 할 수 있다는 말이네. 뭔지 알겠어. 왜 인원이 많으면 말이 잘 안 나올까?

준호 유나도 그래? 의외네.

유나 다 같이 토론하는 건 좋은데, 내 의견은 말하기가 좀 그래. 나한테 질문도 하고 반론도 할 테니까.

준호 난 유나 의견에 관심이 있어서 질문한 건데. 너무 질색하지 않아도 괜찮지 않을까?

유나 그런가?

준호 응. 그런데 나 같은 사람도 토론에 참여할 수 있을까?

유나 준호는 머리가 좋잖아. 침착하게 이야기하면 다들 감탄할걸.

준호 고, 고맙다.

 여기 적힌 내용은 선생님들을 위한 철학 대화 수업 안내서로 봐도 무방하지만, 독자 여러분은 뒤에 설명한 논의 방법을 참고삼아 실제로 이야기를 나눠보기를 바란다. 그리고 '철학 대화'란 어떤 것인가에 대해, 또한 생각과 지식, 담론의 관계에 대해서 깊이 있게 생각해보자.

논의하며 사고력을 키우다

철학 대화란 무엇인가. 우선 여기서부터 시작하기로 하자. 철학 대화란 말 그대로 철학적인 물음에 관해 대화, 즉 논의를 펼치는 것이다. 결론부터 짚고 넘어가자면 나는 철학 대화를 이런 것이라고 생각한다.

철학 대화란 철학적 물음을 둘러싸고 깊이 생각하는 것을 목적으로 진행되는 논의다.

'철학 대화' 자체는 일반적인 말이지만 여기서는 '어린이 철학(Philosophy for Children(P4C))'이라는 개념에 근거한다.

'어린이 철학'이란 사고력 육성이 목적인 교육 프로그램으로 미국에서 개발되어 전 세계로 확산되었다. 특징 중 하나는 철학 대화를 통해 깊이 생각하는 힘을 키울 수 있다는 데 있다. 성인과 전문가뿐 아니라 초등학생 같은 어린이도 철학 대화를 하면 사고력이 큰다고 한다.

그럼 수업 순서를 살펴보자. '어린이 철학' 수업의 기본적 진행 방식은 이렇다.

어린이 철학의 순서

1. 먼저 이야기나 교재를 읽는다.
2. 그를 바탕으로 참가자가 주제와 물음을 내놓는다.
3. 그중 하나를 골라 참가자끼리 논의한다.

세 번째 순서인 '참가자끼리 논의'를 여기서는 철학 대화라고 불렀다. 많은 나라에서 모든 참가자가 둘러앉아 한 가지 문제에 대해 생각한다.

철학 훈련을 위한 특별부록

물음거리를 모으다

그렇다면 실제로 이 책으로 이루어지는 수업에 대해 간단하게 설명하겠다.

첫 번째 순서로 이 책의 〈왜 다이어트는 실패할까?〉를 반 전체가 낭독한 후 적당한 때를 봐서 교사가 설명한다. 그 후 이 글을 읽고 '다 같이 생각하고 싶은 것', 즉 물음을 모은다(순서 2). 물음이 몇 가지 나오면 그중 하나를 골라 다 함께 논의한다.

그런데 수업의 현실을 잘 아는 사람이라면 이렇게 지적할 수도 있겠다. '내 수업 시간에 물음거리를 내라고 해봤자 아무도 손을 안 든다'고 말이다. 물음거리를 내놓게 하는 방법에는 몇 가지가 있다.

물음 만들기 예시

✓ 사람마다 물음을 쓰게 한 다음 그 종이를 걷어 전부 소리 내어 읽고 그중 하나를 고른다.

✓ 조 단위로 물음에 대해 의논한 다음 조별로 발표한다.

실제 수업에서는 '저속한 욕망이란 무엇인가' 또는 '친구가 다이어트 때문에 몸이 상하면 말려야 하는가' 등의 물음이 나왔다.

다른 물음의 예

'이성이 강하다는 것은 좋은 일인가', '무엇을 계기로 강한 의지가 변하는가', '의지가 약하다는 것은 정말로 나쁜 일인가', '욕망에 충실한 것은 나쁜 일인가', '행복 이외에 가장 좋은 것은 존재하지 않는가', '행복은 느끼는 것인가, 실제로 존재하는가', '행위는 행복을 추구할 뿐 아니라, 불행해지고 싶지 않은 것도 있지 않을까?' 등

자유롭게 물음거리를 내놓기는 하지만, 수업에 주제가 있는 경우 이 책과 같은 여러 참고도서를 활용하면 주제에서 크게 벗어나지 않고 참가자들의 흥미에 맞는 물음을 생각해낼 수 있을 터다.

철학 대화를 진행해보자

물음이 정해졌다면 이제 철학 대화를 진행할 차례다. 어떤 학급에서 '저속한 욕망이란 무엇인가'라는 물음이 선정되었다. 실제 수업에서 처음 4분 동안 이루어진 대화를 살펴보자.

교사   이 물음, 다들 어떻게 생각하니?

A   타인에게 해를 가하는 욕망이라고 생각합니다.

교사   예를 들면 어떨 때일까?

A   남을 죽이고 싶다 같은 거요. 죄적인 욕망.

B   살인을 할 수밖에 없는 상황에서 사람을 죽였다면 그건 저속한 욕망일까요?

A   어떤 경우든 위해를 가하는 건 나쁘니까, 저속하다고 생각해요.

C   그건 욕망이 아니라고 생각합니다.

A   뭐라고?

교사   (C에게) 방금 그건 질문이니? 아니면 새로운 의견이야?

C   B에 대한 의견입니다.

교사   그렇구나. 그럼 다시 한번 설명해볼까?

C   네. 아까 말한 상황에서 살인은 어쩔 수 없이 벌어진 것이고 욕망은 아니라고 생각합니다.

교사   자, 다들 잘 따라오고 있어? B가 한 질문에 A는 '그래도 저속하다'

고 했고 C는 '저속한지 여부가 문제가 아니라 애초에 욕망이 아니다'라고 했어. 이 점에 대해 다른 친구들은 어떻게 생각해?

D   욕망이 맞아요.

교사   어째서?

D   죽여야 하는 상황이란 자기가 살해당할 위기에 처했을 때일 테니, '살고 싶다'고 생각할 테니까요.

(실제 대화를 일부 수정해서 실음)

이 논의에서는 그 후 욕망 이외에 우리 행위를 결정하는 것이 있는가, 저속함의 기준이란 무엇인가 등을 검토했다.

디베이트와 철학 대화는 다르다

여러분은 논의라는 말을 들으면 특정한 입장에 서서 상대방을 논리로 이기는 장면이 떠오르는가. 국회에서 벌어지는 논쟁이나 정치 토론 방송이 그것이다. 또는 앞서 대화에 등장한 준호와 나이가 비슷한 독자는 학교에서 진행된 '디베이트' 수업을 떠올릴 수도 있다. 하지만 이는 철학 대화와 다르다.

이를테면 앞서 수업에서 이루어진 논의 후반부에는 '욕망은 표출하지 않으면 저속한지 여부를 알 수 없다'는 발언이 나왔다. 이어지는 실제 논의 상황에서는 다음과 같은 대화가 이어졌다. '표출이란 다시 말해 행동한다는 뜻이야?'라는 질문에 '(행동뿐 아니라) 말로 하는 것도 마찬가지로 표출이야. 나는 이걸 하고 싶다는 정치가의 말처럼.' '그럼 공부해야 하는 상황에 게임을 하는 경우는?' '게임을 하고 싶어 하는 건 (욕망) 멋지다고 생각해. 하지만 주위에서 그 상황에 게임을 하는 건 좋지 않다고 말해줘서 저속

했구나 하고 깨달을 때도 있어.'

첫 주장에 반론하기는 쉽다. 하지만 위에 소개한 대화에서는 표출이라는 단어의 의미를 확인하고 이해했다고 밝힌 후 들어맞지 않을 것 같은 예를 제시하며 질문하고 있다. 그렇게 하면 첫 주장이 사실은 '저속한지 여부는 내가 아니라 주위에서 결정하는 것'이었음이 명확해진다.

이 짧은 사례를 통해 우리는 철학 대화에는 상대를 설득하고 반론이나 비판을 하는 경우도 분명 있지만, 비판적 반론이나 서로의 생각에 대한 공감과 이해를 포함해 다른 요소도 있다는 사실을 알 수 있다. 본래 철학 대화의 목적은 대화 참가자와 함께 주제로 정해진 물음에 대해 깊이 생각하는 데 있다. 그러므로 상대가 무슨 말을 하는지 확인하고, 의견이 다르면 무엇 때문에 달라졌는지에 대해 깊이 생각한다. 밝고 즐거운 분위기일 때도 있고, 때로는 깊이 생각하기 위해 참가자들끼리 서로 비판해야 하는 경우도 있다. 단, 너무 지나치면 생각을 방해하기도 한다. 철학 대화에서는 깊이 생각한다는 목적에서만 잡담과 디베이트가 허용된다.

의견을 듣고 음미하다

그렇다면 구체적으로 어떻게 해야 깊이 생각할 수 있을까? 앞의 사례에서도 알 수 있듯이 핵심은 다른 사람의 이야기를 잘 듣는 데 있다. 대화라고 하면 자칫 이야기하는 것에 관심이 쏠릴 수 있지만, 철학 대화의 목적은 깊이 생각하는 데 있으므로 이야기하는 것 자체는 필수가 아니다. 오히려 발언하는 사람은 무엇을 생각하는지, 상대방이 하고 싶은 말이 무엇인지 차분히 듣고 나는 어떻게 생각하는지를 찬찬히 생각한다. 방금 전 논의에서 그 사람은 무엇을 문제로 보는가, 진짜 문제는 무엇인가를 되도록 정확하게 파악하는 것이 관건이다. 다소 집요하거나 집착이 강한 편이 철학 대화에는 제격이다.

수업에서 철학 대화를 진행하는 경우 교사는 이 '참가자의 의견을 듣는' 역할에 집중한다. 요령은 질문하기에 있다. 앞의 사례에서도 첫 발언자의 주장이 진정 뜻하는 바를 질문으로 이끌어냈다. 앞의 논의에 이어 '자신의 욕망인데도 스스로는 저속한지 여부를 알 수 없다는 뜻이야?'라는 확인의 질문, '왜 모른다고 생각해?' 등 이유의 질문을 할 수 있다.

질문의 예

✓ 왜 그렇게 생각하나요? : 이유

✓ 구체적으로 어떤 경우요? : 예시

✓ ~를 어떤 의미로 쓰고 있나요? : 의미

✓ ~라는 의미 맞습니까? : 확인

보통 수업에서는 교사가 이야기를 할 때가 많다. 하지만 철학 대화에서는 참가자가 이야기해야 하며, 그러려면 교사는 퍼실리테이터(facilitator)가 되어야 한다. 퍼실리테이터란 '뭔가를 촉진하는 사람'이라는 뜻이다. 수업 초반의 모습에서 알 수 있는 것처럼 교사는 생각을 이끌고자 참가자의 발언에 대한 질문을 모으고, 이해하기 어려운 구석이 있으면 질문하며 논의가 명확하게 진행되도록 이끈다. 물론 참가자끼리 적극적으로 질문하도록 유도하거나 모르는 점은 없는지 확인하기도 한다. 교사도 참가자 중 한 명이니 자신의 의견을 말해도 좋을 듯하다.

철학 대화는 옛 철학자들의 생각을 이해하는 목적으로도 쓰인다. 또 상대의 의견을 차분하게 듣고 그대로 받아들이는 것이 아니라 문제를 음미한다. 실제 철학 대화 속에서 다양한 이론을 논의하면 그 내용을 저절로 이해하게 되고 어쩌면 새로운 생각이 떠오를 수도 있다.

흥미로운 철학 대화를 진행하기 위한 마지막 요령은 참가자가 자유롭게 생각하고 편안하게 발언할 수 있도록 하는 것이다. 첫 대화에서 준호가 말한 불안감을 없애야 한다. '반론하고 싶다면 의견을 말한 사람에 대해서가 아니라 발언한 내용에 대해서 한다' 또는 '어떤 의견이든 주제의 물음과 관련이 있다면 주위 사람들은 잘 듣게 되어 있다'는 규칙과 태도는 편안함을 느끼게 해줄 것이다. 하지만 자유롭고 편안한 분위기가 조성되어 서로 질문할 수 있게 되면 철학 대화를 통해 많은 생각을 음미하게 되며 그 논의는 절로 깊어질 것이다.

🌑 나만의 철학 세우기

- 좋은 수업이란 어떤 수업일까. 내가 좋아하는 수업의 좋은 점을 구체적으로 들면서 생각해보자.
- 이 책에서 흥미를 느낀 대목에 관해 물음을 떠올려보고 그 물음에 대해 이야기해보자.

(무라세 도모유키)

실제로 철학적인 글을 써보자

여기서는 이 책의 한 장이었던 〈진짜 내 자신은 어디에 있을까?〉라는 물음에 대답해보자. 예를 들며 답을 적기에 앞서 우선 대화와 본문의 내용을 다시 짚어보고 화제를 적어보자.

명수와 세호는 인터넷으로 알게 된 사람들이 실제로 모여 이야기하는 오프 모임에서 사람들이 '진짜 나를 이해해주지 않는다'며 우울해하더라는 준호를 떠올리며 이야기를 나눴다. 이에 세호는, 준호가 '인식되기를 바라는' 자신의 모습은 '타인이 봐주기를 바라는' 자신일 뿐 '자신의 본질'과는 '조금 다르다'고 분석했다.

그리고 세호는 '과연 "진짜 나"란 게 존재할까'라며 '본질'이라는 표현에 의문을 품었다. 한편 명수는 '결론적으로 네가 아는 나, 내가 아는 네가 있다'며 얼굴이 있는 존재로서 서로 인정한다는 사실을 확인했다. 결국 '본질'은 둘째 치고 일단 개개인의 얼굴을 인정하는 이유는 무엇인가라는 물음에 이르게 된다.

본문에서는 그 답을 불교의 오온설과 연기설에서 얻을 수 있다고 소개했다. 둘의 대화에 이어 '진짜 자신'이 존재하는가라는 화제를 다루며 '나라는 것은 정말로 존재하는가'에 대한 물음을 파고든다.

오온설에 따르면 오온, 즉 색과 수, 상, 행, 식이라는 다섯 가지 작용이 내 육체와 정신을 구성하며 이를 통해 자신의 존재를 인식한다고 한다. 극단적으로 말하면 오온은 존재를 있는 그대로 파악한다기보다는 오온에서 비롯된 그때그때의 요소에서 '자신이라는 존재'가 만들어진다고 해야 한다. 그리고 일상에서는 이러한 '자신'이라는 존재가 있다고 서로 가정하고 있는 셈이다.

오온설에서 설명하듯 이러한 인간의 존재 자체로 인해 자신의 본질에 대한 고집(집착)이 생겨난다. 준호의 괴로움은 이 고집에서 비롯되며 생로병사라는 네 가지 괴로움, 원증회고, 애별리고, 구부득고, 오온성고 등의 괴로움 또한 그 고집 때문에 생긴다. 그리고 그 고집이 계속되는 한 우리는 그 괴로움에서 해방(해탈)할 길이 없다.

그래서 이 괴로움에서 벗어나기 위한 가르침으로 연기설이 소개된다. '타인이라는 존재를 통해 자신이라는 존재가 드러난다'는 의미의 대화 내용에서 알 수 있듯이 '자신'이라는 존재는 단독으로 성립되지 않는다는 불교의 진리를 언급한다. 부파불교에서는 철저히 추구하지 않던 '연기' 개념도 대승불교에 이르러 철저해졌다. 즉, 자신뿐 아니라 세계도 어떤 '과정속 인과관계'에 불과하다고 보았다. 자신과 세계는 단독으로 존재하는 실체가 아니며, 실체 없는 인과관계의 축적으로 나타나는 '공'이라고 대승불교는 가르친다. 그 이론의 기초는 나가르주나(용수)가 확립했다.

그의 저서 《중론》의 해설자 찬드라키르티의 저술에 인용된 한 구절에는, '본질'이 존재한다고 가정하면 모순이 생겨난다는 논증과 함께 결국 본질이라고 생각되는 것은 '공'이라는 불교의 참뜻이 담겨 있다.

친근한 소재를 찾다

자, 이러한 내용을 바탕으로 나 자신의 소재로 '연기' 논리를 추적해보자 (77쪽 '나만의 철학 세우기' 참조). '일상'이라는 지시가 있으니 몇 가지 생각해보자. 경험과 지식을 동원해 '~란 무엇인가'와 비슷한 종류의 물음을 생각한 적은 없는지 떠올려보라. 이를테면 '친구', '남녀'도 괜찮고 조금 더 추상적인 '인간'도 괜찮다.

'거기에서 어떻게 '연기'를 발견할 수 있을지 원인과 조건으로 나누어 생각해보자'는 지시에 따라 구체적으로 답해야 한다.

예 1) '친구'를 예로 '연기'를 생각하는 구상 메모
① 친구의 본질이란 무엇인가
'친구란 무엇인가'라는 물음에 친구의 종류를 생각하며 공통점을 찾아본다. 벗, 소꿉친구, 학우, 동기, 놀이 친구, SNS 친구 등은 스스로 설명할 수 있을 것이다. 그리고 엄마 친구, 전우, 기숙사 친구 등의 의미도 알아본다. 이 단어

철학 훈련을 위한 특별부록

들을 한 줄로 늘어놓은 다음 공통점을 찾고 나름대로 정의를 생각해본다.

이 밖에도 문인과 지식인의 명언집, 속담 등에서 찾는다. 자신이 내린 정의를 고쳐 써가며 일단 '늘 곁에 있어주는 사람'처럼 정의라고 할 만한 문장을 생각해본다. 이것이 친구의 '본질'이라고 가정하자.

② 한 사람을 '친구'라고 부르려면 어떤 조건이 필요한가.

내가 친구로 여기는 사람이 나에게 '친구가 될 만한' 조건은 무엇일까? 구체적인 조건을 들어본다. 이때 내가 친구라고 여겼던 상대가 도무지 친구답지 않은 말과 행동을 했다거나, 친구라고 생각하지 않았던 상대가 (또는 친구 이상의 사이이길 원했던) 우리는 '친구'라고 선언했다는 등의 예를 들어본다.

③ 친구 관계에서 '연기'를 찾다

먼저 친구는 상대가 있을 때 비로소 성립된다(조건 1). 그리고 상대도 자신을 친구로 인정해야 한다는 사실(조건 2)을 확인하자. 그러면 친구는 하나의 관계가 있어야(=연기) 성립하는 현상임을 알 수 있다. 친구는 어떤 사건을 계기로 더 이상 친구가 아닐 수 있는 덧없는 존재이며, 그런 관계가 없는 상태에서는 처음부터 '친구'라는 고정된 본질을 확립할 수 없다는 사실을 깨닫게 되지 않을까.

작품을 찾다

〈진짜 내 자신은 어디에 있을까?〉의 '나만의 철학 세우기'에서 제기했던 두 번째 문제에서는, '진정한 나'가 주제인 영화, 소설 등의 작품을 찾아보라는 말이 나온다. 아는 범위에서 생각해보자.

예1) '진정한 나에 대한 깨달음'이 주제인 작품으로는 프로덕션 IG(시로우 마사무네·오시이 마모루)가 제작한 〈공각기동대: 고스트 인 더 쉘〉의 여주인공

구사나기 소코 정도가 괜찮을 듯하다.

구사나기 소코는 인간의 전뇌화(디지털화)와 의체화(기계화)가 일반화된 근미래 사회의 범죄를 단속하는 공안 9과의 유능한 소령이다. 수수께끼의 해커 '인형사'와 싸우다가 자신의 전뇌로 인터넷 깊숙이 잠입하게 되고 구사나기 소코가 인터넷 전체와 융합된다는 결말이다. 여기서 '자신'이란 무엇인가에 대한 문제를 제시할 수 있다.

예2) '두 개로 분열된 내 인격'이 주제인 작품으로는 미국 만화인 〈스파이더맨〉, 일본 만화가 이시노모리 소나로의 〈가면 라이더〉를 포함해 특수촬영 기법의 전대물 등이 있다. 그들은 유사시에 변신하고, 자기의식이 남은 상태에서 정의를 위해 악한 편과 싸운다. 다른 인격으로 변하면 인간적인 인격을 잃어버리는 이야기를 대표하는 인기 소설로는 《지킬 박사와 하이드》 등이 있다. 미국 만화 〈헐크〉는 이 작품을 모태로 한 작품이다. 영화로도 제작된 〈늑대 인간〉도 이에 해당된다. 인격의 다면성을 주제로 한 작품을 든다면 어느 쪽이 '진정한 나'인가라는 물음을 생각해도 좋을 듯싶다.

예 3) '어떤 상황에서도 '나'를 유지할 수 있는가'라는 주제로는 대니얼 키스의 《앨저넌에게 꽃을》과 카프카의 《변신》이라는 소설이 있다. 《앨저넌에게 꽃을》의 주인공 찰리는 지능이 급격히 변하면서 비극적 결말을 맞이하는데, 시간이 지나면서 주인공이 상황에 따라 변해가는 모습을 그렸다. 《변신》에서는 주인공 그레고르가 어느 날 아침 일어났더니 거대한 해충으로 변신해 있었다. 그런 상황에서 인간이 '나 자신'을 유지하려면 어떻게 해야 하는지 물어보면 어떨까?

예 4) '진정한 나를 모르던 유형'으로는 소포클레스의 고전《오이디푸스 왕》
이 있다. 테바이 왕의 아들로 태어난 오이디푸스는 타국인 콜린토스의 왕 밑
에서 자란 데 이어 운명의 장난에 휘말리지만 그것을 깨닫지 못한 채 친아
버지를 죽이고 친어머니와 결혼해 네 명의 아이를 낳는다. 뒤늦게 그 사실을
알게 된 오이디푸스는 자신의 눈을 찌르고 거지 신세가 되고 만다.

복제된 '클론'으로 태어났는데도 자신을 '본체'로 여긴다는 설정으로 제작된
톰 크루즈 주연의 영화 〈오블리비언〉에서도, 자신이라는 의식은 여전히 존
재하지만 자신에 대한 인식이 변해간다. 괴이한 존재를 다룬 영화로는 부르
스 윌리스 주연의 〈식스 센스〉와 니콜 키드먼 주연의 〈디 아더스〉 등이 있
다. 이 영화들은 자신이 이미 죽었다는(혹은 죽음을 맞이했다) 사실을 깨닫
지 못하고 그 영혼이 산 자처럼 행동한다는 설정이다. 이런 유형의 이야기는
자신이 안정적으로 사회 속에 머물기 위한 존립 가능성에 문제를 던지는 작
품으로 볼 수 있다.

(나가야마 마사시)

왜 교칙을 지켜야 하는가

교칙과 규율에는 어떤 차이가 있는가

교칙에 신경 쓰지 않는 사람이 있는가 하면 교칙 때문에 주의를 자주 받
아서 몹시 짜증스럽다는 사람도 있다. 그런데 교칙은 왜 지켜야 할까?

교칙이라는 규칙을 생각할 때 법률이나 도덕과 비교하면 쉽게 다가온다.
예컨대 '타인의 돈을 가로채서는 안 된다'거나 '타인에게 위해를 가해서는
안 된다' 등은 법률과 도덕 어느 쪽에나 공통된 규칙이다. 법률과 도덕 모

두 사회에서 공유된 가치관을 반영한 것이기 때문이다. 단, 일반적으로 도덕이 개인의 양심이라는 내면에 작용하는 데 반해 법률은 그 사회 구성원 전체를 외면적으로 규제한다는 차이가 있다. 법률을 위반한 사람에게는 벌칙이 주어진다.

교칙은 학교에 소속된 학생을 외면적으로 규제한다는 점과 벌칙이 있다는 점에서 법률과 비슷하다. 그러나 교칙 때문에 삭발을 강요하거나 소지품 검사를 전교생에게 실시해서 학생의 물건을 임의로 몰수하는 행위는 인권침해에 해당하며 법률에 반하는 것이 아니냐며 문제시된 적도 있다. 교칙과 법률의 차이점은 무엇일까.

교칙은 로컬 룰이다

법률은 국내의 모든 사람이 지켜야 한다. 반면 교칙은 특정 단체와 지역에만 적용되며 '로컬 룰(local rule)'이라 불리는 규칙의 일종이다. 물론 로컬 룰도 헌법의 제약을 받는다. 아파트 관리규정, 회사 복장규율도 단체의 로컬 룰이다. 스포츠나 게임에도 로컬 룰이 다수 존재한다. 그중 회사 직원이 지켜야 할 의무와 규칙을 정한 복장규율이 교칙과 비슷하다.

로컬 룰인 교칙은 학교에 따라 그야말로 가지각색이다. 특히 차이가 벌어지는 것은 '생활규정'과 '복장·두발 규정' 등의 학생지도 관련 규정이다. 머리카락 길이부터 양말 색상에 이르는 세세한 규정에 질린 나머지 숨 막힐 듯한 답답함을 느끼는 사람도 적지 않을 듯하다.

프랑스의 철학자 미셸 푸코는 학교를 두고 감옥과 비슷한 곳이라고 했다. 학생은 교칙을 지키는 행위를 통해 집단생활에 적응하도록 훈련받는다. 또한 시험을 칠 때마다 공부하고 합격 여부 판정을 통해 교사의 가르침을 진리로 받아들이게 된다. 이처럼 현대의 학교는 '규율·훈련'이라는 기

철학 훈련을 위한 특별부록

술로 아이들을 권력에 자발적으로 복종하는 인간, 자신을 스스로 감시하는 순종적이고 도덕적인 존재로 훈련하는 감옥과 똑같은 기능을 지닌 시스템이라고 말이다.

교칙은 어떻게 바뀌어왔나

일본에서 1960년대 말부터 1970년대 전반은 각지의 대학에서 불붙은 학원 분쟁이 고등학교까지 파급된 시기였다. 그 밑바탕에는 엄격한 교칙(남학생은 삭발해야 한다고 정한 학교도 많았다)으로 상징되는 학교의 관리주의적 운영과 지식만 강조하는 수험 특화교육 등에 대한 불만과 분노가 자리했다. 현재 교복이 없는 고등학교 중에는 최근 벌어진 제복 자유화, 제복 폐지 운동으로 교칙에서 교복 의무가 없어진 학교가 상당수다. 교칙 자체를 폐지하고 학생 각자가 자율적으로 관리하도록 바꾼 학교도 있다.

1970년대 후반부터 1980년대 전반까지는 전국의 중고등학교에서 교내 폭력이 확대되면서 '난폭한 10대'가 사회문제로 대두됐다. 그들의 반항에는 교칙으로 옭아매는 관리형 교육과 대학 편차치(학력 수준)에 기초한 학교 서열화 등에 대한 반발이 밑바탕에 깔려 있었다.

당시 일본에는 '반항하는 10대의 카리스마'라고 불린 사람이 있었다. 고등학교를 중퇴한 록 가수, 오자키 유타카였다. 데뷔곡인 '17세의 지도'와 '15의 밤' 등에는 몸부림치며 반항하는 10대들의 심경이 고스란히 담겨 있다. 오자키의 노래 '졸업'에 나오는 '어느 밤 학교 창문을 부수고 다녔다'는 가사의 영향으로 실제로 학교 창문을 깨서 훈방 조치된 고등학생이 많았다고 한다.

하지만 교칙 위반을 되풀이하는 '난폭한 10대'가 사회문제로 대두됨에 따라 관리형 교육이 강화되면서 점차 진정 국면에 접어들었다. 그 후 과도한 관리형 교육이 문제가 되었으나, 정부의 시정 조치 등으로 다소 완화됐다.

교칙으로 학생에게 개입주의를 행사하다

이러한 역사를 염두에 두고 교칙이란 무엇인가를 다시 생각해보자. 학교 교사들은 왜 교칙을 지키라고 할까. 학교라는 조직의 질서를 유지하려는 의도도 있을 것이다. 교칙을 지키지 않는 분위기가 되면 해이한 학교라는 인식 때문에 사회의 평가가 낮아지는 일도 많다. 또한 장차 사회의 규칙을 지키는 사회인이 되도록 규범의식을 습득하게 지도한다는 의도도 강하다. 당사자에게 좋다고 생각해서 하는 참견을 '개입주의(paternalism)'라고 하며, 이는 개인의 자기결정권을 중시하는 자유주의 원칙과는 상극을 이루는 사고방식이다. 하지만 학교라는 조직의 특성상 정도의 차이는 있을지언정 한창 성장하는 학생에게는 개입주의를 행사하기 마련이다.

교칙이 필요한 이유를 아무리 설명한들 옆 학교는 교복이 없는데 우리 학교는 왜 학교 배지 유무나 양말 색까지 간섭하느냐, 불합리하다며 수긍하지 못하는 학생도 많을 것이다. 하지만 교칙이 싫으면 자퇴하든가 교칙이 관대한 학교로 전학하면 되지 않느냐는 반론도 나올 법하다. 지금 다니는 학교는 교칙까지 염두에 두고 자발적으로 선택한 곳이 아니냐고 하면서 말이다. 논리적으로는 맞는 말이지만 그런 결단을 못 하는 경우가 대다수일 것이다.

학교에도 저마다의 이야기가 있다

교칙에 대해 발상을 바꿔서 생각해보면 어떨까. 일본에서는 고등학교의 '현대사회'와 '윤리' 과목에서 청년기 단계와 관련해 에릭슨의 '정체성'을 다룬다. 정체성이란 '나란 어떤 존재인가'에 대한 답이라고 배운 사람도 있다. 여기에서는 정체성을 '자기 이야기'라고 보는 심리학자 에모토 히로아키를 소개하고자 한다. 그의 '자기 이야기' 이론에 따르면 사람은 모두 자신을 주인공으로 한 자기 이야기를 살고, 이야기 형태로 인생을 쓰며, 자기를 의식해 타인에게 자신을 이야기하며 관계를 형성해간다.

학교에도 이야기가 있다고 생각해보자. 편차치 등에 기초한 순위로만 학교를 평가하기 십상이지만, 이야기라는 발상으로 다시 바라보자는 뜻이다. 그러면 각 학교의 개성과 색깔의 차이는 학교별 이야기의 차이로 볼 수 있다. 각 학교에는 학생을 육성하는 독자적인 이야기가 있으며 학생은 그 이야기에 이끌리고 때로는 반발하면서 자신의 이야기를 형성해간다고 이해할 수 있다. 교칙도 각 학교의 이야기 중 하나로 보면 된다. 어떤 학교에서는 사복이 허용되지만 우리 학교에서는 교복 규정이 엄격해서 불합리하다는 점까지 포함해, 교칙을 자기 이야기의 형성과 맞물린 것으로 나름대로 이해해가며 발상을 바꿔본다.

지나치게 불합리한 교칙이 있다면 학생회에 요청해 변경 또는 폐지하도록 활동하는 방법도 있다. 학교의 이야기를 그대로 따르기보다는, 교칙까지 포함한 학교 이야기를 '내 이야기'를 풍성하게 만들기 위해 적극 활용하는 전략도 있다. 이와 같은 발상을 참고하며 자신과 어떤 관련성이 있는지를 포함해 교칙에 대해 생각해보자.

(이노우에 가네오)

소논문을 직접 써보자

관심 있는 주제에서 '물음'을 발견했다면

이 책을 읽으며 흥미를 갖게 된 주제와 고전은 몇 가지나 있었는가. 그 주제를 바탕으로 소논문을 쓰는 훈련을 해보자. 각 장의 마지막 부분에 '물음'을 준비했다. 또한 그 장의 제목을 보면 알 수 있듯이 제목 자체가 각 장의 고전과 해설 내용 전체를 상징하는 '물음'이라고 보면 된다. 관심이 가는 주제에서 '물음'을 발견했다면 소논문을 써보자. 읽기만 했을 때에는 희미하던 문제의식이 글쓰기로 뚜렷해지면서 사색이 깊어진다.

구체적인 예: 밀의 공리주의와 칸트의 정언명령

각 장 말미에 제시된 '물음' 중에는 그 '물음'을 실마리 삼아 다른 사람과 논의하거나 혼자 생각하며 사색을 더하고 소논문으로 자기 생각을 자유롭게 쓰기 적당한 유형이 많다. 이 '물음'에 대해 공통된 논술 형식은 없으며 각각의 '물음'에 따라 자기 나름대로 쓰면 된다.

단, '물음'에 대한 자신의 견해를 긍정과 부정으로 나누어 밝혀야 하는 유형도 있다. 각 장의 제목은 '물음'으로 되어 있는데, 대부분 이 유형에 속한다. 이 유형은 추상적인 개념을 활용해 이론적으로 사고하고 전체적인 구성을 생각해 명확한 근거를 제시하며 자기 견해를 적어가는 소논문이다. 이런 경우 기본적인 논술 형식을 제시할 수 있어 소논문 작성에 유용하다. 여기서는 그런 유형의 논술을 쓰는 법에 대해 설명하겠다.

구체적인 예로 〈다수의 행복을 위해서 소수의 희생자가 생겨도 괜찮을까?〉를 읽고 그 장 말미의 물음 중 첫 번째인 '밀과 칸트의 윤리 원리 중 어느 쪽에 찬성하는가? 평소 내가 따르는 윤리 원리를 떠올리며 생각해보자'를 소논문으로 써보자.

'모든 사람의 행복을 추구하는 것'이 옳은지 여부를 고찰하려면 우선 '행복'이란 무엇인가를 생각해야 한다. 그러려면 두 번째 물음인 '당신에게 행복이란 무엇인가. 스스로 생각해보고 주변 사람들의 의견도 들어보자'를 미리 생각해둘 필요가 있다.

행복이란 무엇인가 생각해보자

'〈행복이란 행복을 찾는 것이다〉 르나르(Jules Renard)의 이 말을 나는 고등학교 화장실 낙서에서 발견했다. 이 커다란 진리를 몇 번이고 되뇌며 창문 너머로 눈부신 푸른 하늘을 바라보았다.'

데라야마 슈지라는 시인의 글이다《주머니 속 명언》*. 모두가 행복을 좇지만 그 행복은 도저히 종잡을 수 없는 존재인 것만 같다. '행복은 행복을 찾는 것'이라는 말은 그런 행복의 속성을 역설적으로 보여준다.

자기만의 행복관을 가지고 싶다면 이런 사항을 생각해봐도 좋겠다.

첫째, 행복은 주관적인 것인가 객관적인 것인가. 둘째, 행복은 윤리(도덕) 원리인가, 그렇지 않은가.

이 두 가지 관점을 참고하며 행복에 대해 나름대로 생각해보고 다른 사람과 이야기해보자. 이번 해설에서는 앞서 말한 첫 번째 물음을 다루기 위해 공리주의와 칸트의 행복관을 고찰하겠다.

우선 첫째 관점 '행복은 주관적인 것인가, 객관적인 것인가'에 대해 고찰해보자.

공리주의에 따르면 행복이란 즐거움(쾌락)이며 괴로움(고통)이 존재하지 않는 상태다. 또한 공리주의의 창시자이자 밀의 스승인 벤담은 쾌락을 수치화해 계산 가능한 것이라고 생각했다. 따라서 행복도 계산이 가능한 객관적 개념으로 보았다. 반면 칸트는 무엇이 행복인지는 사람마다 다를 뿐 아니라 같은 사람도 때에 따라 다른 주관적인 개념이라고 생각했다.

이제 둘째 관점 '행복은 윤리 원리인가, 그렇지 않은가'를 고찰해보자.

행복을 윤리 원리로 인식하는 입장을 행복주의라고 부른다. 근대에서 이

---

* 국내에 번역된 데라야마 슈지의 책으로는《책을 버리고 거리로 나가자》가 있다. - 옮긴이

입장을 대표하는 사상이 공리주의다. 벤담은 사회 전체의 행복은 개인의 행복(쾌락)의 총합이라고 생각해 '최대 다수의 최대 행복' 원리를 법률과 도덕의 기준으로 삼았다.

이에 반해 행복은 사람마다 다른 모호한 개념이므로 윤리 원리가 될 수 없다고 주장한, 행복주의 비판을 대표하는 이가 칸트다. 단, 칸트가 행복의 촉진 자체는 반대하지 않았다는 사실은 설명 마지막 부분에 '타인의 행복을 촉진한다'는 항목에 이유를 곁들여 자세히 적어놓았다.

소논문에 도전해보자

행복에 관한 고찰을 바탕으로 이제 '당신은 밀과 칸트의 윤리 원리 중 어느 쪽에 찬성하는가'라는 문제를 생각해보자.

이 물음에 대한 답을 소논문으로 작성하는 요령은 다음과 같다.

① 설명문 중 [문헌 A]와 [문헌 B], 그리고 각 해설의 취지를 정확하게 이해한다.

② 평소 내가 따르는 윤리 규칙과 비교해가며 밀의 공리주의 원리와 칸트의 윤리 원리를 대조해 어느 쪽에 찬성하는지 내 의견을 정한다.

③ 내 경험과 연결 지으며 내 의견을 뒷받침하는 근거와 사례를 명확하게 제시한다.

④ 내 의견과 반대인 입장의 주장을 검토하고 그에 대한 반론을 펼친다.

⑤ 마지막으로 ③, ④를 바탕으로 자신의 의견에 설득력이 있다고 강조한다.

위의 요령에 따라 논술에 도전해보자.

우선 밀의 공리주의 원리에 찬성하는 경우를 생각해보자.

논술 요령 ③ '자신의 의견을 뒷받침하는 근거와 사례를 명확하게 제시한다'와 관련해 참고가 될 만한 예를 들어보겠다.

(a) 내가 따르는 윤리 원칙과 그와 관련된 경험을 떠올리며 내 의견의 근거를 생각해본다. 예컨대 아무 이유 없이 거짓말을 해서는 안 된다, 즉 정직이 당신의 윤리 원칙이라고 하자. 그런데 정직하게 말하면 반 친구 모두가 상처를 입을 가능성이 있어 끝까지 거짓말을 한 적이 있다. 그러면 그 경험을 바탕으로 다수의 행복을 가장 우선시하는 공리주의 원리를 지지한다고 논술하면 된다.

(b) 당신의 윤리 원리가 집단의 화합을 중시하는 데 있다고 치자. 화합을 우선시하느라 하고 싶은 일을 참은 경험이 있다면 공리주의 원리와 연결해 의견을 서술해보자.

(a)와 (b)의 논술로는 설득력이 부족하다 싶으면 근거를 보강해보자. 이를테면 다음의 (c)나 (d) 같은 논리도 있다.

(c) 본래 각 개인에게는 '자신의 행복'이 가치다. 하지만 인간이 사회적 존재인 만큼 '자신의 행복'을 실현하려면 '자신의 행복'을 억제해 '다수의 행복'을 배려해야 한다. 결국 '다수의 행복'이 윤리 원리가 된다. 깊이 고찰해보면 칸트의 정언명령 원리도 '다수의 행복'에 기초하는 개념임을 알 수 있다.

(d) 현실 사회는 성인(聖人)이 아니라 보통 사람들로 구성된다. 국민 모두가 지킬 것을 요구하는 윤리 기준이 엄격하지 않을수록 실현 가능성이 높다. 공리주의 원리는 상식적이고 현실적이어서 이 조건에 들어맞는다.

이어서 논술 요령 ④ '나와 의견이 반대인 입장의 주장을 검토하고 그에 대한 반론을 펼친다'로 넘어가보자. 여기서는 공리주의를 비판하는 입장에서 지적한 공리주의의 문제점에 대해 반론을 시도해보자. 공리주의의 난점에 대해서는 해설문에서 세 가지를 지적했다.

(1) 일반적으로 악으로 인식되는 것이 선이 될 때가 있다.
(2) 소수의 희생을 정당하다고 볼 때가 있다.
(3) 행복의 양을 계산할 수는 없지 않은가.

(1)의 난점은 '규칙 공리주의' 입장에 설 경우 피할 수 있다는 설명이 있으니 참고하자.

(2)의 난점은 스스로 반론을 펴야 한다. 참고로 밀의 생각을 소개한다. 밀은 장기적 관점에서 사회 행복의 최대화를 목표로 해야 한다고 생각했다. 그러려면 소수파가 의견을 표명할 권리와 개인의 자유를 존중해야 한다고 했다. 소수파의 의견이 옳을 때도 있고, 소수파의 의견을 존중하면 다수파가 독단이나 편견에 빠지지 않도록 막을 수 있기 때문이다. 이렇듯 장기적으로 봤을 때 소수파를 버리지 않아야 '다수의 행복'을 증대할 수 있다고 주장했다((2)에 대해서는 PART 2의 〈가난한 사람을 어디까지 도와야 할까?〉와 〈어떤 사고방식이든 존중해야 할까?〉도 참고하자).

(3)의 난점에 대해서는, 우리가 살고 있는 자본주의 사회에서는 온갖 가치가 화폐 가치, 즉 돈으로 환산된다는 현실을 들며 반론할 수 있다.

이상의 실마리와 예시를 참고삼아 스스로 논술을 펼쳐보자. 칸트의 원리에 찬성한다면 밀의 원리에 찬성하는 경우와 정반대로 생각해야 한다는 점을 의식하며 논술하면 된다.

'철학을 배울 수는 없다, 철학함을 배울 수는 있다.' 칸트의 말이다. 이 책의 목적도 철학을 지식으로 배우는 것이 아니라 스스로 '철학하기' 위한 훈련을 하는 데 있다. 글쓰기로 자신의 생각을 구체화하고 표명하는 일은 스스로 고전과 대화하며 '철학하기'라는 행위에 참여하는 것이기도 하다.

(이노우에 가네오)

소논문을 잘 쓰려면 어떻게 해야 하는가

내 생각을 솔직하게 쓰는 게 쉽지 않다

유나　괜찮아? 소논문이 잘 안 써지나 보네.

준호　왠지 부끄럽단 말이야.

유나　부끄럽다니, 소논문 쓰는 게? 주제는 각자 정하기로 했던가?

준호　응. 이번엔 《철학이 이토록 도움이 될 줄이야》에서 마음에 드는 주제를 하나 골라서 쓰기로 했어.

유나　재미있겠다! 나도 '윤리' 과목 들을걸!

준호　내가 그렇게 말했는데……. 아무튼 내 생각을 솔직하게 쓰는 건 참 어려워.

유나　내 속을 다 보여주는 느낌이라 부끄러운 건가?

준호　게다가 아무리 써도 늘지 않는 것 같아.

유나　그렇진 않을걸. 어제 방송 봤지?

준호　아, 개그맨이 어렸을 때 쓴 글을 읽어준 방송 말이지? 웃겼어.

유나　초등학교 3학년 때라는데, 완전 엉망이더라. 같은 말을 두 번 반복하는가 하면, '예를 들어'라고 해놓고 다른 말을 써놓고(웃음).

준호   본인도 말했지만, 자기는 솜씨가 좋은 줄 알았다는 게 더 웃겨. 자
       각을 못했나 봐.

유나   바로 그거야. 너도 어릴 때보단 글솜씨가 늘었을 거고 소논문도 잘
       쓸 수 있어.

준호   집에 가서 옛날에 쓴 거 읽고 기운 좀 내야겠어(웃음).

타인의 비판도 중요하다

준호   아, 사실 부끄러운 이유가 또 있어. 이번에도 글을 교환해서 서로
       읽고 점검한다지 뭐야.

유나   수업 시간에 다른 애랑 바꿔 본다고? 재미있겠다!

준호   '상호 평가'라고 불러. 누가 썼는지 모르게 해서 의견을 쓰고 점수
       를 매기는 거지.

유나   그렇구나. 그런데 누가 걸릴지 모른다는 게 좀 무섭다. 무슨 말이
       쓰여 있을지 모르잖아. 그렇게 하는 이유가 뭐야?

준호   '비판과 평가는 소논문 실력 향상의 열쇠'래.

유나   맞는 말이네. 하지만 비판받는 건 싫더라(웃음).

준호   이거 좀 봐봐. 수업 시간에 선생님이 나눠준 자료거든. 철학서 '후
       기'인데…….

[이번 책은 예전의 글을 바탕으로 썼으며] 당시에 받은 편지를 꺼내서 다시
검토해보았다. 감사의 마음을 전한다. 만약 이 책을 읽고 할 말이 있는 분이
계시다면 반론이건 감상이건 기쁘게 받겠다.

사실 별로 말하고 싶지는 않지만, 본심을 밝혀둔다. 비판을 받으면 나는 상

처받을 것이다. 이 책에서 펼친 논의는 내 분신이나 마찬가지다. (중략) 하지만 역시 안 될 일이다. 이치를 따져 논의한 글이니, 제기된 반론이 이치에 맞고 내가 거기에 수긍했다면 정서적 반응은 모두 억눌러야겠다.

노야 시게키, 《마음과 타자(心と他者)》, 원서 255쪽

유나　이건 본심이 아니라 불평 같은데(웃음). 전문가도 타인의 비판이 중요하다고 생각하는구나.

준호　윤리 과목 선생님이 그러는데 비판하는 입장이나 평가하는 사람의 관점을 가지게 되면 글 쓰는 자세부터 바뀐대.

유나　그건 그래. 비판과 평가를 두려워하면 안 된다는 말이겠지. 그리고 네가 고른 주제도 흥미롭다고 생각해. 솔직한 의견을 썼다면 꼭 읽고 싶어.

준호　그렇게 말해주니 의욕이 생기는걸.

자기 자신을 객관적으로 볼 수 있을까?

준호　음, 평가나 비판을 하는 건 생각보다 어려워. 그런데 수업에서 다른 사람이 쓴 비판을 읽어보면 대부분 맞는 말이고 평가도 정당하더라고. 의견과 점수도 내 예상과 비슷한 경우가 많아.

유나　점수를 낮게 주면 그런 말 안 나올 것 같은데? (웃음)

준호　옆자리 애는 왜 이렇게 점수가 낮냐고 화를 내더라(웃음). 하지만 그 친구 걸 읽어보니 왜 그런지 알겠더라고.

유나　어머, 안됐다. 본인은 자신이 있었나 봐.

준호　그러게. 그런 모습을 보면 역시 다른 사람의 시각이 중요하다는 생각이 들어.

유나	자기 자신은 객관적으로 볼 수 없는 걸까?
준호	…… 누구를 말하는지 모르겠지만, 아마도 그렇겠지.
유나	상호 평가, 참 재미있다. 아까 말한 개그맨도 그렇고 지금 봐서는 어설픈 부분이 한눈에 들어오는데, 글을 쓸 땐 의기양양한 얼굴로 썼을 거 아니야. 다양한 사람이 쓴 글을 읽으면 객관적으로 보는 눈이 조금씩 생기나 봐.
준호	책이나 교과서에는 매끄러운 글만 실려 있잖아. 그래서 다른 애들이 쓴 글을 보면 상당히 신선해.
유나	너무 잘 쓴 글만 보다 보면 오히려 늘지 않을 수도 있겠다.

논리적 흐름을 생각하며 글쓰기

준호	그런데 윤리 수업을 안 들은 이유가 뭐야?
유나	수학이나 윤리는 답이 하나로 정해지니까 평가도 정확하다고 생각했지. 소논문은 좀 모호하잖아.
준호	나도 선생님이 개인적인 기준으로 점수를 매기는 줄 알았거든. 그런데 윤리 시간에 평가 기준 같은 걸 받았어. 이거 봐봐.

	우수	합격선	불합격
논술 방식	일관성이 있고 쉽게 이해가 간다.	일관성이 있다.	일관성이 없고 논지가 불분명하다.
오탈자	교정이 잘돼 있다.	읽는 데 지장이 없다.	검토와 교정을 하지 않았다.

준호	이 표 말고 더 있는데, '루브릭(rubric)'이라고 부르는 모양이야. 옆 반 선생님도 수업 시간에 이 기준으로 평가한다고 했어. 아예 처음부터 이런 평가 기준에 맞춰서 쓰면 좋대.

유나	이렇게 쓰면 잘 읽히는 소논문이 되겠네. 평가도 정당하게 받을 수 있겠어! 공평해서 좋다.
준호	그렇게 좋은 건가? 모두 똑같이 하면 재미없지 않아? 자기 생각을 틀에 맞춰도 되나 싶어. 왠지 족쇄 같아.
유나	그럼 더 자유롭게 쓰고 싶어? 아깐 자유로우면 부끄럽다고 한 것 같은데.
준호	그때그때 다르거든(웃음).
유나	그런데 너무 자유로우면 전달이 잘 안 되지 않을까? 논리적으로 흐름을 생각하면서 써야 의미가 전해지잖아.
준호	맞아. 최소한 논리적으로 써서 상대방에게 전해야 해. 그렇게 쓰려면 루브릭이 유용하긴 하지.
유나	그 이상으로 훨씬 '좋은 글'을 쓰고 싶은가 보네(웃음).

스스로 고민해서 쓴 글

준호	요전 수업에서 현도가 쓴 소논문을 봤는데, 굉장히 인상적이더라.
유나	현도는 오탈자나 형식적인 오류가 많을 것 같아(웃음).
준호	응, 그래서 점수는 낮았는데 글은 전체적으로 괜찮더라고. 난 그렇게 못 쓸 것 같아.
유나	자기가 고민해서 쓴 글은 뭔가 다르더라.
준호	아무래도 이 기준으론 부족한 것 같아.
유나	루브릭을 바꾸겠다는 이야기야?
준호	괜찮을 것 같지 않아? '독창성' 항목을 추가할 수도 있고.
유나	그렇게 하면 사람에 따라 차이가 많이 날 것 같아.
준호	그러네. 루브릭을 보완하는 거 의외로 어렵다.

유나	그래. 지금 이야기하면서 생각했는데 이 평가 기준도 괜찮다는 느낌부터 시작해서 조금씩 보완을 거듭한 결과라고 봐.
준호	'이렇게 하면 어떨까?' '이렇게 하는 편이 좋겠어.' 이렇게 조금씩 보완하는 과정을 거쳐서 좋게 만들었다는 뜻이야?
유나	맞아. 당장은 생각이 잘 안 나지만 새로운 관점을 넣어서 우리 나름대로 기준을 개량해야 해.
준호	그래. 생각해보면 니체의 글이나 칸트의 글도 루브릭을 기준으로 보면 '근사하다'는 평가는 안 나올걸.
유나	'기준도 시대에 따라 바뀐다'는 말이야? 하지만 그런 글은 쓸 엄두도 안 나(웃음).
준호	아무튼 현재의 기준만으로는 판단하지 못하는 부분도 있다는 뜻이잖아. 그럼 나도 니체와 칸트처럼 언젠가는 좋은 평가를 받을 수 있을지도 몰라!(웃음)
유나	웬일로 대담한 말을 하네. 하지만 모두가 수긍할 수 있게 쓰기는 어려울걸(웃음).
준호	그렇기는 해. 기왕 쓰는 거 이해가 잘 가게 써야지.
유나	모두가 수긍할 수 있는 좋은 글에도 조건이 있지 않을까?
준호	왠지 있을 것 같아. 아까 한 이야기처럼 이것도 우리 나름대로 조금씩 생각해갈 수밖에 없는 걸까.
유나	이제부터 논의가 깊어지겠네.
준호	우리 사이처럼(웃음).

(무라세 도모유키)

철학 훈련을 위한 특별부록

출전 및 원서가 참고한 도서들

- 국내에 출간된 책은 서점에서 검색이 용이한 한국어판 제목으로 표기하였습니다. 다만 '독서 안내'의 경우, 저자의 의도를 반영해 한국어판과 일본어판을 모두 밝혀 적었습니다.
- 오래된 고전으로 국내에서 출간된 책이 여러 권인 경우, 대표로 한 가지 제목만 표기했습니다.
- 국내에 출간되지 않은 책은 원서의 번역서를 기준으로 제목을 표기했습니다.
- ★는 난이도를 나타냅니다. ★의 개수가 많을수록 어렵습니다.

PART 1.

〈사랑은 자연스러운 감정일까?〉
플라톤,《향연》
아리스토텔레스,《니코마코스 윤리학》
〈누가복음〉
앙드레 콩트-스퐁빌,《미덕이란 무엇인가(Petit traite des grandes vertus)》

*독서 안내
① 도이 겐지(土井健司),《기독교를 다시 묻다(キリスト教を問いなおす)》, 지쿠마 신서(ちくま新書), 2003년 ★
② 미타 무네스케(見田宗介),《미야자와 겐지(宮澤賢治)》, 이와나미 현대문고(岩波現代文庫), 2001년 ★★
③ 존 다우어,《무자비한 전쟁―태평양 전쟁의 인종차별(容赦なき戦争―太平洋戦争における人種差別)》, 사이토 겐이치(齋藤元一) 역, 헤이본샤(平凡社)라이브러리, 2001년 ★★★
④ 빅터 프랭클,《그래도 삶에 예라고 대답하라(それでも人生にイエスと言う)》, 야마다 구니오(山田邦男), 마쓰다 미카(松田美佳) 역, 슌주샤(春秋社), 1993년 ★★ (한국어판은《삶의 물음에 예라고 대답하라》)
- '(예수는) 왜 그런 말을 했을까'라는 의문은 도이 겐지에게 던져보자. 도이 스스로 고뇌하며 성 의껏 답해줄 것이다. '나'를 다룬 책은 어마어마하게 많지만 여기서는 서양을 벗어나 미타 무네스 케가 그린 미야자와 겐지의 '나'와 만나보길 권한다. 겐지의 작품을 읽은 적이 없어도 괜찮다. 그리고 '구분'의 문제, 그것이 '미움'으로 이어진다면? 다우어는 과거의 일도, 남의 일도 아니라고 설파한다. 나치 강제수용소에 갇힌 프랭클은 가족 중 유일하게 살아남았다. 그런 그가 '그래도'라고

하는(할 수 있는) 이유는 무엇일까. 예수의 예화와는 또 다른 형태로 사물을 보는 관점이 완전히 바뀔지도 모른다. (다나카 도모히코)

〈친구를 만든다는 건 무슨 뜻일까?〉
몽테뉴,《수상록》
알랭,《행복론》
생텍쥐페리,《어린왕자》

*독서 안내

① 사노 요코(佐野洋子)《친구는 소용없다(友だちは無駄である)》지쿠마 문고(ちくま文庫), 2007 ★

② 시미즈 마키(淸水眞木) 《우정을 의심하다—친밀함이라는 감옥(友情を疑う—親しさという牢獄)》주코 신서(中公新書), 2005 ★★★

③ 야스토미 아유미(安富步)《누가 어린 왕자를 죽였나—모럴 해러스먼트라는 함정(誰が星の王子さまを殺したのか—モラル・ハラスメントの罠)》아카시(明石) 서점, 2014 ★★

– ① 친구라는 주제는 몇 살에 생각하느냐에 따라 문제를 보는 시각이 180도 달라진다. 1938년에 태어난 저자는 고등학생이 생각할 수 없는 친구 관계에 대해 가르쳐준다. ② 현대에는 관례상 친구라 부르는 친한 사람은 있어도 진정한 친구는 없다. 서양 철학자의 우정론을 바탕으로 풀어낸 이 책의 주장에 과연 여러분은 수긍할 것인가. ③ 어린 왕자는 왜 자기 별로 돌아갔을까. 저자는 그 대목에서 왕자가 괴롭힘을 당했다는 사실을 발견하고 충격적인 해석을 내놓는다. 더 좋은 만남을 위한 책. (가부라키 마사히코)

* 본문에서 '현대 학생 시조 100선(https://www.toyo.ac.jp/site/issyu)'저자: (순서대로)야마구치 다이스케(山口大介), 기노시타 가린(木下果林), 시마자키 신지로(島崎新二郎), 미즈타마리 마유미(水溜眞由實), 호리 사야카(堀紗矢香), 고사키 요카(小崎遙佳)

〈양치기 소년을 믿지 않은 건 잘한 일일까?〉
루만,《신뢰(信賴)》, 오바 다케시(大庭健) · 마사무라 도시유키(正村俊之) 역, 게이쇼 서방(勁草書房)
와쓰지 데쓰로(和辻哲郎),《윤리학(倫理學)》, 이와나미 문고(岩波文庫)

*독서 안내

① 로버트 액설로드(Robert M. Axelrod),《관계의 과학(つきあい方の科學)》, 미네르바 서방(ミネルヴァ書房) ★★ (한국어판은《협력의 과학》)

② 브루스 슈나이어(Bruce Schneier),《신뢰와 배신의 사회(信賴と裏切りの社会)》, NTT 출판 ★

③ 야마기시 도시오(山岸俊男),《신뢰의 구조(信賴の構造)》, 도쿄대학 출판회(東京大学出版会) ★★

④ 와쓰지 데쓰로,《인간의 학으로서의 윤리학(人間の学としての倫理学)》, 이와나미 문고 ★★
- ①의 원서를 직역하면 〈협조의 진화〉다. 정치학자가 게임 이론을 활용해 협조관계가 어떻게 발생하는지에 대해 고찰한다. ②는 암호 연구자가 현실 사회 속에서 반복되는 신뢰와 배신의 '악순환'이 서로를 어떻게 발전시켜왔는지 살펴본 책이다. ③은 사회심리학자의 연구다. '집단주의 사회는 편안함을 낳지만 신뢰는 파괴한다'고 주장하며 편안함과 신뢰를 비교했다. ④ 인간(人間)이란 말은 본래 '사람 사이'이며 '관계'를 뜻한다. 우리는 인간관계를 구축할 때 이 근본적인 규정에서 출발할 수 있다. (모리 히데키)

칼럼 〈'생각'하는 이유는 무엇인가〉
프랑크 파블로프(Franck Pavloff),《갈색아침》
노야 시게키(野矢茂樹),《처음 생각할 때처럼(はじめて考えるときのように)》, PHP文庫, 2004년
아베 고보(安部公房), 〈양식파(良識派)〉《아베 고보 전집 제9권(安部公房全集 第9巻)》, 신초샤(新潮社), 1998년
미하엘 엔데(Michael Ende),《자유의 감옥》

칼럼 〈사람을 좋아하는 것은 무엇인가〉
오노 히사시(大野久)(1995) 〈청소년의 자기의식과 삶(青年期の自己意識と生き方)〉, 오치아이 요시유키(落合良行)・구스미 다카(楠見孝編)《자신에 대해 다시 묻다: 청소년기(自己への問い直し: 青年期)》(강좌 생애발달심리학4(講座生涯発達心理学4)), 가네코서방(金子書房), 89~123쪽
도미시게 겐이치(富重健一)(2002) 〈교제에 불안을 느끼다(交際に不安を感じる)〉, 마쓰이 유타카(松井豊) 편저《대인심리학의 시점(対人心理学の視点)》, 브레인 출판(ブレーン出版), 151~164쪽
가네마사 유지(金政祐司)(2010) 〈연애의 형태(恋愛のかたち)〉,《대인관계와 연애・우정의 심리학(対人関係と恋愛・友情の心理学)》(실천심리학 강좌 8(実践心理学講座 8)), 아사쿠라(朝倉)서점, 41~61쪽
Berscheid & Walster(1974)에 대해서는 우치다 잇세이(内田一成) 감수(2012)《힐가드의 심리학(ヒルガードの心理学)》(제15쇄) 곤고(金剛) 출판, 991쪽에서 인용(한국어판 제목은《앳킨슨과 힐가드의 심리학》).
Sterberg, R. J & Barnes, M. L.(Eds), The Psychology of Love, Yale UP, 1988.
이케다 겐이치(池田謙一) 외,《사회심리학(社会心理學)》, 유히카쿠(有斐閣), 176쪽(가라사와 미노루(唐澤穰) 작성)

〈왜 다이어트는 실패할까?〉
아리스토텔레스,《니코마스코스 윤리학》

*독서 안내
① 엄슨(J. O. Urmson),《아리스토텔레스 윤리학 입문(アリストテレス倫理学入門)》, 아메미야 다케시(雨宮健) 역, 이와나미 현대문고, 2004년 ★★
② 아크릴(J. L. Ackrill),《철학자 아리스토텔레스(哲学者アリストテレス)》, 후지사와 노리오(藤澤令夫), 야마구치 요시히사(山口義久) 역, 기노구니야(紀伊國屋) 서점, 1985년 ★★
③ 테리 이글턴(Terry Eagleton),《인생의 의미란 무엇인가(人生の意味とは何か)》, 아리이즈미 노리오키(有泉學宙), 다카하시 기미오(高橋公雄) 외 공역, 채류사(彩流社), 2013년 ★★ (한국어판은《인생의 의미》)
④ 찰스 두히그(Charles Duhigg),《습관의 힘(習慣の力)》, 와타라이 게이코(渡會圭子) 역, 고단샤(講談社), 2013년 ★ (한국어판 제목 동일)
– 아리스토텔레스의 윤리사상에 대해서는 ① 엄슨의 입문서 외에도 와타베, 다치바나 공역의 '해설'도 읽을 만하다. 아크릴의 저서 ②를 읽으면 아리스토텔레스식 '철학'을 간접 경험할 수 있다. 아리스토텔레스의 행복 개념을 언급하며 현대적인 관점에서 '인생의 의미'를 고찰한 것이 ③의 이글턴이다. 짤막하지만 좋은 책이다. 두히그의 저서 ④는 어떨까. 습관의 소중함을 다시 생각해 보는 계기가 될지도 모른다. (시노자와 가즈히사)

〈인간의 '죄'란 무엇일까?〉
〈누가복음〉《신약성경》

*독서 안내
① 미야타 미쓰오(宮田光雄),《〈탕자 아들〉의 정신사(「放息子」の精神史)》, 신쿄(新教) 출판사, 2012년 ★
② 야나부 아키라(柳父章),《한마디 사전 사랑(一語の辞典 愛)》, 산세이도(三省堂), 2001년 ★★
③ 혼다 테쓰로(本田哲郎),《가마가사키와 복음(釜ヶ崎と福音)》, 이와나미 현대문고, 2015년 ★
– ①은 '탕자의 비유'가 역사적으로 어떻게 해석되었는지 소개한 책이며 ②는 '사랑'이라는 말이 문화를 넘어 번역되면서 어떤 문제가 있었는지 더듬어가는 내용이다. ③은 저자의 실제 경험을 바탕으로 기독교의 메시지(복음)를 이해하고 쉽게 풀어간 글이다. (이마이 나오키)

〈진짜 내 자신은 어디에 있을까?〉
나가르주나(용수), 《중론》
찬드라키르티, 《프라산나파다(Prasanapada)》

*독서 안내
① 나카무라 하지메(中村元), 《붓다 신들과의 대화(ブッダ 神々との対話)》, 이와나미 문고 ★★★
② 나카무라 하지메, 《붓다 악마와의 대화(ブッダ 悪魔との対話)》, 이와나미 문고 ★★★
- ①, ②는 인도/이란어파인 팔리어로 쓰인, 붓다의 가르침을 비교적 직접적으로 전하는 초기 불전의 하나 《상윳타 니카야(Samyutta Nikāya)》를 번역한 책이다. 신들과 악마와의 대화 속에서 가르침을 펼친다. (나가사키 기요노리)

〈타인에게 도움이 되지 않는 삶, 가치 없는 삶일까?〉
《노자》
《장자》

*독서 안내
구시다 히사하루(串田久治), 《무용의 용(無用の用)》, 이와나미 출판, 2008년 ★

〈난임, 불임이 늘어나는데, 대리모 출산은 안 될까?〉
비첨, 칠드레스(Tom L. Beauchamp, James F. Childress), 《생명 의학 윤리(生物医学倫理)(5쇄)》 다치키 노리오(立木教夫), 아다치 도시타카(足立智孝) 역, 레이타쿠(麗澤)대학 출판회, 2009년
칸트, 《도덕 형이상학의 기초》
칸트, 〈콜린스 도덕철학(コリンズ道徳哲学)〉《칸트 전집 20권(カント全集第20巻)》, 미코시바 요시유키(御子柴善之) 역, 이와나미(岩波) 서점, 2002년

*독서 안내
① 스나하라 시게이치(砂原茂一), 《의사와 환자와 병원(医者と患者と病院と)》, 이와나미 신서, 1983년 ★
② 가가와 지아키(香川知晶), 《생명은 누구의 것인가(命は誰のものか)》, 디서커버 트웬티원(ディスカヴァー・トゥエンティワン), 2009년 ★★
- 의사인 스나하라 시게이치의 저서는 의료의 본질이란 무엇인가, 의료로 가능한 일과 불가능한 일, 환자가 오늘날의 의료에 기대해도 되는 것과 안 되는 것에 대해 생각할 기회를 준다. 가가와 지아키의 저서는 오늘날의 의료계가 직면한 생명 윤리의 다양한 문제를 구체적인 사례를 곁들여

풀어주며 문제의 본질부터 생각하게 해준다. (고이데 야스시)

칼럼 〈나이 듦이란 무엇인가〉
해비거스트(R. J. Havighurst),《해비거스트의 발달 과업과 교육—생애 발달과 인간 형성(ハヴィガ
ーストの発達課題と教育—生涯発達と人間形成)》고다마 젠스케(兒玉憲典) · 이즈카 유코(飯塚裕
子) 역, 가와시마(川島) 서점에서 발췌
일본노년행동과학회(日本老年行動科学会) 감수(오카와 이치로(大川一郎) 편집대표)(2014)《고령
자의 마음과 몸 사전(高齢者のこころとからだ事典)》'주체적 행복감' '감정 · 정서' '신체의 병', 추
오호큐(中央法規)
P. B. Baltes & M. M. Baltes(Eds.), Successful aging: Perspectives form the behavioral
sciences, Cambridge, 1990.

칼럼 〈인간은 누구나 악인이 될 가능성이 있다〉
이마이 마사하루(今井雅晴) 감수, 우쓰미 준지(內海準二) 저,《쉽게 알 수 있다! 신란(よくわかる!
親鸞)》, PHP, 2006년
《북스 에소테리카 제39호 신란의 책(ブックス · エソテリカ第 39号 親鸞の本)》, 갓켄(學研) 출판,
2006년
구사노 겐시(草野顯之) 편,《믿음의 염불자 신란(信の念仏者 親鸞)》, 요시카와코분칸(吉川弘文館),
2004년

〈인터넷 정보, 어디까지 믿어야 할까?〉
베이컨,《신기관》

*독서 안내
① 도다야마 가즈히사(戶田山和久),《'과학적 사고' 수업(「科学的思考」のレッスン)》, NHK 출판신
서, 2011년 ★
② 이세다 데쓰지(伊勢田哲治) 외 편저,《과학기술을 생각하다—크리티컬 싱킹 연습장(科学技術を
よく考える—クリティカルシン キング練習帳)》, 나고야대학 출판회(名古屋大学出版会), 2013년 ★★
③ 기지마 쓰네카즈(木島恒一),《오해로 배우는 심리학(誤解から学ぶ心理学)》, 게이소(勁草) 서방,
2013년 ★★
- ①은 과학이란 어떤 방법으로 만들어지는가를 아주 쉽게 설명하며 과학이 사회 속에서 그 힘을
발휘할 때 우리가 어떤 방식으로 대응하면 좋을까에 대한 실마리를 주는 입문서. ②는 유전자 조

작 작물, 혈액형별 성격, 지진 예측, 동물 실험, 원폭 투하 등 다양한 주제에 대해 논리적, 비판적으로 사고하는 동시에 그런 사고를 활용한 문맥까지 고려하는 '메타 CT(크리티컬 싱킹)'를 활용해 지혜롭게 생각하는 기술을 습득하기 위한 워크북. ③은 마치 진짜인 것처럼 세상에 알려진 우리 심리에 관한 속설 중 학문적으로 무엇이 옳고 그른지를 전문가인 심리학자들이 최신 지식을 활용해 설명하는 계몽서. (오쿠다 다로)

〈불확실한 세상에 확실한 것이 존재할까?〉
몽테뉴, 《수상록》
데카르트, 《성찰》

*독서 안내
토머스 네이젤(Thomas Nagel), 《철학이란 무엇인가?—아주 짧은 철학 입문(哲学ってどんなこと?—とっても短い哲学入門》》, 오카모토 유이치로(岡本裕一朗) · 와카마쓰 요시키(若松良樹) 역, 쇼와도(昭和堂), 1993년 ★★
– 철학적인 생각이란 어떤 것인가. 앎이란 무엇인가라는 기본 문제를 다루며 쉬운 말로 구체적으로 알려준다. (가가와 지아키)

〈내 말과 당신의 말이 같다고, 그 뜻도 같을까?〉
비트겐슈타인, 《청색 책, 갈색 책》
비트겐슈타인, 《철학적 탐구》

*독서 안내
① 노야 시게키, 《철학의 수수께끼(哲学の謎)》(특히 '7장 의미가 있는 곳'), 고단샤 현대신서, 1996년 ★ (한국어판의 제목은 《철학 깡패》)
② 나가이 히토시(永井均), 《비트겐슈타인 입문(ウィトゲンシュタイン入門)》, 지쿠마 신서, 1995년 ★★★
③ 데릭 저먼(デレク · ジャーマン) 감독, 〈비트겐슈타인(ウィトゲンシュタイン)〉 1993년 ★★
– ①은 이번에 다룬 말의 의미라는 문제를 비롯해 재미있는 철학적 문제를 다수 소개한다. ②는 비트겐슈타인의 사상적 흐름을 그와 함께 철학하며 다시 더듬어가는 형태의 입문서. ③은 비트겐슈타인의 기구한 생애를 그의 사상적 변천을 곁들여 전위적으로 그린 전기 영화. (야마다 게이이치)

〈다양한 의견 속에서 '정답'을 찾는 게 가능할까?〉

포퍼, 《추측과 논박》

*독서 안내

① 노에 게이치(野家啓一), 《과학 철학으로의 초대(科学哲学への招待)》, 지쿠마 학예문고, 2015년
★ (한국어판 제목은 《과학 인문학으로의 초대》)

② 모리타 구니히사(森田邦久), 《과학 철학 강의(科学哲学講義)》, 지쿠마 신서, 2012년 ★★

③ 칼 포퍼, 《끝없는 탐구(果てしなき探究)》(상·하), 이와나미 현대문고, 2004년 ★★★

④ 나카지마 요시미치(中島義道), 《'철학 실기'를 권함(「哲学実技」のすすめ)》, 가도카와(角川) 신서,
2000년 ★

⑤ 야마와키 나오시(山脇直司), 《사회와 어떻게 관계할 것인가—공공 철학의 시사점(社会とどう
かわるか—公共哲学からのヒント)》, 이와나미 주니어 신서, 2008년 ★

- 과학 철학 입문으로는 ①이 쉽다. 조금 더 나아가서 ②에 도전해도 좋다. ③은 포퍼의 자서전으
로 상급자용이다. 철학을 논의하는 방법으로는 ④, 공공장소에서 다른 의견이 나왔을 때 어떻게
관계할 것인지에 대해서는 ⑤를 추천한다. (나오에 기요타카)

〈대놓고 성(性)을 화제로 삼아도 될까?〉

푸코, 《성의 역사1: 지식의 의지》

*독서 안내

① 요네모토 쇼헤이(米本昌平) 외, 《우생학과 인간 사회(優生学と人間社会)》, 고단샤 현대신서,
2000년 ★★

② 사이토 미나코(齋藤美奈子), 《홍일점론(紅一点論)》, 지쿠마 문고, 2001년 ★★

③ 미셸 푸코, 《동성애와 생존의 미학(同性愛と生存の美学)》, 데쓰가쿠(哲學) 서방, 1987년 ★

- ①은 '우월한 생명은 남기고 열등한 생명을 없애자'는 무서운 사상이 현대의 성에 관한 우리의 선
택과도 무관하지 않다는 사실을 6개국의 역사를 통해 보여준다. ②는 일본의 애니메이션, 만화 속
여성 캐릭터가 실제로 '이상적인 여성'상과 겹치며 시대에 따라 변천해온 모습을 그렸다. ③은 저자
의 인터뷰 모음집이다. 자신의 삶, 그리고 생활방식으로서 동성애를 이야기했다. (오모다 소노에)

PART 2.

〈아무리 괴로워도 살아갈 의미를 찾을 수 있을까?〉
빅터 프랭클, 《밤과 안개》

〈굳이 폭설 지역에 사는 이유는 뭘까?〉
스즈키 보쿠시(鈴木牧之), 《북월설보(北越雪譜)》, 이와나미 문고, 1974년 개정판, 50~54쪽 현대
어 번역

*독서 안내
헨미 준(邊見じゅん), 《신 북월설보(新北越雪譜)》, 가도카와 선서(角川選書), 1985년 ★
이소베 사다지(磯部定治), 《스즈키 보쿠시의 생애(鈴木牧之の生涯)》, 노지마(野島) 출판, 1997년 ★★

〈미나마타병의 고통이란 어떤 것일까?〉
이시무레 미치코(石牟禮道子), 《개정판 고해정토―우리의 미나마타(苦海浄土―わが水俣病)》, 고
단샤 문고 (한국어판은 《슬픈 미나마타》)

*독서 안내
① 히가시지마 다이(東島大), 《왜 미나마타병을 해결하지 못하는가(なぜ水俣病は解決できないの
か)》, 겐쇼보(弦書房), 2010년 ★★
② 이시무레 미치코, 이토 히로미(伊藤比呂美), 《죽음을 생각하다―누구나 결국 죽으리니(死を想
う―われらも終には仏なり)》, 헤이본샤(平凡社), 2007년 ★
- ① 환자, 후원자, 연구자뿐 아니라 정치가나 칫소의 간부 등의 증언을 모아 미나마타병이 발생
한 원인, 미나마타병이 아직도 해결되지 않은 이유를 다각도에서 밝히고자 했다. ② 이시무레 미
치코가 대담을 통해 자신의 삶을 돌아보고 미나마타병 문제, 차별 문제, 죽음의 문제를 솔직하게
풀어낸다. 차별이 얼마나 뿌리 깊은 문제인지, 차별을 목격하며 인생관이 변화하는 과정을 볼 수
있다. (아사미 쇼고)

〈과연 영원한 평화라는 건 있을까?〉

칸트,《영원한 평화를 위하여》(《영원한 평화를 위해》,《영원한 평화》 등의 제목으로도 출간되었다.)

*독서 안내

① 이시카와 후미야스(石川文康),《이성의 운명을 이야기하자(理性の運命を物語ろう)》사콘지 사치코(左近司祥子) 편저,《서양철학 10권(西洋哲学の10冊)》, 이와나미 주니어 신서, 2009년 수록 ★

② 칸트,《순수이성비판(純粋理性批判)》(전 3권), 하라 다스쿠(原佑) 역, 헤이본샤 라이브러리, 2005년 ★★★

③ 칸트,《영원한 평화를 위하여/계몽이란 무엇인가에 대한 답변 외 3편(永遠平和のために/啓蒙とは何か 他三篇)》, 나카야마 겐(中山元) 역, 고분샤(光文社) 고전신역 문고, 2006년 ★★

④ 우쓰노미야 요시아키,《칸트의 계몽 정신—인류의 계몽과 영원한 평화를 위하여(カントの啓蒙精神—人類の啓蒙と永遠平和 にむけて)》, 이와나미 서점, 2006년 ★★★

- ①은 비판철학의 핵심인《순수이성비판》의 골자를 쉽게 설명한 글. ②는 비교적 구하기 쉽고 신뢰할 수 있는《순수이성비판》의 일본어 번역. ③은《영원한 평화를 위하여》의 이해에 도움이 되는 칸트가 쓴 다른 논문들의 일본어 번역과 역자 해설까지 담긴 책. 구하기 쉽다. 마지막으로 ④는 평화의 영속 문제를 바라보며 '칸트의 저서 중 가급적 많은 대목'에 근거해 '칸트 철학이 사실은 전체적으로 '계몽 철학'이라는 점'을 '되도록 많은 사람에게' 전하고자 한 밀도 높은 저서. (야마네 유이치로)

〈부정부패를 저지른 사람에게 똑같이 앙갚음해도 될까?〉

플라톤,《크리톤》

플라톤,《소크라테스의 변명 · 크리톤》

플라톤,《메논》

*독서 안내

노토미 노부루(納富信留),《플라톤과 함께 철학을—대화편 읽기(プラトンとの哲学—対話篇をよむ)》, 이와나미 신서, 2015년 ★

이와타 야스오(岩田靖夫),《증보판 소크라테스(増補 ソクラテス)》, 지쿠마 학예문고, 2014년 ★★

- 노토미 노보루는 플라톤의 대화편에 있는 말을 그대로 받아들여서는 안 된다고 경계하며 플라톤의 대화편을 읽고 이해하는 것을 '플라톤과의 대화'로 보고 대화편의 매력을 쉽게 설명한다. 이와타 야스오는 '무지의 자각'과 윤리적 신념에 토대를 둔 '반박적 대화'를 소크라테스 철학의 핵심으로 제시하고 다이모니온을 통해 소크라테스가 초월적인 뭔가와 관계가 있다는 점을 시사한다. (다카하시 마사토)

〈신을 믿는 이들에게 정의란 무엇일까?〉
《쿠란(코란)》

*독서 안내
마이클 샌델(Michael J. Sandel), 《앞으로의 '정의'를 이야기하자─지금을 살아남기 위한 철학(これ
からの「正義」の話をしよう─いまを生き延びるための哲学)》, 오니자와 시노부(鬼澤忍) 역, 하야카와
(ハヤカワ) NF문고, 2011년 ★ (한국어판은 《정의란 무엇인가》)
- 재난 등 현실의 문제를 다루며 정의를 생각하고, 고대 그리스 철학자의 사상이 여전히 중요하
다는 사실을 실감하게 해준다. (오카와 레이코)

〈어떤 사고방식이든 존중해야 할까?〉
로크, 《관용에 관한 편지》

*독서 안내
① 오쓰키 하루히코(大槻春彦) 책임편집, 《로크와 흄(ロック ヒューム)》(세계의 명저 27), 주오고론
샤(中央公論社), 1968년 ★★
② 다나카 히로시(田中浩) 외 편저, 《로크(ロック)》(사람과 사상 13), 시미즈(清水) 서원, 1968년 ★
③ 모로오카 야스코(師岡康子) 저, 《혐오 발언이란 무엇인가(ヘイト・スピーチとは何か)》, 이와나
미 신서, 2013년 ★
- ①은 《관용에 관한 편지》 외에 《인간지성론》(초역), 《통치론》(2편)의 일본어 번역이 담겨 있으며
편자의 해설이 곁들여져 로크의 사상 전반을 파악하는 데 실마리가 되는 책이다. ②는 교우 관계
와 일화를 곁들이며 로크의 생애를 극명하게 서술한 1편에 이어 2편에서는 주요 저서의 사상을
간추렸다. ③은 일본의 혐오 발언 실태를 확인하고 차별적 범죄를 둘러싼 논의를 다루며 차별 없
는 사회를 만들기 위한 방안을 고찰했다. (후쿠시마 기요노리)

〈나는 타인의 잘못을 어디까지 용서할 수 있을까?〉
이토 진사이(伊藤仁斎), 《어맹자의(語孟字義)》(일본의 사상 《이토 진사이집(伊藤仁斎集)》 지쿠마(筑
摩)서방, 1971년) (한국어판 제목도 《어맹자의》)

*독서 안내
① 와타나베 가즈오(渡辺一夫), '관용은 스스로를 지키기 위해 무관용에 무관용이 되어야 하는가
(寛容は自らを守るために不寛容に対し不寛容になるべきか)' 《광기에 대하여 외(狂気について他)》,
이와나미 문고, 1993년 ★★

② 나카노 다케시(中野剛志),《일본 사상사 신론(日本思想史新論)》, 지쿠마 신서, 2012년 ★
- ①은 관용과 무관용이 대립했을 때 관용의 무기는 설득과 자기반성뿐이지만, 아무 망설임도 없이 폭력을 쓰는 무관용에 제동을 걸 수 있다고 설명한다(199쪽). 진사이가 제시한 '충서'를 이해하는 데 참고가 되는 책. ②는 일본의 사상을 전 세계에 널리 알리는 길잡이가 될 것이다. (이노우에 아쓰시)

〈다수의 행복을 위해 소수의 희생자가 생겨도 괜찮을까?〉
밀,《공리주의》
칸트,《실천이성비판》

*독서 안내

① 칸트,《도덕 형이상학의 기초(プロレゴーメナ・人倫の形而上學の基礎づけ)》, 주코 클래식스(中公クラシックス), 2005년 ★★★
② 고다마 사토시(兒玉聰),《공리주의 입문(功利主義入門)》, 지쿠마 신서, 2012년 ★★
③ 아리후쿠 고가쿠(有福孝岳), 마키노 에이지(牧野英二) 편저,《칸트를 배우는 이들을 위하여(カントを學ぶ人のために)》, 세카이시소샤(世界思想社), 2012년 ★★
- ①은《실천이성비판》과 함께 칸트 윤리학의 주요 저서다. '정언명령'을 중심으로 한 윤리학 구상을 처음 내세웠다. 이외에도 일본어판이 여럿 출간되었으며《도덕 형이상학 원론》등 제목이 다르게 번역된 책도 있다. ②는 공리주의를 자세히, 쉽게 풀어낸 입문서. 윤리학 입문서로도 괜찮다. ③은 칸트 철학을 포괄적으로 설명한 입문서. 칸트 철학의 현대적 의의를 소개한 장도 있고 칼럼도 알차다. (데라다 도시로)

〈가난한 사람을 어디까지 도와야 할까?〉
롤스,《정의론》
아마르티아 센,《정의를 생각하다》

*독서 안내

① 마이클 샌델,《정의란 무엇인가》, 오니자와 시노부 역, 하야카와 NF문고, 2011년 ★
② 가와모토 다카시(川本隆史),《롤스―정의의 원리(ロールズ―正義の原理)》고단샤, 신판 2005년 ★★
③ 아마르티아 센,《빈곤의 극복―아시아 발전의 열쇠는 무엇인가(貧困の克復―アジア發展のは何か)》오이시 리라(大石りら) 역, 슈에이샤(集英社) 신서, 2002년 ★
- ①은 정의에 관한 다양한 생각을 검토한, 하버드대학에서 가장 인기 있는 강의. 일본에서는 TV

로 방영되면서 유명해졌다. 참고로 샌들의 아내는 오키나와 출신의 미국인으로 이름은 기쿠다. ②는 쉽게 읽히는 입문서. 본인에 대한 인터뷰, 전기에서 출발해 롤스의 철학을 풀었다. ③ 센의 네 강의를 번역한 책. 아시아의 인권, 민주주의, 인간의 안전보장을 논한다. 사상의 밑바탕에는 여기서 소개한 능력(capability)이라는 개념이 깔려 있다. (하스미 지로)

칼럼 <버티는 삶에 대하여>
시마다 마사카즈(島田昌和),《시부사와 에이이치―사회기업가의 선구자(渋沢栄――社会企業家の先駆者)》, 이와나미 신서, 2011년
시마다 마사카즈 편저,《원전으로 읽는 시부사와 에이이치의 메시지(原典でよむ 渋沢栄一のメッセージ)》, 이와나미 현대전서, 2014년

〈'자유경쟁'이란 어떤 경쟁일까?〉
애덤 스미스,《국부론》
애덤 스미스,《도덕감정론》

*독서 안내
① 도메 다쿠오(堂目卓生),《애덤 스미스―〈도덕감정론〉과 〈국부론〉의 세계(アダム·スミス―「道德感情論」と「国富論」の世界)》, 주코 신서, 2008년 ★★
② 가네코 마사루(金子勝),《시장(市場)》(사고의 프론티어(思考のフロンティア)), 이와나미 서점, 1999년 ★★
③ 이노우에 요시오(井上義朗),《두 가지 '경쟁'―경쟁관을 둘러싼 현대 경제 사상(二つの「競争」競争観をめぐる現代経済思想)》, 고단샤 현대신서, 2012년 ★
- ①은《국부론》과 스미스가 집필한 또 하나의 주요 저서인《도덕감정론》도 함께 살펴보며 스미스의 사상 전체를 파악한다. ②는 시장과 관련된 다양한 논의를 간결하게 소개해 경제학을 배운 적이 없는 독자도 쉽게 읽을 수 있다. ③은 '경쟁'에 몇 가지 의미가 있다고 설명하고 '낡은' 경쟁론과 '새로운' 경쟁론을 비교하며 경쟁의 바람직한 모습에 대해 논했다. (쓰게 히사노리)

〈세상은 내 노력과 무관하게 흘러갈까?〉
헤겔,《역사철학강의》

*독서 안내
① 하세가와 히로시,《새로운 헤겔(新しいヘーゲル)》, 고단샤 현대신서, 1997년 ★

② 곤자 다케시(權左武志), 《헤겔과 그 시대(ヘーゲルとその時代)》, 이와나미 신서, 2013년 ★★
③ 프랑소와 샤틀레(François Châtelet), 《이성의 역사를 이야기하다─에밀 노엘과의 대화(理性の歷史を語る─エミール・ノエルとの対話)》, 세이잔샤(靑山社), 1997년 ★★
- ① 난해한 것으로 유명한 헤겔의 여러 저서를 획기적으로 쉽게 번역한 저자가 헤겔 철학을 넓은 관점에서 쉽게 풀어냈다. ② 헤겔이 살아간 시대와 경험이 어떻게 헤겔 사상의 탄생으로 이어졌는가를 더듬어간 책. ③은 서양 철학사의 주요 장면을 쉬운 대화를 통해 짚어간 책으로, 헤겔 철학의 전체상을 파악하는 데 가장 적합하다. (스기타 마사키)

〈자유란 정말 중요한 것일까?〉
밀, 《자유론》

*독서 안내
① 야마다 다카오(山田卓生), 《개인적인 일과 자기결정(私事と自己決定)》, 니혼효론샤(日本評論社), 1987년 ★
② 사이먼 리, 《법과 도덕 그 현대적 전개(法と道德その現代的展開)》, 가모 나오키(加茂直樹) 역, 세카이시소샤(世界思想社), 1993년 ★★
- 두 권 모두 밀이 자유론에서 정식으로 내세운 타인 위해의 원칙을 토대로 동성애자의 자유와 결혼 문제, 피임의 자유 등 현대의 문제들을 논했다. (고다마 사토시)

칼럼 〈철학의 '고전' 읽기란〉
우치다 요시히코(内田義彦), 《독서와 사회과학(読書と社会科学)》, 이와나미(岩波) 신서, 1985년
데카르트, 《철학의 원리》

〈믿음은 부자유한 것일까?〉
우치무라 간조(内村鑑三), 〈덴마크 이야기〉 (이와나미 문고 《후세에 남긴 최대의 유물 덴마크 이야기(後世への最大遺物・デンマルク国の話)》, 2011년, 수록)

*독서 안내
① 《신약성경》 ★★
② 스즈키 노리히사(鈴木範久), 《우치무라 간조의 사람과 사상(内村鑑三の人と思想)》, 이와나미 서점, 2012년 ★
③ 아카에 다쓰야(赤江達也), 《〈종이 위의 교회〉와 일본 근대─무교회 기독교의 역사사회학(「紙上

の教会」と日本近代―無教会キリスト教の歴史社会学)》, 2013년 ★★★
- ① 《신약성경》의 일본어 번역에는 '신공동역', '구어(口語)역'(일본성서협회)나 '신개역'(일본성서 간행회) 등이 있다. '믿음'과 '자유'의 관계를 앞으로의 자신의 삶과 함께 생각하는 데 유익한 실마리를 제공해준다. ② 우치무라의 생애와 사상에 대한 입문서. 우치무라의 독자적인 사상은 그가 직면한 고난과 거기서 발생한 난제를 풀어나가는 가운데 탄생하고 다듬어졌음을 알 수 있다. ③ '신앙에 따른 자유'를 시작으로 우치무라의 신앙과 사상이 어떻게 사람들에게 파급되었는지, 또한 파급된 의미는 무엇인지 생각해볼 수 있는 책이다. (잇시키 아키)

칼럼 〈에리히 프롬 《자유로부터의 도피》〉
에리히 프롬(Erich Pinchas Fromm), 《자유로부터의 도피》

*독서 안내
에리히 프롬, 《사랑의 기술(愛するということ)》(신역판), 스즈키 쇼(鈴木晶)역, 기쿠노미야 서점, 1991년
호세 오르테가 이 가세트(Jose Ortega y Gasset), 《대중의 반역(大衆の反逆)》, 간키 게이조(神吉敬三) 역, 지쿠마 학예문고, 1995년
찰스 테일러(Charles Taylor), 《진정한 윤리(〈ほんもの〉という倫理)》, 다나카 도모히코(田中智彦) 역, 산교토쇼(産業圖書), 2004년

〈우리의 삶은 모두 유전으로 결정될까?〉
에드워드 윌슨, 《인간 본성에 대하여》

*독서 안내
① 스티븐 핑커, 《인간 본성을 생각하다(상)(人間の本性を考える 上)》, NHK 북스, 2004년 ★★ (한국어판 제목은 《빈 서판》)
② 히다카 도시타카(日高敏隆), 《인간은 유전인가 환경인가? 유전적 프로그램론(人間遺伝か環境か? 遺伝的プログラム論)》, 분게이(文藝) 신서, 2006년 ★
③ 매트 리들리, 《부드러운 유전학(「やわらかい遺伝子」ハヤカワ)》, 하야카와NF 문고, 2014년 ★★ (한국어판 제목은 《본성과 양육》)
④ 울리카 세저스트레일, 《사회생물학 논쟁사(社会生物学論争史)》(전 2권), 미스즈 쇼보, 2005년 ★★★
⑤ 오타 다니히로(太田邦史), 《에피게놈과 생명(エピゲノムと生命)》, 고단샤 블루백스, 2013년 ★★

– '천성 대 양육'이라는 물음의 역사에 관해서는 핑커가 전체적인 전망을 제시해준다. '유전과 환경의 상호작용'에 대해서는 히다카의 저서가 이해하기 쉽다. 더 깊게 파고들고 싶다면 리들리의 저서를 읽어보기 바란다. 그리고 사회생물학 논쟁의 역사를 알고 싶다면 다소 전문적이기는 하지만 세저스트레일의 저서가 도움이 된다. 후생유전학 관련 도서는 여러 권 있지만, 새로운 견해를 소개하며 잘 정리된 글로는 오타의 저서를 추천한다. (고바야시 무쓰미)

철학 훈련을 위한 특별부록

<철학 대화, 자유롭고 편안하게 발언한다는 것>
고노 데쓰야(河野哲也),《대화와 사고의 힘을 기르는 '어린이 철학'(「こども哲学」で対話力と思考力を育てる)》, 가와데쇼보신샤(河出書房新社), 2014년
매튜 립먼(Matthew Lipman),《탐구 공동체—생각하는 교실(探求の共同体—考えるための教室)》, 고노 데쓰야 외 감수, 다마가와(玉川)대학 출판부, 2014년
매튜 립먼《어린이를 위한 철학 수업—'배움의 장'을 만드는 법(子どものための哲学授業—「学びの場」のつくりかた)》, 고노 데쓰야 외 감수, 가와데쇼보신샤, 2015년

*독서 안내
① 오스카 브르니피에(Oscar Brenifier) 저, 어린이 철학 시리즈 동화(《자유가 뭐예요?》《나는 누구일까요?》 등), 아사히(朝日) 출판사 ★ (한국어판은 '철학하는 어린이 시리즈'. 각 책의 제목은 위와 동일)
② 노야 시게키,《철학의 수수께끼》, 고단샤 현대신서, 1996년 ★
③ 나가이 히토시,《어린이를 위한 철학 대화(子どものための哲学対話)》, 고단샤 문고, 2009년 ★★
④ 스티븐 로(Stephen Law),《생각하는 힘을 기르는 철학 문제집(考える力をつける哲学問題集)》, 지쿠마 학예문고, 2013년 ★ (한국어판은《철학학교 1》《철학학교 2》로 출간되었음)
⑤ 고노 데쓰야 외,《어린이 철학—생각하기를 시작한 너에게(子どもの哲学—考えることをじめた君へ)》, 마이니치(毎日)신문 출판, 2015년 ★

PART 1.

나오에 기요타카直江淸隆	도호쿠대학 대학원 교수(들어가며, 이 책 사용 설명서, 〈다양한 의견 속에서 '정답'을 찾는 게 가능할까?〉)
다나카 도모히코田中智彦	도쿄 의과치과대학 준교수(〈사랑은 자연스러운 감정일까?〉)
가부라키 마사히코鏑木政彦	규슈대학 대학원 교수(〈친구를 만든다는 건 무슨 뜻일까?〉)
모리 히데키森秀樹	효고 교육대학 대학원 교수(〈양치기 소년을 믿지 않은 건 잘한 일일까?〉)
모리 히로노리森大德	가이세이 중학교·고등학교 정교사(칼럼〈'생각'하는 이유는 무엇인가〉)
오카와 이치로大川一郎	쓰쿠바대학 대학원 교수(칼럼〈사람을 좋아한다는 것은 무엇인가〉, 칼럼〈나이 듦이란 무엇인가〉)
시노자와 가즈히사藤澤和久	도호쿠대학 대학원 준교수(〈왜 다이어트는 실패할까?〉)
이마이 나오키今井尙生	세이난학원대학 교수(〈인간의 '죄'란 무엇일까?〉
나가사키 기요노리永崎硏宣	일반재단법인 인문정보학연구소 수석 연구원(〈진짜 내 자신은 어디에 있을까?〉)
구시다 히사하루串田久治	모모야마학원대학 교수(〈타인에게 도움이 되지 않는 삶, 가치 없는 삶일까?〉, 칼럼〈적당히 살아도 괜찮지 않을까?〉)
다카하시 마사토高橋雅人	고베여학원대학 교수(칼럼〈적당히 살아도 괜찮지 않을까?〉)
고이데 야스시小出泰士	시바우라 공업대학 교수(〈난임, 불임이 늘어나는데, 대리모 출산은 안 될까?〉)
후쿠시마 에이주福島榮命	오타니대학 준교수(칼럼〈인간은 누구나 '악인'이 될 가능성이 있다〉)
나가야마 마사시永山將史	사이타마 현립 우라와기시다이이치 여자고등학교 정교사(칼럼〈글쓰기란 무엇인가〉)
오쿠다 다로奧田太郎	난잔대학 교수(〈인터넷 정보, 어디까지 믿어야 할까?〉)
가가와 지아키香川知晶	야마나시대학 대학원 교수(〈불확실한 세상에 확실한 것이 존재할까?〉)
야마다 게이이치山田圭一	지바대학 대학원 준교수(〈내 말과 당신의 말이 같다고, 그 뜻도 같을까?〉)
오모다 소노에重田園江	메이지대학 교수(〈대놓고 성(性)을 화제로 삼아도 될까?〉)

PART 2.

후지우 히데유키藤生英行	이와나미대학 교수(〈아무리 괴로워도 살아갈 의미를 찾을 수 있을까?〉)
야마우치 하루미쓰山內春光	군마대학 대학원 교수(〈굳이 폭설 지역에 사는 이유는 뭘까?〉)
아사미 쇼고淺見昇吾	조치대학 교수(〈미나마타병의 고통이란 어떤 것일까?〉)

야마네 유이치로山根雄一郎	다이토분카대학 교수(〈과연 영원한 평화라는 건 있을까?〉)
다카하시 마사토高橋雅人	고베여학원대학 교수(〈부정부패를 저지른 사람에게 똑같이 앙갚음해도 될까?〉, 칼럼〈고대 그리스부터 정의에 대해 생각하다〉)
오카와 레이코大川玲子	메이지학원대학 준교수(〈신을 믿는 이들에게 정의란 무엇일까?〉)
후쿠시마 기요노리福島淸紀	전 도야마국제대학 교수(〈어떤 사고방식이든 존중해야 할까?〉)
이노우에 아쓰시井上厚史	시마네현립대학 교수(〈나는 타인의 잘못을 어디까지 용서할 수 있을까?〉)
데라다 도시로寺田俊郞	조치대학 교수(〈다수의 행복을 위해서 소수의 희생자가 생겨도 괜찮을까?〉)
하스미 지로蓮見二郞	규슈대학 대학원 준교수(〈가난한 사람을 어디까지 도와야 할까?〉)
오키다 유쿠지沖田行司	도시샤대학 교수(칼럼〈버티는 삶에 대하여〉)
쓰게 히사노리柘植尙則	게이오기주쿠대학 교수(〈'자유경쟁'이란 어떤 경쟁일까?〉)
스기타 마사키杉田正樹	간토학원대학 교수(〈세상은 내 노력과 무관하게 흘러갈까?〉)
고다마 사토시兒玉聰	교토대학 대학원 준교수(〈자유란 정말 중요한 것일까?〉)
모리 히로노리森大德	가이세이 중학교·고등학교 정교사(칼럼〈철학의 '고전' 읽기란〉)
잇시키 아키一色哲	데이쿄 과학대학 교수(〈믿음은 부자유한 것일까?〉)
가부라키 마사히코鏑木政彦	규슈대학 대학원 교수(칼럼〈각양각색의 자유를 만나보자〉)
다나카 도모히코田中智彦	도쿄 의과치과대학 준교수(칼럼 에리히 프롬《자유로부터의 도피》)
고바야시 무쓰미小林睦	도호쿠학원 대학 교수(〈우리의 삶은 모두 유전으로 결정될까?〉)

철학 훈련을 위한 특별부록

나가야마 마사시永山將史	사이타마현립 우라와히가시다이이치 여자고등학교 정교사 (〈실제로 철학적인 글을 써보자〉)
무라세 도모유키村瀨智之	도쿄공업고등전문학교 준교수(〈철학 대화, 자유롭고 편안하게 발언한다는 것〉, 〈소논문을 잘 쓰려면 어떻게 해야 하는가〉)
이노우에 가네오井上兼生	세이학원대학 특임교수(전 사이타마현립 오미야고등학교 교사)(〈왜 교칙을 지켜야 하는가〉, 〈소논문을 직접 써보자〉)

이 책은 고등학생, 대학생, 일반인을 위한 입문서로서 일본 이와나미 서점에서 간행된 《고등학교 윤리의 고전에서 배운 철학 훈련》 시리즈 〈1. 인간을 이해하다〉, 〈2. 사회를 이해하다〉의 한국어판입니다. 한국 독자들을 위해 이 책의 원출판사 및 편저자와 집필자들의 허가를 얻어, 내용의 일부를 생략하거나 수정하였습니다. 이를 양해해주신 원저의 편저자와 각 글의 집필자 및 이와나미 서점에 감사드립니다.

사진 판권

173쪽 ⓒ ⓘ ⓞ Prof. Dr. Franz Vesely
퍼블릭 도메인은 따로 표기하지 않았습니다.

철학이 이토록 도움이 될 줄이야

2019년 06월 11일 초판 01쇄 인쇄
2019년 06월 18일 초판 01쇄 발행

—

엮은이	나오에 기요타카
옮긴이	이윤경

—

발행인	이규상
단행본사업본부장	임현숙
편집장	이소영
책임편집	강정민
편집팀	한지은 황유라
디자인팀	고광표 손성규 이효재
마케팅팀	이인국 전연교 윤지원 윤송 김지윤
영업지원	이순복

—

펴낸곳	(주)백도씨
	출판등록 제2012-000170호(2007년 6월 22일)
	주소 03044 서울시 종로구 효자로7길 23, 3층(통의동 7-33)
	전화 02 3443 0311(편집) 02 3012 0117(마케팅)
	팩스 02 3012 3010
	이메일 book@100doci.com(편집·원고 투고) valva@100doci.com(유통·사업 제휴)
	포스트 http://post.naver.com/black-fish 블로그 http://blog.naver.com/black-fish
	인스타그램 @blackfish_book

—

ISBN   978-89-6833-212-8(03100)
한국어판 출판권 ⓒ (주)백도씨, 2019, Printed in Korea

이 도서의 국립중앙도서관 출판예정도서목록(CIP)은 서지정보유통지원시스템 홈페이지(http://seoji.nl.go.kr)와
국가자료공동목록시스템(http://www.nl.go.kr/kolisnet)에서 이용하실 수 있습니다.
(CIP제어번호: CIP2019018874)